C·H·Beck

PAPERBACK

Mathias Bölinger

Der Hightech-Gulag

Chinas Verbrechen gegen die Uiguren

C.H.Beck

Mit 8 Abbildungen und 1 Karte

Originalausgabe
© Verlag C.H.Beck oHG, München 2023
www.chbeck.de
Umschlaggestaltung: geviert.com / Michaela Kneißl
Umschlagabbildung: Zwei Frauen passieren den Eingang zu einem
Basar in Hotan, 31. Mai 2019. © Greg Baker/AFP via Getty Images
Satz: C.H.Beck.Media.Solutions, Nördlingen
Druck und Bindung: Druckerei C.H.Beck, Nördlingen
Gedruckt auf säurefreiem und alterungsbeständigem Papier
Printed in Germany
ISBN 978 3 406 79724 8

klimaneutral produziert
www.chbeck.de/nachhaltig

Inhalt

Vorwort

Im Sommer und Herbst 2017 schrieben die ersten westlichen Medien über eine plötzliche massenhafte Inhaftierung von Uiguren in Xinjiang. Was sie berichteten, klang unglaublich. Zahllose Uiguren sollten plötzlich in Umerziehungslagern verschwunden sein, häufig konnte niemand sagen, was der Grund für ihre Inhaftierung war. So etwas kannte man nur aus der Geschichte: die Massenverhaftungen in Stalins Sowjetunion oder die Umerziehung von «Konterrevolutionären» im China der Kulturrevolution. Wenige Jahre zuvor hatte China einen der letzten Überreste dieser Zeit endlich abgeschafft: die Umerziehung-durch-Arbeit-Lager, in die der Staat unliebsame Personen ohne Gerichtsurteil verschwinden lassen konnte. Doch jetzt wurden auf einmal die totalitären Methoden in Xinjiang wiederbelebt. Die Kommunistische Partei hatte sich erneut der Idee verschrieben, dass sie Menschen mit Lagerhaft «umerziehen» könne – und das offenbar in viel größerem Ausmaß als je zuvor.

Die ersten Meldungen aus Xinjiang bestätigten sich im Lauf der nächsten Monate und Jahre. Schätzungen deuteten darauf hin, dass damals rund ein Zehntel der erwachsenen Uiguren, Kasachen und anderen Minderheiten in Lagern und Gefängnissen verschwand. Inzwischen wissen wir, dass die Masseninternierungen nur der sichtbarste Teil einer Kampagne waren, die die Gesellschaften der muslimischen Turkvölker in der Region systematisch zerstören sollte. Augenzeugen haben über die Lager und über die Repression in Xinjiang ausgesagt. Mehrere Leaks aus dem chinesischen Überwachungsapparat zeigen, dass der Staat systematisch und gezielt vorging. Und eine Reihe akademischer

Publikationen und Diskussionen lässt uns zurückverfolgen, wie Chinas Parteiestablishment allmählich zu der Überzeugung gelangte, dass die Zerstörung der Identität der Volksgruppen an den Rändern der Volksrepublik nötig sei, um langfristig die Sicherheit des Staates und der kommunistischen Herrschaft zu sichern. Die Brutalität dieser Kampagne wurde an chinesischen Universitäten und Wissenschaftsakademien ideologisch vorbereitet und dann systematisch und erbarmungslos vom Staatsapparat umgesetzt. Ich bin 2018 zum ersten Mal in dieses veränderte, totalitäre Xinjiang gereist. Damals war ich seit zwei Jahren Korrespondent in Peking. 2008 war ich schon einmal in der Region gewesen, und auch damals hatte sich Xinjiang von anderen Teilen Chinas unterschieden. Während die Menschen im chinesischen Kernland oft kein Blatt vor den Mund nahmen, wenn sie ungestört waren, war es hier bereits deutlich schwieriger, politische Themen anzusprechen. Die Menschen waren sehr viel vorsichtiger. Aber nun, zehn Jahre später, erlebte ich ein völlig verändertes Xinjiang.

Ich hatte Glück an dem Tag. Der Polizist, der nach der Landung am ersten Checkpoint meinen Pass kontrollierte, kannte sich mit ausländischen Dokumenten nicht aus. Er übersah glatt das Visum, in dem klar vermerkt stand, dass ich Journalist bin, sodass sich die Überwacher, die sonst Journalisten überallhin begleiten, nicht sofort an meine Fersen hängten. So konnte ich unbemerkt zu einem der neu errichteten Lager gelangen: ein riesiger Komplex mit einem schweren Stahltor und Wachtürmen. Bewaffnete Patrouillen umrundeten die Mauern, an denen Kameras montiert waren. Vor dem Eingang warteten Menschen in einer langen Schlange – offenbar auf die Möglichkeit, ihre Angehörigen im Lager zu sehen oder ihnen Pakete zu übergeben. Viel Zeit hatte ich nicht, die Szene zu beobachten, denn natürlich kamen schon bald Wachen aus dem schweren Tor und nahmen mich mit.

Danach bin ich noch mehrmals nach Xinjiang gereist. Man kann dort nicht wie in anderen Ländern oder auch in anderen Teilen Chinas journalistisch recherchieren. Interviews sind, sofern nicht vom Staat arrangiert, faktisch ausgeschlossen. Nicht einmal mit Taxifahrern – eine ebenso verpönte wie häufig genutzte journalistische Quelle – kann man frei reden, denn die Taxis haben Kameras und Mikrofone über dem Rückspiegel installiert, die direkt mit der Polizei verbunden sind. Wer also erfahren will, was in der Region vor sich geht, muss sich auf Menschen stützen, die außerhalb des Landes sind und frei erzählen können. Und er muss versuchen, genau zu beobachten. Manchmal gibt die Reaktion der Überwacher einen Hinweis, dass an einem Ort etwas Interessantes vor sich geht. Manchmal sind es Details im Straßenbild: leer stehende Dörfer, die die Frage aufwerfen, wo die Bewohner sind. Wandgemälde und Parolen, die die politische Linie propagieren, Aushänge mit Verhaltensregeln oder das Verhalten von Menschen in bestimmten Situationen.

Den Zeugen und Zeuginnen, die China verlassen konnten, verdanken wir, dass wir inzwischen ein Bild vom Alltag in den Lagern haben. Zahlreiche andere Quellen haben in den letzten Jahren dazu beigetragen, dass wir ein genaueres Bild vom Ausmaß der Repression haben. Auf Satellitenbildern ist zu sehen, wie Lager, Wachtürme und Mauern errichtet wurden. Ausschreibungen für den Lagerbau und schließlich immer neue Leaks aus den Datenbanken und Dokumentensammlungen der Partei räumten nach und nach jeden Zweifel an Ausmaß und Brutalität der Repressionskampagne aus.

Für dieses Buch standen mir fast alle bekannten Leaks zur Verfügung. Es handelt sich um Zehntausende Dokumente mit vielen Millionen Datenzeilen. Ich habe mich ausführlich mit ihnen befasst, wenn ich auch keinesfalls den Anspruch erheben kann und will, diese Masse an Daten umfassend oder gar erschöpfend ausgewertet zu haben. Ich habe mit rund dreißig Zeugen mehrstündige Interviews geführt. Ein Teil der Recherche fand während meiner Zeit in China statt, die meisten Interviews habe ich aber geführt, nachdem ich aus China zurückgekommen war.

Mein Ziel war, über die Darstellung der Grausamkeiten hinaus ein Bild von der Systematik der Repression zu zeichnen. Ich will zeigen, wie der chinesische Staat dazu kommt, Methoden als legitim und als zielführend zu betrachten, die für viele Experten die Züge eines Genozids tragen. Deshalb werden in diesem Buch die Geschichte der Region, die Ereignisse und Konflikte, die das Leben der Menschen dort seit Langem prägen, sowie die Ideengeschichte der chinesischen Völkerpolitik eingehend beschrieben. Der Hightech-Gulag, den China in Xinjiang errichtet hat, ist eine Neuauflage der totalitären Unterdrückungsmethoden des 20. Jahrhunderts mit den technischen Mitteln von heute. Doch bevor diese Verbrechen tatsächlich stattfanden, wurden sie gedacht und geplant. Den Weg von den Ideen zu den Taten zeichnet dieses Buch nach.

1. Tigerstuhl

An der Grenze hielt der Bus und zwei Polizisten stiegen ein. Baqytali Nur erkannte Murat, den Dorfpolizisten, aus seinem Ort. Den anderen kannte er nicht. Die beiden Uniformierten drehten ihm die rechte Hand auf den Rücken und führten ihn aus dem Bus. Baqytali empfand mehr Ärger als Angst. «Sie führten mich vor den Augen meiner Kinder und aller Passagiere ab», empört er sich.

Er war auf dem Weg vom chinesischen Grenzort Horgos nach Almaty. Seit Jahren pendelte er zwischen seinem Heimatdorf im chinesischen Landkreis Chapchal nahe der Grenze und der kasachischen Metropole. Er exportierte Gemüse aus China nach Kasachstan. Am Vortag hatte er 80 Tonnen Kartoffeln mit einem Lastwagen auf den Weg gebracht. Nun wollte er mit dem Bus nach Almaty, um die Ware dort in Empfang zu nehmen. Kurz zuvor hatte er beschlossen, seine Frau und die drei Kinder mitzunehmen. Ein Onkel, der in Kasachstan lebte, war krank geworden und wollte die Familie noch einmal sehen. Wenn Baqytali seine Geschäfte in der Stadt erledigt hätte, würde er mit Frau und Kindern raus aufs Dorf zu dem Onkel fahren.

Trotz seiner Verärgerung dachte sich Baqytali zunächst nicht viel dabei, als sie ihn abführten. An der Grenze konnte es auch mal etwas länger dauern. Dass er ein paar Stunden festgehalten wurde, weil die Zollformalitäten nicht in Ordnung waren, kam hier und da vor. Dann wurde meist eine Nachzahlung fällig, und er konnte seine Reise fortsetzen. Doch diesmal ging es nicht um seine Ware. Sie brachten ihn in einen Verhörraum und schnallten ihn an einen Tigerstuhl. Das ist ein Metallstuhl, auf dem Arme und Beine in Metallschellen gelegt werden. Muss man lange darauf sitzen, beginnt der ganze Körper zu schmerzen.

«Am Anfang redete ich noch auf den Polizisten Murat ein», erinnert er sich. Er erklärte ihm, er müsse dringend nach Almaty. «Wenn ich meine Ware dort nicht innerhalb von sieben Tagen in Empfang nehme, lädt der Fahrer sie einfach auf dem Markt ab.» Doch die Polizisten interessierten Baqytalis Geschäfte nicht. Immer wieder fragten sie ihn, warum er in Kasachstan gewesen sei, wen er dort kenne und ob er dort Moscheen besucht habe. Baqytali verstand nicht, was die Verhöre sollten. «Ich war noch nie beim Freitagsgebet. Ich trinke mit Freunden Alkohol», sagt er. Die Fragen ergaben für ihn keinen Sinn.

Stunde um Stunde verging. Wenn sie mit seinen Antworten nicht zufrieden waren, traten oder schlugen sie ihn vor die Brust oder ins Gesicht. «Da war ein Licht, das mich blendete. Sie schrien mich an: Gesteh endlich!» Sie legten ihm Dokumente auf Chinesisch vor, die er unterschreiben sollte. Zwei Tage ließen sie Baqytali auf dem Tigerstuhl sitzen. Dann wurde ihm ein schwarzer Sack über den Kopf gestülpt und er wurde weggebracht. Die Quittung, mit der er die 80 Tonnen Kartoffeln in Empfang nehmen wollte, hat er noch immer.

Nicht nur für Baqytali steht am Anfang seiner Leidensgeschichte der Tigerstuhl. Meist sieht er aus wie ein Schulpult, so wie man es aus amerikanischen Highschool-Filmen kennt: ein einfacher Metallstuhl, an den vorne eine Tischplatte montiert ist. Das Pult ist ebenfalls aus Metall, auf dem Tischbrett sind zwei Metallringe für die Arme angebracht, an den Stuhlbeinen sind Fußschellen. Manchmal kann auch die Hüfte fixiert werden. Ehemalige Insassen beschreiben, dass der Körper durch diese Schellen immer etwas unter Spannung steht und spätestens nach einigen Stunden anfängt zu schmerzen. Der Tigerstuhl ähnelt ein wenig mittelalterlichen Foltergestellen, die in Europa in Museen

Der Tigerstuhl kommt in China ganz legal bei Verhören zum Einsatz und wird in Lagern und Gefängnissen auch zur Bestrafung eingesetzt. Durch die Schellen an Armen und Beinen beginnt der Körper nach einiger Zeit zu schmerzen: ein Folterinstrument. Auf diesem Bild ist der Gefangene nicht festgeschnallt. Es stammt von einer Übung in einem Umerziehungs-lager in Tekes, Nordwest-Xinjiang und wurde an westliche Medien ge-leakt.

zu sehen sind. Obwohl China die Anti-Folter-Konvention unter-schrieben hat, gehört der Tigerstuhl ganz offiziell zum Inventar vieler Polizeistationen. Er ist legal. «Wir nutzen den Verhörstuhl zum Schutz des Verdächtigen, um ihn an Flucht, Selbstverletzung oder dem Angriff auf andere zu hindern», teilte ein Sprecher Chinas im Jahr 2015 der Anti-Folter-Konvention der Vereinten Nationen ganz offen mit.

Baqytali war einer von vermutlich rund einer Million Uiguren, Kasachen, Kirgisen, Usbeken, Tadschiken und Hui-Muslimen, die plötzlich innerhalb weniger Monate verhaftet wurden. Mit dem Tigerstuhl dürfte ein Großteil von ihnen Bekanntschaft gemacht haben, viele in den ersten Stunden nach ihrer Verhaftung, manche während ihrer Lagerhaft als Bestrafung oder während Verhören, die auch später immer wieder stattfanden. So berichten es diejenigen, die heute in Sicherheit sind.

Zumret Dawut, die im März 2018 verhaftet wurde, erinnert sich, dass im Keller ihrer Polizeistation mehrere Zellen waren, die lediglich mit Metallgittern verschlossen wurden. «Man konnte in diese Zellen reinschauen, in jeder stand ein Tigerstuhl in der Mitte. In der Ecke war ein Loch, das während der Verhöre als Toilette genutzt wurde. Wenn man auf die Toilette musste, wurde man an einer Stange an der Wand angekettet. Egal, ob Mann oder Frau, es gab keinen Sichtschutz. Wenn man sich als Frau schämte, wurden sie ungeduldig und sagten: ‹Mach hin›.»

Zumret war nicht von der Polizei abgeholt worden, sie war selbst zum Verhör erschienen. Sie hatte einen Anruf erhalten, in dem sie aufgefordert wurde, auf die Polizeistation zu kommen. «Ich schaute meine fünfjährige Tochter an, Tränen liefen mir die Wange herunter. Dann ging ich», erinnert sie sich. «Auf dem Weg betete ich, dass ich wiederkomme und dass meinen Kindern nichts passiert.» Was ihr bevorstand, ahnte sie bereits. Denn nach und nach waren in ihrer Umgebung immer mehr Menschen auf die gleiche Weise verschwunden. Sie wurden zur Polizei gerufen und kamen nicht mehr zurück. Den Anweisungen nicht zu folgen, hatte niemand gewagt. Die allgegenwärtige Kontrolle über die Menschen und die Angst um die Familie sorgten dafür, dass die Anweisungen befolgt wurden. «Die chinesische Regierung bestreitet, dass Uiguren nachts abgeholt und in Lager gesteckt werden», sagt Zumret in bitterem Ton. «In gewisser Weise stimmt das. Sie rufen dich an, und du gehst von selbst.»

Überfüllte Lager und «rote Lieder»

Von der Polizeistation wurde der Gemüsehändler Baqytali in eine ehemalige Schule gebracht. Das Gelände war von hohen Mauern und Stacheldraht umgeben. Sie passierten zwei große Metalltore. «Ich hatte Angst. Dort standen bewaffnete Polizisten mit Gewehren und Hunden. Dann übergaben mich die Polizisten an andere Beamte», erinnert er sich. «Ich fragte mich, ob ich hier jemals wieder rauskomme oder ob ich vielleicht hier umgebracht werden sollte.» Er war in einem von Xinjiangs berüchtigten Umerziehungslagern gelandet.

Baqytali ist ein hagerer, lebhafter Mensch. Als Geschäftsmann war er recht erfolgreich. Nachdem er zuerst als Grundstücksmakler gearbeitet hatte, begann er 2007 sein Exportgeschäft. Er kaufte auf dem Großmarkt in der nahe gelegenen Stadt Ghulja Gemüse ein, das hier aus ganz China eintrifft. Seine Ware verschickte er nach Almaty, wo er sie auf einem kasachischen Großmarkt weiterverkaufte. Der Grenzhandel lohnte sich. Baqytali ist Kasache, stammt aus einem Dorf im Nordwesten von Xinjiang, nicht weit von der kasachischen Grenze. Als chinesischer Staatsbürger mit kasachischer Muttersprache fand er sich auf beiden Seiten der Grenze gut zurecht, und sein Geschäft lief. «In meinem Dorf war ich jemand, dem es gut ging», sagt er stolz.

Nun im Lager erfuhr er, dass seine häufigen Besuche in Kasachstan der Grund für seine Verhaftung gewesen waren. Der chinesische Staat nahm Uiguren und Kasachen, die Kontakte ins Ausland hatten, ins Visier. Baqytali sei eine «vertrauensunwürdige Person», wurde ihm mitgeteilt. Man habe ihn zum «Lernen» hergebracht.

Was Baqytali nicht wissen konnte: Der Generalsekretär der Kommunistischen Partei Chinas, Xi Jinping, hatte drei Jahre zuvor in einer geheimen Sitzung die Anweisung zu einer breit angelegten Umerziehungskampagne für die muslimischen Völker in Xinjiang gegeben. «Manche haben die Parteilinie nicht verinnerlicht», wetterte der Parteichef. «Sie haben keinen patriotischen Standpunkt und keinen Begriff von der Einheit der Volksgruppen.» Vor Mitgliedern der Parteiführung in Peking stellte er klar, dass er nicht die Politik der Partei, sondern die fehlende Loyalität der fremden Völker für die Spannungen in der Region verantwortlich machte. «Es gibt sogar solche, die Lammfleisch mit der Hand essen und gleichzeitig auf die Kommunistische Partei schimpfen.» Lammfleisch – gegrillt, gekocht oder geschmort – ist bei Turkvölkern und Mongolen beliebt. Es wird traditionell mit der Hand gegessen. Deshalb nennen die Chinesen diese Gerichte der Einheimischen «handgegriffenes Fleisch», «handgegriffener Reis» und so weiter. Für viele Chinesen, die auf ihre Esskultur mit Stäbchen stolz sind, mutet das – vorsichtig ausgedrückt – exotisch an. Die Verächtlichkeit, die Xi in diesen Satz legte, ist deshalb für die Menschen in Xinjiang nicht zu überhören.

Xis Redetext wurde inzwischen an internationale Medien und Organisationen geleakt. «Wir müssen die ideologische Erziehung der Massen stärken und ihnen deutlich erklären, dass ein gutes Leben nur dank der guten Politik der Partei möglich ist», fährt der Parteichef darin fort. Er spricht von einem Kampf, den die Partei «ausdauernd, gründlich und geschmeidig, mit einem klaren Standpunkt und mit harter Hand» führen müsse, «damit die Massen unerschütterlich an der Seite der Partei marschieren». Chinas Kommunisten haben nie gezögert, ihre Ideologie mit Zwang durchzusetzen. Doch das Ausmaß der Gewalt und den Vernichtungswillen der Partei hat damals noch kaum jemand vorhergesehen.

Die Wachen befahlen Baqytali, sich auszuziehen. Er bekam eine blaue Uniform aus Hose und Jacke und wurde in eine Zelle gebracht. «Die Wachleute öffneten die Türen mit ihren Fingerabdrücken. Die Zellentür war an der Wand festgekettet und ging nur einen Spaltbreit auf», erinnert er sich, «man musste sich seitlich durchquetschen.» In dem Raum standen vier Doppelstockbetten und in der Ecke war ein Eimer, der als Toilette diente. «In der Zelle stank es fürchterlich», erinnert er sich. Zumret Dawut wurde nach dem Verhör im Keller der Polizeistation ebenfalls in ein Lager gebracht. Auch sie erinnert sich lebhaft an den bestialischen Gestank, der ihr beim ersten Öffnen der Zelle entgegenschlug. «Die Polizisten zogen sich den Stoff ihrer Uniform vors Gesicht, bevor sie die Tür aufmachten, weil der Gestank kaum auszuhalten war. Dann schubsten sie mich in die Zelle und schlossen die Tür hinter mir.» In der Zelle waren achtundzwanzig Frauen. Duschen gab es nicht. In der Ecke des Raums war eine Toilette. «Von Zeit zu Zeit lief Wasser durch die Toilette. Aber spülen ließ sie sich nicht. Es gab einen Stock, um den ein Lappen gewickelt war. Wenn man sein Geschäft verrichtet hatte, versuchte man, die Exkremente damit in das Loch zu stopfen.»

Den Insassen wurde gesagt, sie seien zum Unterricht hergebracht worden. Doch es fiel ihnen schwer, ihre Gefängnisumgebung in irgendeiner Form mit Lernen in Verbindung zu bringen. Gulzira Auelhan, die zur gleichen Zeit in ein Lager in Ghulja nahe der kasachischen Grenze gebracht wurde, erinnert sich, dass Polizisten sie in einen völlig überfüllten Raum brachten. «Ich fragte, was ich hier soll», erzählt sie. «Sie sagten: ‹Du wirst hier lernen.› Es war ein Gefängnis, aber sie behaupteten, es sei eine Schule.»

Widerworte wurden nicht akzeptiert. Erbaqyt Otarbai, der im August 2017 verhaftet wurde, erinnert sich, wie seltsam er die Fragen der Verhörer fand, die über Stunden immer wieder wissen wollten, warum er WhatsApp installiert habe. Auch, wie er es mit der Religion halte und ob er an Gott glaube, fragten sie mehrfach.

Erbaqyt war ein Jahr zuvor nach Kasachstan emigriert und

kehrte im Frühjahr 2017 nach Xinjiang zurück, weil sein Vater krank geworden war. Direkt nach seiner Rückkehr wurde sein Pass konfisziert. Er verdingte sich als Lastwagenfahrer, als er plötzlich von der Polizei abgeholt und auf eine Polizeistation gebracht wurde. Erbaqyt bezeichnet sich selbst nicht als besonders fromm. Aber er respektiere den Islam als Tradition, sagt er. Nun hatte die Polizei auf seinem Handy Koransuren gefunden. Die religiösen Verse hatte ihm jemand per WhatsApp zugeschickt. Für die Verhörer machte ihn das verdächtig.

«Ich kannte den Polizisten und wusste, dass er fünfmal am Tag betet», erzählt er. «Also antwortete ich ihm: ‹Glaubst du etwa nicht an Gott? Isst du vielleicht Schweinefleisch? Wir sind Muslime, das ist unsere Tradition.›» Der Polizist reagierte empfindlich auf die Widerworte: «Wenn du nicht mit uns kooperierst, wirst du sehen, wohin das führt», habe er ihm barsch beschieden. Erbaqyt kam zunächst in ein Untersuchungsgefängnis. Später wurde er mehrfach zwischen Umerziehungslager und Gefängnis hin- und herverlegt. Er glaubt, dass sein Verhalten im Verhör ihm die Untersuchungshaft eingebrockt hatte. Dort seien die Bedingungen noch härter gewesen als im Lager.

Massive staatliche Repression gab es in Xinjiang schon lange. Der Konflikt zwischen den einheimischen Volksgruppen, vor allem den Uiguren, und dem chinesischen Staat verschärfte sich seit Jahren. Es war zu gewaltsamen Anschlägen auf Polizeistationen, zu Terroranschlägen auf Zivilisten gekommen. Militär und Polizei reagierten auf die kleinsten Anzeichen von Aufruhr mit brutaler Gewalt und willkürlichen Verhaftungen. Der leiseste Verdacht konnte einen in massive Schwierigkeiten bringen. Doch in jenem Sommer und Herbst 2017 fegte eine Verhaftungswelle durch die turksprachige Bevölkerung der Region, die alles bisher Dagewesene übertraf. Menschen, die nie zuvor in Konflikt mit dem Staat gekommen waren, verschwanden massenweise in Lagern. Jene, die vorher schon Konflikte mit dem Staat hatten, natürlich ebenfalls. Bis heute gibt es keine gesicherten Zahlen über die Inhaftierten. Doch aus Ausschreibungen für den Bau der Lager und aus geleakten Gefangenenlisten einzelner Landkreise haben Forscher erschlossen, dass mindestens eine Million Menschen eingekerkert worden sein muss – ungefähr ein Zehntel der erwachsenen Uiguren und Kasachen. Nicht nur diese beiden großen muslimischen Turkvölker der Region waren von den Massenverhaftungen betroffen, auch die kleineren muslimischen Völker der Kirgisen, Usbeken und Tadschiken. Außerdem saßen in den Lagern auch einige Hui ein, chinesischsprachige Muslime, die sich lediglich durch ihre Religion von der Mehrheitsbevölkerung der Han-Chinesen unterscheiden.

Es scheint einzelne Fälle gegeben zu haben, in denen Han ebenfalls zur Umerziehung eingesperrt wurden. Ein ehemaliger Insasse erzählt, dass einige wenige Han im selben Lager waren. Das waren Menschen, die bei den Beschwerdestellen der Regierung Petitionen eingebracht hatten. In China unterhält jede Behörde solche Eingabestellen, doch wer sie nutzt und hartnäckig auf einer Antwort besteht, gerät oft ins Visier der Sicherheitsbehörden. Nicht selten verschwinden diese Beschwerdeführer zeitweise in inoffiziellen Gefängnissen. In einigen Gegenden von Xinjiang scheint man sie einfach zu den Muslimen ins Lager gesteckt zu haben. In anderen Fällen haben mir Han-Chinesen aus der Region erzählt, dass Bekannte oder Verwandte zur Umerziehung geschickt wurden. Allerdings dauerte diese jeweils nur wenige Tage oder Wochen. Es ist nicht klar, ob es sich um die gleichen Lager handelt. Alles in allem scheinen Han nur in sehr vereinzelten Fällen von den Verhaftungen betroffen gewesen zu sein. Die meisten Insassen erinnern sich übereinstimmend, dass sämtliche Mithäftlinge einer der muslimischen Volksgruppen angehörten: Uiguren, Kasachen, Kirgisen, Usbeken und Hui.

Wie hoch die Zahl der Inhaftierten auch immer gewesen sein mag – aus den Berichten wird klar, dass die Behörden sich auf die massive Verhaftungswelle, die sie so plötzlich in Gang setzten, kaum vorbereitet hatten. Die Lager waren innerhalb kürzester Zeit überfüllt. «Es gab acht Betten», erinnert sich Baqytali. «Aber dann brachten sie immer mehr Leute. Schließlich mussten vier von uns auf dem Betonboden schlafen.» Ein anderer Insasse erinnert sich, dass die Gefangenen auf einer Art gemauertem Podest schliefen. «Wir lagen so dicht beieinander, dass man sich nachts nicht umdrehen konnte.» Auch er erzählt, dass Gefangene auf den Betonboden ausweichen mussten, als das Podest voll war.

Die meisten dieser Lager waren kurzfristig in leer stehenden Schulen oder Verwaltungsgebäuden eingerichtet worden. Gleichzeitig wurden außerhalb der Städte neue Komplexe hochgezogen. Wenn diese fertig waren, wurden einige der provisorischen Lager in den Städten geschlossen und die Gefangenen an den Stadtrand gebracht. Gulzira Auelhan schildert, wie sie mehrmals verlegt wurde, weil die Lager überfüllt waren. Drei provisorische Lager durchlief sie innerhalb eines Jahres, bevor sie schließlich in einem Neubaukomplex am Stadtrand landete.

Nicht nur die Insassen verstanden nicht, wohin man sie da eigentlich gebracht hatte. Qelbinur Sidik, die als Chinesischlehrerin an einer Grundschule arbeitete, wurde im Februar 2017 zur Schulleitung gerufen. Sie erinnert sich an eine etwas eigenartige Atmosphäre. «Wir mussten zuerst eine Vertraulichkeitserklärung unterschreiben», erzählt sie. Dann teilte man ihr mit, sie werde an eine Einrichtung versetzt, wo sie Erwachsene unterrichten werde. Sie solle Uiguren mit niedrigem Bildungsstand Mandarin beibringen. Man schärfte ihr schließlich noch mal ein, sie dürfe nicht über das sprechen, was sie dort sehen würde, nicht einmal mit ihrem Ehemann.

Am nächsten Tag holte sie ein Streifenwagen ab und brachte

sie zu ihrer neuen Arbeitsstelle, einem Gebäude, das außerhalb der Stadt auf einem Hügel lag. Qelbinur wunderte sich, dass es mit hohen Mauern und Stacheldraht gesichert war. Sie passierte mehrere Schleusen, sah bewaffnete Polizeipatrouillen. Sie wurde in einen langen Gang gebracht, und ein Polizist fragte, ob sie nun mit dem Unterricht beginnen wolle. «Sie öffneten die Türen im Korridor, und heraus kamen Männer in Hand- und Fußschellen. Sie bewegten sich wie in Zeitlupe. Erst da verstand ich, dass ich in einem Gefangenenlager war. Ich bekam große Angst, aber ich konnte nichts sagen und ging in das Klassenzimmer.»

Die Männer trugen teils lange Bärte, viele waren schon etwas älter. Qelbinur erschienen sie wie fromme Männer vom Land oder Islamgelehrte, deshalb grüßte sie sie mit den Worten «Assalamu Aleykum», dem traditionellen islamischen Gruß, der auch unter Uiguren verbreitet war. «Niemand antwortete», erinnerte sie sich. «Da merkte ich, dass ich etwas Falsches gesagt hatte.» Vier Stunden verbrachte Qelbinur von der Klasse abgewandt an die Tafel schreibend: «Ich habe viele Jahre lang unterrichtet, aber ich habe noch nie einen Unterrichtstag erlebt, der so langsam verging.»

Was in diesen Lagern, die am Anfang «Deradikalisierungszentren» und später offiziell «Berufsbildungszentren» hießen, unterrichtet wurde, ist unterschiedlich. Es gibt Überlebende, die berichten vor allem von Sprachunterricht. In anderen Lagern gab es ausführliche politische Instruktionen. Und wieder andere hatten auch technische Fertigkeiten wie Nähen auf dem Stundenplan. Was aber allen Berichten gemeinsam ist: Die Insassen mussten exzessiv singen. «Rote Lieder» werden die Hymnen auf die Kommunistische Partei genannt, die zum Pflichtprogramm gehörten. Die wichtigste von ihnen war die Propaganda-Hymne «Ohne die Kommunistische Partei gäbe es kein neues China». Alle Insassen, mit denen ich gesprochen habe, erwähnten dieses Lied. Die kein

Chinesisch können, stimmten im Interview spontan die Melodie
an – oft in einer Art Fantasiesprache. Denn sie hatten kein Wort
des Textes verstanden, aber sie konnten die Laute des chinesischen Textes so weit imitieren, dass es im Chor nicht auffiel. Mit
dem Singen von «roten Liedern» begann jeder Morgen, jeder
Abend endete so. Vor jeder Mahlzeit musste die Zöglinge die
Kommunistische Partei besingen. Zumret Dawut schildert, wie
sie beim Singen ihre leeren Teller hochhalten mussten – als
Zeichen dafür, dass nur die Kommunistische Partei ihn mit der
dünnen Reissuppe und dem kleinen harten Dampfbrot füllen
würde, das ihren Hunger bestenfalls ein wenig dämpfte. Besonders viel Wert wurde auf die Aufführung der Propagandalieder
gelegt, wenn Delegationen zu Besuch kamen. Qelbinur Sidik erinnert sich, wie unwirklich solche Auftritte waren: «Sie standen
da, Hände und Füße in Ketten, und sangen Lieder vom guten Leben im Neuen China. Es war so absurd.» Ein ehemaliger Lagerin-
sasse erzählt, dass er noch Jahre später, als er längst freigelassen
war, Angstzustände bekam, wenn er irgendwo eins dieser Lieder
hörte.

«Vertrauensunwürdige» Personen

Ins Lager kamen Menschen, die religiös waren, aber auch solche,
die Kontakte ins Ausland hatten oder sonst auf irgendeine Weise
verdächtig waren. Die chinesische Regierung bezeichnete sie als
«vertrauensunwürdig» – wie Baqytali. Auch Parteimitglieder, an
deren Loyalität der Staat zweifelte, kamen ins Lager. Sie wurden
als «Doppelgesichter» bezeichnet, weil sie im Verdacht standen,
der eigenen ethnischen Gruppe näher zu stehen als dem chinesischen Staat. «Unter einigen uigurischen Parteikadern und Intellektuellen halten sich unklare und falsche Ansichten», wetterte
der stellvertretende Gouverneur der Region, Erkin Tuniyaz, 2018

(der inzwischen zum Gouverneur aufgestiegen ist). «Sie bestrei-
ten, dass in den Adern jedes der Völker in Xinjiang das Blut der
chinesischen Familie fließt. Sie denken ‹Ich bin kein Chinese›
oder glauben, sie gehörten einem ‹Turkvolk› an. Die Partei hat
den Kampf gegen diese ‹Fraktion der Doppelgesichter› mit einer
Kraft aufgenommen, die weithin Himmel und Erde erschüttert.
Wir werden sie im großen Ozean des Volkskriegs ertränken!»
Und Parteichef Chen Quanguo gab 2018 in einer Rede vor Polizisten die deutliche Anweisung: «Die Doppelgesichter müssen
mit Fleisch und Blut ausgemerzt werden.»

Unter der martialischen Rhetorik weitete der Parteiapparat
den Kreis der Verdächtigen immer weiter aus. Besonders Reisen
ins Ausland waren suspekt. Es gab eine Liste mit Staaten, die als
«terrorrelevant» galten. Dazu gehörten viele Länder mit muslimischer Bevölkerung, wie die Türkei, Pakistan oder die zentralasiatischen Republiken. Insbesondere vielen chinesischen Kasachen wurden ihre Kontakte zu Verwandten jenseits der Grenze
zum Verhängnis.

Im September 2018 besuchte ich in der kasachischen Metropole Almaty das Büro von Atajurt (deutsch: «Vaterland»), einer
Organisation, die sich für die verfolgten Kasachen in China ein-
setzte. (Inzwischen ist ihre Arbeit fast unmöglich geworden. Ihr
Gründer und viele Mitglieder mussten ins Ausland fliehen. Doch
damals war das Atajurt-Büro Anlaufstelle nicht nur für Journalisten, sondern auch für viele internationale Organisationen.) Ein
Team von Amnesty International war am Vortag in der Stadt angekommen. Nun saßen die Mitarbeiter in dem kleinen Büro der
Organisation und nahmen Zeugenaussagen auf. Hunderte Menschen drängten sich um den Tisch und standen im Gang vor dem
Büro. Sie alle hatten den Kontakt zu ihren Verwandten verloren.
Manche wussten über ihre Angehörigen nur, dass sie verschwunden waren. Andere hatten über verschlungene Wege erfahren,

dass ihre Schwester, ihr Vater, ihre Mutter oder ihr Ehemann im Lager saß. Viele Menschen warteten tagelang geduldig in dem engen Büro, bis sie an der Reihe waren. In der Hand hatten sie Mappen mit Ausweiskopien, Fotos und Dokumenten, die die Existenz der verschwundenen Verwandten belegen. Es war ihre einzige Chance, etwas für sie zu tun. Schließlich musste das Team von Amnesty International von dem engen Büro in den Konferenzraum eines großen Hotels umziehen, weil der Strom der Menschen nicht abriss. Auch mich bedrängten Dutzende, ihre Geschichte mit der Kamera aufzunehmen, in der vagen Hoffnung, dass ein Bericht in ausländischen Medien ihren Verwandten helfen könnte.

Seit den 1990er-Jahren konnten ethnische Kasachen aus China nach Kasachstan emigrieren und dort die Staatsbürgerschaft bekommen. Deshalb existieren viele Familienverbindungen zwischen dem Nordwesten Xinjiangs und Kasachstan. Oftmals lebt ein Teil der Familie in Kasachstan und ein Teil in China. Nun wurden sie wie Erbaqyt Otarbai oder Gulzira Auelhan bei Verwandtenbesuchen in der alten Heimat verhaftet. Oder sie gerieten wie Baqytali unter Verdacht, weil sie das Nachbarland regelmäßig besuchten. Uiguren, die Verwandte im Ausland hatten, wurden ebenfalls zu Verdächtigen, insbesondere wenn ihre Verwandten in muslimischen Ländern wie Ägypten oder den Golfstaaten lebten – oder sogar in der Türkei, wo die Exilgemeinde ihren Schwerpunkt hatte. Aber es existieren auch Berichte über Studenten, die aus den USA oder Japan zurückkehrten und direkt ins Lager gesperrt wurden. Die meisten Bewohner der Region brachen damals den Kontakt zu Verwandten und Bekannten im Ausland ab. Es wurde für sie schlicht zu gefährlich, jemanden außerhalb Chinas zu kennen.

Die Massenverhaftungen versetzten auch diejenigen in Schrecken, die selbst nicht im Lager saßen. Die Stimmung in Xinjiang

war angsterfüllt. «Die Menschen fingen an, im Flüsterton miteinander zu sprechen», erinnert sich eine Bewohnerin der Region.
«Wann immer man eine Polizeisirene hörte, fragte man sich
automatisch, ob sie vielleicht auf dem Weg zu einem selbst seien.»
Die Verhaftungen zogen sich so systematisch durch die Gesellschaft, dass die Menschen das Gefühl bekamen, jederzeit verhaftet werden zu können. «Die Leute duschten abends und legten
sich Kleidung heraus für den Fall, dass sie nachts abgeholt würden», erzählt die Frau.

Gene Bunin, ein russisch-amerikanischer Linguist, Übersetzer
und Programmierer, der damals in Xinjiang an einem Lehrbuch
für die uigurische Sprache arbeitete, erinnert sich, wie Bekannte
nach und nach verschwanden. «In den Restaurants gab es keine
Kellner mehr. Man sah nur noch Kellnerinnen», erzählt er. Denn
in den Lagern saßen deutlich mehr Männer als Frauen. Besonders ein Stand in der Altstadt von Kashgar ist ihm in Erinnerung.
Dort wurde Polo gekocht, ein Reisgericht mit Lammfleisch, das
häufig auswärts gegessen und auf Märkten oder in Restaurants in
großen Woks zubereitet wird. «Dort arbeiteten normalerweise
vier Männer, jetzt war nur noch einer da. Als ich ein paar Tage
später wieder kam, war auch er weg. Seine Frau betrieb nun den
Stand. Ich fragte, wo er sei. Sie sagte, er sei beim ‹Militärtraining›.
Eine Woche später war auch sie weg.»

Gesichtserkennung und schwarze Säcke

Wie der chinesische Staat seine Opfer identifizierte, davon vermitteln uns mehrere Leaks von Dokumenten und Datensätzen
eine Ahnung. Überwachungstechnologie war zu dem Zeitpunkt
überall in der Region präsent. Kameras ließen kaum ein Stück
Straße unbeobachtet. Die Polizei schaffte Geräte an, mit denen
Mobiltelefone ausgelesen werden können. In den Städten wur-

den Checkpoints eingerichtet. Auch Wohnanlagen, die in China ohnehin häufig umzäunt sind, wurden mit elektronischen Erkennungssystemen überwacht. In Ürümchi hat so gut wie jeder Wohnkomplex ein Terminal am Eingang, wo der Personalausweis ausgelesen und mit Gesichtserkennung abgeglichen wird. Auf seiner Website brüstet sich einer der Hersteller dieser Geräte damit, dass die Terminals direkt mit der Polizei verbunden seien. Wann immer jemand die Wohnanlage betritt, erhält die Polizei eine Meldung mit den Personaldaten des Besuchers. «Wir durften praktisch keinen Besuch mehr bekommen», erinnert sich Qelbinur Sidik. «Nur noch enge Verwandte konnten uns besuchen. Das mussten wir uns jedes Mal im Voraus genehmigen lassen.» Auch die Bewohner selbst wurden überwacht. An den Wohnungstüren wurden QR-Codes angebracht, mit deren Hilfe die Polizei offenbar die Situation der Bewohner auslesen konnte. Viele berichten auch von Geräten, die in der Wohnung installiert wurden. «Es war eine kleine Kiste, die aussah wie ein Receiver für das Satellitenfernsehen», sagt Zumret Dawut. «Uns wurde eingeschärft, dass wir sie weder entfernen noch näher untersuchen durften.»

Wer in die Moschee ging, musste eine Schranke mit Personalausweisscanner und Geschichtserkennung passieren. So bekamen die Behörden sofort mit, wer betete und wer nicht. Daneben wurden weitere biometrische Merkmale der Bewohner registriert. «Wir bekamen die Aufforderung, uns für die dritte Generation des Personalausweises zu registrieren», erinnert sich Zumret Dawut. In China gibt es Personalausweise erst seit den 1990er-Jahren, die derzeit gültigen Ausweise werden als «zweite Generation» bezeichnet. Sie haben einen Chip, in dem die Ausweisdaten elektronisch ausgelesen werden können. Nun wurde Zumret gesagt, sie müsse weitere Daten erfassen lassen. Einen ganzen Tag lang dauerte die Prozedur.

Den Bewohnern der Wohnanlage wurden die Fingerabdrücke aller zehn Finger genommen. Man scannte ihre Augen, zeichnete Stimmproben auf, nahm Blut ab. Die gleichen Vorgänge haben auch andere Uiguren geschildert. Nicht immer war die Rede von der dritten Generation des Personalausweises. Manchen wurde auch erzählt, es sei ein kostenloser, aber verpflichtender Gesundheitscheck. Die staatliche Nachrichtenagentur Xinhua meldete Ende 2017, 18 Millionen Bürger – Xinjiang hat rund 25 Millionen Einwohner – hätten an solchen Gesundheitsuntersuchungen teilgenommen. «Das Ziel ist, die reale Zahl der Einwohner Xinjiangs zu erfassen und Bilder, Fingerabdrücke, Iris-Scans, Blutgruppen und DNA-Abdrücke der Bewohner zwischen 12 und 65 zu sammeln», heißt es in einer Anweisung, die auf einer Regierungswebseite erschien, aber inzwischen wieder gelöscht ist. Und ein Arbeitsbericht der Polizei im Landkreis Konasheher (chin.: Shufu) vom Mai 2018, der 2022 geleakt wurde, stellt fest, dass die Polizeistationen bis dahin Iris-Scans von 80 Prozent der Bewohner ins System geladen hatten, Fingerabdrücke von 72 Prozent und Blutbilder von 69 Prozent der Einwohner. Bei biometrischen Fotos waren es 50 Prozent. Der Amtsleitung genügt das nicht. «Die Polizeiwachen haben das Prinzip ‹Keinen Haushalt im Dorf übersehen, keinen Bewohner im Haushalt übersehen› nicht streng genug umgesetzt. Die Qualität der Datensammlung muss verbessert werden.» Einen neuen Personalausweis hat Zumret übrigens nie bekommen. «Es ging nur um die Daten», ist sie überzeugt.

Auf den Straßen fanden in engen Abständen Kontrollen statt. Unzählige Polizeistationen, die ironischerweise «Bürgerservice-Wachen» hießen, wurden in den Städten gebaut: ein- oder zweistöckige Gebäude, oft in Schnellbauweise aus Metall errichtet. In manchen Stadtbezirken standen sie so dicht beieinander, dass man von fast jeder dieser Wachen schon die nächste sah. Daneben gab es fest installierte Checkpoints, wo jeder kontrolliert wurde, der dort vorbeikam. Polizisten standen mit mobilen Ausweislesegeräten an den Straßenecken und überprüften die Dokumente von Passanten. Als ich 2018 die Stadt Aksu besuchte, standen Beamte in Sichtweite voneinander paarweise am Straßenrand und pickten offenbar willkürlich Fußgänger heraus, vor allem junge Männer. Die Menschen waren vorsichtig. Einmal stand ich etwas unschlüssig an einer Ampel herum und versuchte mich zu orientieren. Als die Ampel grün wurde, stieß mich ein alter Mann an und bedeutete mir, ich solle rübergehen. Ich nickte ihm zu, blieb aber noch stehen. Da kamen sofort zwei Polizisten auf mich zu und kontrollierten meinen Pass. Danach habe ich keine grüne Ampel mehr ignoriert.

Was in meinem Fall eine bizarre Anekdote ist, hätte für die Einheimischen ganz anders ausgehen können. Qelbinur Sidik hat mehrmals mitbekommen, wie bei einer solchen Kontrolle ein Alarmton anging. «Im Hintergrund stand Sonderpolizei bereit», erinnert sie sich. «Wenn das Gerät der Polizisten piepte, kamen sie angerannt, stülpten der Person einen schwarzen Sack über den Kopf und brachten sie weg.» Ihre Stimme wird brüchig, während sie das schildert. «Bis heute fange ich an zu zittern, wenn ich eine schwarze Plastiktüte sehe», sagt sie.

Der Alarm, den Qelbinur Sidik hörte, war möglicherweise das Ergebnis eines Algorithmus. In mehreren Rechenzentren führten die Behörden Daten aus Überwachungskameras, Polizeidatenbanken und anderen Behörden zusammen, um Verdächtige zu identifizieren. Man musste kein Verbrechen begehen, um ins Lager zu kommen. Es genügte, dass man bestimmte Verhaltensweisen an den Tag legte, aufgrund derer die Behörden davon ausgingen, dass man möglicherweise in der Zukunft eine Tat begehen würde. Diese Verhaltensweisen konnten völlig legale, ja banale Tätigkeiten sein, wie in einer staatlichen Moschee zu beten oder sein Auto zu verleihen. Im China des 21. Jahrhunderts verbinden sich willkürliche Massenverhaftungen, wie wir sie aus den Anfangsjahren der Volksrepublik oder den Stalinjahren der Sowjetunion kennen, mit den Möglichkeiten des Datenzeitalters. Es ist, als ob Stalins Terrorbürokratie ein Technologie-Update bekommen hätte: ein Hightech-Gulag.

Baqytali, Gulzira, Zumret und die anderen Lagerinsassen, mit denen ich gesprochen habe, sind heute schwer gezeichnet von dem, was sie während der Lagerhaft erlebt haben. Ihre Körper und Seelen sind krank. Viele fanden sich irgendwann auf der Krankenstation des Lagers oder einem Krankenhaus wieder, mussten teils monatelang behandelt werden, bis sie entweder entlassen oder aber wieder ins Lager zurückgeschickt wurden. Mangelernährung, permanenter Schlafmangel, tagelanges Sitzen auf niedrigen Hockern und die Kälte haben zu chronischen Magenerkrankungen, kaputten Gelenken und Knochen geführt. Die erlebte Folter und Erniedrigung lassen sie auch Jahre danach nachts nicht schlafen. Sie beschreiben Flashbacks, typische Symptome einer posttraumatischen Belastungsstörung, wenn das Erlebte plötzlich unerwartet vor dem geistigen Auge noch einmal durchlebt wird. Viele können sich schwer konzentrieren und vergessen alltägliche Dinge. Auch die Lehrerin Qelbinur Sidik, die Zeugin der Lagerhaft wurde, ohne selbst interniert zu sein, wurde nach einem Jahr Dienst im Lager krankgeschrieben und nach Hause geschickt.

Tatbestand Völkermord?

Exil-uigurische Organisationen und einige Forschende, die sich intensiv mit der Region befasst haben, nennen die Vorgänge in der Region einen Völkermord. Für sie steht fest, dass die verschiedenen Formen der Repression die Dezimierung oder Auslöschung der Uiguren und der anderen Turkvölker zum Ziel haben. Mehrere Parlamente in westlichen Staaten, etwa den Niederlanden oder Kanada, haben die Verbrechen inzwischen explizit als Genozid verurteilt. Auch Vertreter der US-Regierung sprechen von einem Völkermord.

Vorsichtigere Stimmen sprechen von schwersten Verbrechen gegen die Menschlichkeit. Zu diesem Befund kommen die Menschenrechtsorganisationen Amnesty International und Human Rights Watch, und auch die frühere UN-Hochkommissarin für Menschenrechte, Michelle Bachelet, griff diesen Vorwurf auf. Die Taten in Xinjiang stellten «möglicherweise internationale Verbrechen, insbesondere Verbrechen gegen die Menschlichkeit dar», heißt es in einem Bericht, den sie am letzten Tag ihrer Amtszeit veröffentlichte.

Die Grenze zwischen beiden Tatbeständen verliert sich letztlich aber in juristischen Feinheiten. Einige derer, die nicht von einem Genozid sprechen wollen, erkennen an, dass viele Kriterien eines solchen Verbrechens erfüllt seien. Nur sei es eben noch nicht gelungen, der Regierung tatsächlich nachzuweisen, dass sie auch in der Absicht gehandelt habe, einen Genozid zu begehen. So, wie nur ein Mörder ist, wer in Mordabsicht gehandelt hat, kann man nur dann von einem Genozid sprechen, wenn der Täterstaat nachweislich in der Absicht handelt, eine «Gruppe oder einen Teil der Gruppe zu vernichten». Das ist die Definition des Völkermords, den die Vereinten Nationen 1948 angenommen haben. Demnach ist der Tatbestand des Völkermords erfüllt, wenn eine oder mehrere der folgenden Taten mit der entsprechenden genozidalen Absicht begangen wurden:

– Tötung von Mitgliedern der Gruppe;
– Verursachung von schwerem körperlichen oder seelischen Schaden an Mitgliedern der Gruppe;
– vorsätzliche Auferlegung von Lebensbedingungen für die Gruppe, die geeignet sind, ihre körperliche Zerstörung ganz oder teilweise herbeizuführen;

— Verhängung von Maßnahmen, die auf die Geburtenverhinde-
rung innerhalb der Gruppe gerichtet sind;
— gewaltsame Überführung von Kindern der Gruppe in eine
andere Gruppe.

Ein Völkermord muss also nicht zwangsläufig durch gezielte
Massentötungen verübt werden. Wenn die anderen Tatbestände
in derselben Absicht und mit demselben Ergebnis verübt werden,
kann auch das einen Genozid darstellen. Im Fall Xinjiangs scheint
es keine gezielten Massentötungen zu geben, auch wenn plausibel
erscheint, dass die Lagerbedingungen dazu führen, dass eine gewisse Zahl von Insassen nicht überlebt. Die anderen Sachverhalte
sind aber belegt. Man kann (und muss) die juristischen Argumente wälzen, muss Vergleiche mit anderen historischen Verbrechen und Urteilen internationaler Gerichte anstellen, um die völ-
kerrechtliche Dimension der Taten festzustellen. Klarheit würde
das Urteil eines internationalen Gerichts bringen.

Doch das scheitert daran, dass China das Statut des Internationalen Strafgerichtshofs in Den Haag nicht unterzeichnet hat.
Damit untersteht es nicht seiner Jurisdiktion. Versuche von exil-
uigurischen Verbänden, Klage in Den Haag einzureichen, sind
bisher gescheitert. Deshalb haben einige uigurische Organisationen und Menschenrechtsgruppen 2021 ein eigenes Tribunal ins
Leben gerufen, das die Vorwürfe untersuchte. Unter dem Vorsitz
von Sir Geoffrey Nice, früher Leitender Staatsanwalt am Internationalen Strafgericht für das ehemalige Jugoslawien, sammelte
das Uyghur Tribunal Beweise für den Genozid-Vorwurf. Das
weitgehend symbolische Tribunal, das keinerlei Strafen verhän-
gen oder durchsetzen kann, kam schließlich zu dem Schluss, dass
es sich bei den Verbrechen um einen Völkermord handelt. Der
chinesische Staat habe gezielt Zwangssterilisationen und -abtrei-
bungen eingesetzt in der Absicht, «einen signifikanten Teil der

Uiguren» – nämlich den ungeborenen – zu zerstören, urteilte die Jury. China erkannte das Tribunal selbstverständlich nicht an und nahm auch die Einladung, sich zu verteidigen, nicht wahr.

Wie auch immer die juristische Bewertung ausgeht: Was in Xinjiang geschieht, ist ein Jahrhundertverbrechen, von dem wohl kaum jemand gedacht hat, dass es heute noch einmal begangen werden könnte. In den folgenden Kapiteln geht es um die Frage, wie ein Staat im 21. Jahrhundert dazu kommt, solche Verbrechen zu begehen.

2. Turkestan

Das Apaq-Hoja-Mausoleum steht am Stadtrand von Kashgar (chin.: Kashi). Grüne Fayencen zieren die Fassade des Kuppelbaus. Mit seinen Farben und den kunstvollen Mustern, die diese dekorativen Fliesen bilden, erinnert die Architektur ein wenig an die großen Moscheen in den Seidenstraßenstädten Buchara und Samarkand in Usbekistan oder auch an die Heiligtümer im iranischen Maschad. Rechts schließt ein Friedhof an das Mausoleum an, links führt ein schmaler Weg zu einer großen Freitagsmoschee, einer halb offenen Gebetsfläche, die durch ein Dach auf hölzernen Säulen vor der Sonne geschützt wird. Apaq Hoja war ein uigurischer Herrscher, der im 17. Jahrhundert die Gegend um Kashgar regierte.

In der uigurischen Kultur werden solche historischen Grabstätten wie heilige Orte verehrt. Häufig schließen Friedhöfe an diese Schreine an. Ein Familiengrab in der Nähe des Mausoleums gilt als segensreich, die Plätze sind begehrt. Pilger reisen zu diesen Orten, um sich Gottes Hilfe zu erbeten. Die Schreine sind ein wichtiger Teil der volkstümlichen uigurischen Spielart des Islams, die sunnitische Lehren mit einer Reihe vorislamischer Traditionen verbindet. Manchem strenggläubigen Muslim ist diese Heiligenverehrung ein Dorn im Auge. Noch mehr aber hat es der chinesische Staat auf die Schreine abgesehen; viele von ihnen wurden in den letzten Jahren zerstört. Ihr Besuch wird den Menschen verboten oder erschwert. Sich mit ihrer Geschichte zu befassen, kann ins Lager führen. Unter den vielen Intellektuellen, die in den letzten Jahren verschwunden sind, ist auch die bekannteste Anthropologin Xinjiangs, Rahile Dawut, die die Bedeutung und Geschichte dieser Schreine dokumentiert hat.

Das Mausoleum Apaq Hojas ist aber für Besucher offen. Um das Gebäude herum wurde 2015 eine weitläufige Parkanlage mit künstlichen Brunnen, einer breiten Promenade und lauschigen Gärten angelegt. Restaurant- und Souvenirshops säumen den Eingang. Ein Museumskomplex führt in die Geschichte ein. Von Apaq Hoja, dem Erbauer des Schreins, ist in dieser Ausstellung allerdings nicht die Rede. Stattdessen wird der Ort Besuchern als Grab der «duftenden Konkubine» vorgeführt. Touristen erfahren die rührende Geschichte von Iparhan, vermutlich eine Enkelin Apaq Hojas, deren sterbliche Überreste ebenfalls hier liegen sollen. Die Prinzessin aus Kashgar war der Legende nach weithin bekannt für ihren betörenden Körpergeruch, mit dem sie auch das Begehren des chinesischen Kaisers Qianlong weckte. Qianlong ließ sie Anfang des 18. Jahrhunderts als Konkubine an seinen Hof holen, wohl gegen ihren Willen. Was dann geschah, davon gibt es zwei Versionen. Chinesische Überlieferungen erzählen von einem liebevollen Kaiser, der keine Mühe scheute, um das Heimweh Iparhans zu lindern. In Peking ließ er ihr ein uigurisches Dorf nachbauen und gewann so ihr Herz. In Kashgar dagegen erzählt man sich, Iparhan habe zeit ihres Lebens einen Dolch im Ärmel getragen, um ihren verhassten Entführer abzuwehren. Sie sei schließlich am Hof vergiftet worden.

In der heutigen chinesischen Propaganda gilt selbstverständlich nur die erste Variante. Das herausgeputzte Mausoleum mit seiner Propaganda-Ausstellung erzählt die Geschichte Iparhans als Metapher auf die historische Einigkeit der chinesischen Nation. Dass die Prinzessin an den kaiserlichen Hof gebracht wurde, wird als Beweis angeführt, dass die uigurischen Gebiete schon lange in enger Verbindung zur chinesischen Zentralmacht standen. Und die angebliche Sorge des Kaisers um seine heimweh-

Die Oasenstadt Kashgar war einer der wichtigsten Knotenpunkte der alten Seidenstraßen. Architektur und Lebensstil der Uiguren sind den Verhältnissen in zentralasiatischen Republiken und im Mittleren Osten ähnlicher als in Innerchina.

kranke Gespielin zeige die Fürsorglichkeit des Staates gegenüber den zentralasiatischen Volksgruppen.

Das hat mit der Realität natürlich nur wenig zu tun. Das Gebiet, das heute Xinjiang heißt, hat eine äußerst bewegte Geschichte. Chinesische Herrscherhäuser tauchten im Lauf der Jahrhunderte zwar mehrfach auf, verschwanden aber meist ebenso schnell wieder. Historische Monumente wie das Apaq-Hoja-Mausoleum haben mehr Ähnlichkeiten mit heiligen Stätten in Iran oder in Usbekistan als mit den Tempelbauten im restlichen China. Die Altstadt von Kashgar mit ihren mehrstöckigen Lehmbauten und engen Gassen wurde von Hollywood zum Drehort für die Verfilmung des afghanischen Bestsellers «Drachenläufer» auserkoren – so sehr ähnelt sie dem historischen Kabul. Kunsthandwerk, Musik und Lebensstil der muslimischen Völker in der Region sind denen in den Nachbarrepubliken Tadschikistan und Usbekistan ähnlich. Für Touristen aus dem chinesischen Kernland ist Xinjiang ein exotisches Reiseziel.

Auch geografisch ist die Region vielfältig. Durch ihre Mitte zieht sich der Tianshan, eine der höchsten Gebirgsketten der Welt. Nördlich davon geht das Land ins Altaigebirge an der Grenze zu Russland und in die mongolischen und kasachischen Steppen über. Südlich des Tianshan liegt die Taklamakan-Wüste. Ein Oasengürtel im Süden und Westen bildet das kulturelle Herzland der Uiguren mit den Städten Kashgar, Hotan (chin.: Hetian), Aksu (Akesu) und Yarkand (Shache). Es wird Tarimbecken genannt.

Über die Jahrhunderte lebten hier unzählige Völker, wurden viele verschiedene Sprachen gesprochen. Mal gingen die unterschiedlichen Teile der Region eigene Wege, mal standen sie im Konflikt miteinander und manchmal waren sie geeint. Im Süden dominierten die Einflüsse aus Zentralasien, dort siedelten Bauern und Händler. Schon früh entstanden hier wohlhabende Städte.

Der Norden wurde über Jahrhunderte von Nomaden- und Reitervölkern beherrscht. Heute ist er überwiegend chinesisch besiedelt, während im Süden die Uiguren die Mehrheit stellen. Im Norden leben auch die Kasachen, die drittgrößte Bevölkerungsgruppe der Region. Daneben sind in Xinjiang noch eine Reihe anderer Volksgruppen ansässig: Mongolen, Kirgisen, Usbeken, Xibo, das sind die Nachkommen von mandschurischen Siedlern, und Hui, die schon erwähnten chinesischsprachigen Muslime.

Eroberer, Händler und Siedler gelangten über die Jahrhunderte aus vier Richtungen in die Region. Aus dem Norden kamen mongolische und turksprachige Reitervölker, aus dem Westen ebenfalls Turkvölker sowie persische Volksgruppen. Von Osten her warfen die chinesischen Dynastien ein Auge auf die Region. Auch die Tibeter, die südlich im Himalaya leben, eroberten zeitweise weite Teile von Xinjiang. Eroberer und Siedler brachten jeweils neue Sprachen, Religionen und Lebensweisen mit. Lokale Herrscher errichteten ihre Reiche in einzelnen Städten oder Landstrichen, eroberten größere Gebiete, bildeten Allianzen. Nacheinander gewannen sie Kontrolle über die Region und verloren sie wieder. Den Handel entlang der Seidenstraße, die auf verschiedenen Routen durch das Gebiet führte, dominierten die Sogdier, die eine alte Form des Persischen sprachen. Auf dem Land war Tocharisch verbreitet, eine ausgestorbene indogermanische Sprache. Die Reitervölker im Norden sprachen Mongolisch und verschiedene Turksprachen. Lange dominierten die persischen Religionen des Manichäismus und Zoroastrismus in den Städten. Seit dem 3. Jahrhundert gab es in der Region ebenfalls bedeutende buddhistische Zentren. Von hier aus gelangte der Buddhismus schließlich nach China.

Chinesische Eroberungen und die Alten Uiguren

Mit Herrschern aus dem chinesischen Kernland kamen die Bewohner Xinjiangs etwa sechzig Jahre vor unserer Zeitrechnung zum ersten Mal in Kontakt. Die Han-Dynastie (206 v. Chr. – 220 n. Chr.), die China in den zwei Jahrhunderten vor und nach Christi Geburt beherrschte, befand sich in ständiger Fehde mit dem Reitervolk der Xiongnu, das im Norden der Region lebte. (Möglicherweise sind sie verwandt mit den Hunnen, die später bis Europa vorstießen.) Beide bekämpften einander und eroberten abwechselnd große Teile des heutigen Xinjiang. Sie drangen sogar bis in die Gebiete des heutigen Kirgistan und Usbekistan vor. Mehrmals gelang es den Han, die Region zu erobern, bevor die Xiongnu sie ihnen wieder abnahmen. Insgesamt dürfte die Han-Dynastie damals mit Unterbrechungen etwas mehr als einhundert Jahre in der Region geherrscht haben. Die Xiongnu kommen auf etwa siebzig Jahre, dazwischen war das Gebiet zwischen den beiden Mächten zerstückelt, von Kampfhandlungen überzogen oder stand unter der Kontrolle weiterer lokaler Herrscher.

Erst ungefähr fünfhundert Jahre später, im 7. und 8. Jahrhundert, gelang es der chinesischen Tang-Dynastie (618–907) wieder für eine gewisse Zeit, das Gebiet unter ihre Kontrolle zu bringen. Aber auch sie war in ständige Kriege mit einem Reitervolk aus den nördlichen Steppen verstrickt. Die Reiterarmeen der Kök-Türken brachten zeitweise weite Teile der Region unter ihre Kontrolle. Als ältestes bekanntes Turkvolk gelten sie heute in Zentralasien und der Türkei als Urahnen der Turkvölker.

Die Tang konnten nie dauerhafte Kontrolle über die Region erringen. Immer wieder wurden sie vertrieben, erst von den Kök-Türken, dann von Tibetern und anderen Völkern, und eroberten später Teile des Gebiets wieder. Ende des 8. Jahrhunderts verloren sie schließlich nach einer Rebellion in Innerchina den Zugang zu Xinjiang. Danach konnte für fast tausend Jahre keine chinesische Dynastie mehr in der Region Fuß fassen.

In der wechselvollen Geschichte Xinjiangs sind diese Eroberungen eher kleinere Zwischenspiele. Weder die Han noch die Tang hinterließen tiefere kulturelle Spuren oder gesellschaftliche und staatliche Strukturen. In der chinesischen Propaganda klingt das allerdings ganz anders. Nach offizieller chinesischer Lesart gehört Xinjiang und samt seinen Völkern seit der Han-Dynastie zu China. «Alle Völker der Region sind eng verwandte Mitglieder der erweiterten Familie der chinesischen Nation», heißt es in einem sogenannten Weißpapier, in dem die chinesische Regierung ihre Politik rechtfertigt. Mit der Eroberung durch die Han sei Xinjiang «formal ins chinesische Territorium eingegliedert worden und integraler Bestandteil dieses vereinten multiethnischen Landes geworden». In einer anderen Darstellung verkündet Peking, dass «die Jurisdiktion der Zentralregierung in Xinjiang seit der Han-Zeit nie aufgehört hat». Die Jahrhunderte, in denen chinesische Herrscherhäuser keine Rolle in der Region spielten, werden elegant übergangen.

Der Name der Uiguren begegnet uns zum ersten Mal im 9. Jahrhundert. Die Alten Uiguren waren ebenfalls ein Nomadenvolk, das aus dem Norden stammte: aus dem Gebiet der heutigen Mongolei. Von dort drangen sie nach Südosten vor und eroberten weite Gebiete im Osten der Region, dort, wo heute die Oasenstadt Turfan (chin.: Tulufan) liegt. Diese Uiguren lebten zum Teil als Nomaden, bauten aber auch Städte. Vier Jahrhunderte herrschten sie über ein Reich, das in verschiedenen Ausdehnungen Teile des heutigen Xinjiang mit all seinen verschiedenen Völkern umfasste. Die Alten Uiguren waren Manichäer, gehörten also einer antiken persischen Religion an. In ihren Städten konnten aber Christen und Buddhisten ebenfalls ihrer Religion nach-

gehen. Später setzte sich der Buddhismus auch unter der uigurischen Elite durch. In der bewegten Geschichte Xinjiangs war
das Uigurenreich eines der langlebigsten. Bis ins 13. Jahrhundert
beherrschten die Alten Uiguren Teile der Region. Im 20. Jahrhundert, als die dortigen Turkvölker nach einer gemeinsamen
nationalen Identität suchten, machten sie die Uiguren zu ihren
historischen Namensgebern. Allerdings sind diese nur eins von
vielen Völkern, die gemeinsam die Wurzeln der heutigen Uiguren bilden.

Die Übernahme von Islam und Turksprache

Während die Uiguren im Osten des heutigen Xinjiang herrschten, eroberte im 10. Jahrhundert der Anführer eines anderen Rei-
tervolks weite Teile Zentralasiens. Der Schwarze Khan (Kara
Khan) und seine Erben brachten zunächst das heutige Usbekistan, Kirgistan und dann Teile von Xinjiang unter ihre Kontrolle.
In Usbekistan herrschten die Karakhaniden, wie sie nach ihrem
Dynastiegründer genannt werden, nun über die prächtigen
Städte Buchara und Samarkand, die bis dahin von Persern regiert
wurden. Dort kamen sie auch mit dem Islam in Kontakt, den sie
schließlich selbst annahmen. Mit den Karakhaniden begann die
Islamisierung der Region. Auch die Turksprache der Karakhaniden – Vorläufer des modernen Usbekischen und Uigurischen –
breitete sich aus. Ein Karakhanidenprinz aus Kashgar, Mahmud
Kashgari, verfasste das erste Wörterbruch der Turksprachen. Sowohl er als auch Satuq Bughra Khan, der erste Herrscher dieser
Dynastie, der zum Islam übertrat, wird von vielen Uiguren bis
heute verehrt. Die Grabmale der beiden in der Nähe von Kashgar
gehören zu den wichtigsten Heiligenschreinen in der uigurischen
Kultur. Zwei der wichtigsten kulturellen Merkmale der Uiguren,
die Turksprache und der Islam, hielten mit ihnen zum ersten Mal

Einzug in die Region. Allerdings dauerte es noch mehrere Jahrhunderte, bis sich Sprache und Religion flächendeckend durchgesetzt hatten. Erst etwa seit dem 17. Jahrhundert sind die Bewohner weitgehend einheitlich turksprachig und muslimisch.

Heute stehen Geschichte und Identität der Uiguren als Turkvolk und als Muslime unter ständigem Angriff durch den chinesischen Staat. Der Bürgermeister von Ürümchi, Yasen Sidik, erklärte seinen Landsleuten im Jahr 2018, die Uiguren seien gar kein Turkvolk. «Die Uiguren sind seit jeher Blutsverwandte innerhalb der chinesischen Nation», schrieb der Parteifunktionär, selbst Uigure, in einer Parteizeitung. Sie seien «keinesfalls Nachfahren der Kök-Türken. Zu den (heutigen) Türken gibt es keinerlei Verbindung.»

Spuren, die auf die Geschichte der Uiguren hinweisen, werden getilgt. Satellitenbilder zeigen, dass eine Statue Mahmud Kashgaris, die an dessen Grab stand, inzwischen entfernt worden ist. Viele historische Stätten sind in den letzten Jahren verschwunden oder teilweise zerstört worden. Dafür baut die Regierung ihre eigenen Denkmäler. In der Stadt Aksu zum Beispiel, einer der alten uigurischen Oasenstädte, hat die Regierung 2013 einen Touristenpark anlegen lassen. Sie ließ ein Tor im altchinesischen Stil bauen, das darstellen soll, dass die Region seit der Han-Zeit zu China gehört. Dahinter erstreckt sich eine Anlage, die den verschiedenen Ethnien gewidmet ist. Für die Han-Chinesen begrüßt eine Konfuzius-Statue die Bewohner. Bei den Uiguren findet man eine Reihe Buddha-Statuen. Hinweise auf den Islam gibt es nicht. Man wolle den Islam nicht herausstellen, erklärte mir ein Begleiter des dortigen Informationsamts, der die Aufgabe hatte, mich durch die Stadt zu begleiten und dabei nicht aus dem Auge zu lassen. «Die Uiguren waren ursprünglich Buddhisten.» Insbesondere die Religionsgeschichte wird von China nachdrücklich umgedeutet. Der Islam sei «weder einheimisch noch der einzige

Glaube der Uiguren», heißt es in einem Weißbuch der Regierung. Vielmehr sei die Islamisierung vor Jahrhunderten «nicht
die Wahl der einfachen Bevölkerung, sondern das Ergebnis von
Religionskriegen und Zwang durch die herrschenden Klassen»
gewesen.

Die Dsungaren: Chinas erster Völkermord

Das chinesische Reich begann erst im 18. Jahrhundert wieder
eine Rolle in Xinjiang zu spielen. In Peking hatte sich eine neue
Dynastie etabliert. Mandschurische Heere hatten große Teile
Chinas unter ihre Kontrolle gebracht. Die Mandschuren waren
ein Reitervolk aus dem heutigen Nordosten Chinas. Nachdem sie
die herrschende Ming-Dynastie besiegt hatten, ernannten sie
sich selbst zum chinesischen Kaiserhaus und gaben sich den Namen Qing, was «rein» bedeutet. Mehr als zweihundertfünfzig
Jahre, von 1644 bis 1911, herrschten die Qing über China. Sie sollten die letzte Kaiserdynastie werden, die in China regierte. Unter
ihrer Herrschaft erreichte das Reich eine Ausdehnung, die es zuvor viele Jahrhunderte nicht hatte. Alle heutigen Gebietsansprüche der Volksrepublik China – Xinjiang eingeschlossen – gehen
auf die Grenzen der Qing-Dynastie zurück.

Auch diesmal waren es wieder Auseinandersetzungen mit
einer Reiterstreitmacht aus den Steppen des Nordwestens, die
zum Einmarsch der chinesischen Truppen in Xinjiang führten.
Der mongolische Stamm der Dsungaren hatte sich als vorherrschende Macht in der Region etabliert. Ihre ursprüngliche Heimat im Norden des heutigen Xinjiang rund um Ghulja wird bis
heute auch Dsungarien genannt. Im 17. Jahrhundert hatten sie
Xinjiang weitgehend unter ihre Herrschaft gebracht, teils mit tatkräftiger Hilfe von lokalen Herrschern. Einer von ihnen war Apaq
Hoja, dessen Mausoleum der duftenden Prinzessin umgewidmet

wurde. Er herrschte zunächst über Kashgar, verlor dann aber einen Machtkampf und wurde abgesetzt. Apaq Hoja rief die Dsungaren zur Hilfe und konnte so auf seinen Thron zurückkehren. Kashgar wurde zu einem dsungarischen Vasallenstaat.

Über mehr als hundert Jahre bekämpften sich die Qing und die Dsungaren überall dort, wo sie aufeinandertrafen: von den nördlichen mongolischen Steppen bis ins südwestlich gelegene Tibet, das zunächst von den Dsungaren erobert und dann von den Qing besetzt worden war. 1755 ging der dsungarische Prinz Amursana mit den Qing einen faustischen Pakt ein. Er tat dies jedoch nur, um das dsungarische Heer zu besiegen, das einer seiner Rivalen befehligte. Amursana dachte nicht daran, sich den Qing dauerhaft zu unterwerfen. Kaum hatte er seinen Rivalen entmachtet, versuchte er, das Dsungarenreich selbst zu übernehmen. Daraufhin gab der Kaiser in Peking die Anweisung zu einem neuen Feldzug gegen die Dsungaren – mit dem Ziel, dieses Volk zu vernichten. «Nehmt euch die Jungen und Starken und massakriert sie», wies der Kaiser seine Truppen unmissverständlich an. «Lasst gegenüber diesen Rebellen keine Gnade walten. Nur die Alten und Schwachen sollen gerettet werden.» Die Qing ermordeten 1757 innerhalb weniger Monate alle dsungarischen Männer und Jungen, derer sie habhaft werden konnten. Frauen und Kinder wurden versklavt. «Über mehrere tausend Li (chinesische Meilen) gab es kein einziges dsungarisches Zelt mehr», schrieb ein chinesischer Historiker. Die Eroberung Xinjiangs durch die Qing begann mit einem Völkermord.

Ein Problembewusstsein für diese Geschichte gibt es in China nicht. Im Gegenteil, die heutige Führung feiert das Massaker als Sieg der chinesischen Nation über ein Volk von Unruhestiftern. Im August 2021 stattete Staats- und Parteichef Xi Jinping dem Puning-Tempel in der ehemaligen Sommerresidenz der Qing-Kaiser nördlich von Peking einen Besuch ab. Diesen Tempel hatte der Kaiser Qianlong damals zur Feier seines Siegs über die Dsungaren bauen lassen. Puning bedeutet «universeller Friede». Nach seiner Lesart hatte der Genozid an den Dsungaren dem Reich einen langen Frieden beschert. So sieht es auch die heutige Parteipropaganda. Der Tempel sei «historisches Zeugnis für die Befriedung der Grenzen und die Einigung der Völker», schrieb die Einheitsfrontabteilung der Kommunistischen Partei anlässlich des Xi-Besuchs. Diese Abteilung ist unter anderem für die Beziehungen zwischen den Volksgruppen zuständig. Das Bauwerk des Qing-Kaisers bezeichnet sie als Beleg für «eine Zentralregierung, die die Integration der verschiedenen Kulturen, die Harmonie zwischen den Völkern und die Einheit des Landes vorantrieb». Es ist das gleiche Vokabular, das der chinesische Staat für seine heutige Vernichtungspolitik verwendet.

Die Qing blieben bis zu ihrem Fall im Jahr 1911 ein Einflussfaktor in Xinjiang, auch wenn sie nicht immer wirklich Kontrolle ausübten. Über Jahrzehnte regierten sie – wie vor ihnen die Dsungaren – mit der Hilfe lokaler Machthaber, die ihnen Loyalität zusicherten und dafür mehr oder weniger nach eigenem Gutdünken über ihre Gebiete herrschen konnten. Im 19. Jahrhundert verloren die Qing für mehrere Jahrzehnte ganz die Kontrolle über die Region. Mehrere Rebellionen brachen aus und vertrieben die Pekinger Machthaber aus weiten Teilen der Region. Der bekannteste dieser Aufständischen war Yaqub Beg, der aus Kokand im heutigen Usbekistan stammte. 1865 eroberte er Kashgar, innerhalb der folgenden fünf Jahre konnte er den gesamten südlichen Teil Xinjiangs unter seine Kontrolle bringen. Auch die von den Qing gegründete Hauptstadt Ürümchi (chin.: Wulumuqi) im nördlichen Teil eroberte er. Yaqub Beg errichtete eine streng islamische Herrschaft, einen Gottesstaat, in dem Alkohol ebenso verboten war wie der Verkauf von Schweinefleisch. Eine Scharia-Polizei patrouillierte durch die Straßen und ließ Frauen, die nicht

ordentlich verschleiert waren, oder Männer ohne Turban aus-
peitschen.

Russland mischt mit

Während Yaqub Begs religiöse Herrschaft den gesamten Süden
und Osten im Griff hatte, drang eine neue Macht im Nordwesten
vor. Das Russische Reich hatte in der ersten Hälfte des 19. Jahrhunderts den gesamten westlichen Teil Zentralasiens erobert,
also das Gebiet der fünf heutigen Republiken Kasachstan, Usbekistan, Turkmenistan, Kirgistan und Tadschikistan. Von den beiden Teilen Zentralasiens sprach man damals als Russisch-Turkestan und Chinesisch-Turkestan.

Das Machtvakuum, das durch den Abzug der Qing entstanden war, nutzte Russland, um sich in das heutige Xinjiang hinein
auszubreiten. Die Truppen des Zaren besetzten das Ili-Tal, jene
Region, wo einst die Dsungaren gesiedelt hatten und die an das
heutige Kasachstan grenzt. Bis heute lebt dort eine große kasachische Minderheit. Russland erlaubte auch Bauern aus dem Süden
Xinjiangs, sich dort anzusiedeln. Man nannte sie Taranchis, das
ist ein mongolisches Wort für Bauer.

In den 1880er-Jahren eroberten die Qing Yaqub Begs Reich
zurück und verhandelten mit Russland den Rückzug der zaris-
tischen Truppen aus dem Norden. Russland willigte ein, dafür
erhielt das Zarenreich besondere Handelsprivilegien. Russische
Untertanen – das schloss auch die Bewohner des russisch kontrollierten Zentralasien ein – genossen in der Region exterrito-
riale Rechte und konnten zum Beispiel zollfrei Handel treiben.
Händler aus Russisch-Zentralasien dominierten daher bald die
Basare. Das Zarenreich und später die Sowjetunion erhielten
politischen Einfluss, der bis weit ins 20. Jahrhundert ein entschei-
dender Faktor in der Geschichte Xinjiangs war.

Nachdem also die Qing die Kontrolle in Xinjiang zurückge-
wonnen hatten, machten sie es 1884 zu einer chinesischen Provinz und gaben dieser ihren heutigen Namen. Wörtlich bedeutet
Xinjiang «neues Grenzland». Damit brachte Peking seinen Anspruch auf die Region als Teil des chinesischen Territoriums zum
Ausdruck, während es zuvor die Randgebiete des Reiches eher
wie entfernte Kolonien behandelt hatte. Damals hatten mandschurische und mongolische Militärverbände dem Kaiser die
Macht gesichert und nicht etwa Han-chinesische Beamte wie im
Rest von China. Die Verwaltung hatten sie mehr oder weniger lo-
yalen Einheimischen überlassen. Jetzt aber entmachtete der Hof
diese lokalen Herrscher und begann eine chinesische Verwaltung
aufzubauen. Fast alle Posten wurden mit Beamten aus Innerchina
besetzt, vor allem aus Hunan, der Heimatprovinz des Gouverneurs Liu Jingtang. Gleichzeitig holte der Staat Siedler aus dem
chinesischen Kernland nach Xinjiang. Sie ließen sich vor allem
im Norden der Region nieder und lebten in eigenen Dörfern und
eigenen Stadtvierteln.

In der Hauptstadt Ürümchi sind die Folgen dieser Zeit bis in
die Gegenwart sichtbar. Dort, wo heute die Straße des Volkes ver-
läuft, trennte damals eine Mauer den Stadtteil der Han und Mandschuren von dem der Muslime. Bis heute leben nördlich dieser
Straße vor allem Han, man findet chinesische Restaurants, die
Geschäfte sind vor allem mit chinesischen Schriftzeichen be-
schildert. Südlich davon leben mehrheitlich Uiguren. Bis zur
Mitte des 20. Jahrhunderts blieb die Zahl der chinesischen Siedler niedrig. Als die Kommunisten 1949 die Region übernahmen,
fanden sie ungefähr fünf Prozent Han-Chinesen vor.

3. Uiguren und Han

Am 9. Oktober 1911 sprengte sich in einem Vereinshaus in Hankou, heute ein Stadtteil von Wuhan in Zentralchina, eine Gruppe
Revolutionäre in die Luft. Die Rebellen hatten sich dort zum
Bombenbasteln getroffen, und dabei war offensichtlich etwas
schiefgelaufen. Eine massive Explosion erschütterte die Nachbarschaft. Die Mitglieder der Gruppe mussten ins Krankenhaus
eingeliefert werden. Die ungeschickten Bombenbastler dürften
zu den erfolgreichsten Dilettanten der Weltgeschichte gehören,
denn ihre Selbstsprengung leitete das Ende des chinesischen Kaiserreichs ein.

Bereits gegen Ende des 19. Jahrhunderts waren die Qing nur
noch ein Schatten ihrer selbst. Von westlichen Kolonialmächten
waren sie in mehreren Kriegen, den sogenannten Opiumkriegen,
gezwungen worden, sehr unvorteilhafte Verträge zu unterzeich-
nen. Sie mussten die Kontrolle über die wichtigsten Häfen des
Reiches abgeben und den europäischen Staaten großzügige ex-
territoriale Rechte einräumen. Außerdem zwangen die Briten
China, den Opiumhandel zu legalisieren. Eine Suchtepidemie
lähmte von da an Teile der Bevölkerung. Das Reich war wirtschaftlich schwach, technologisch rückständig und erstarrt in
einem System, das mit den Anforderungen der Moderne nur
schwer Schritt halten konnte. Die ehemals mächtige Dynastie
kämpfte um ihr Überleben. Reformer versuchten mit mäßigem
Erfolg, dem Reich neuen Schwung zu geben. Aufstände setzten
das Kaiserhaus unter Druck. Überall im Land entstanden revolutionäre Bewegungen, die neue Ideen aus dem Westen einführten.

Eine dieser Ideen war der Nationalismus. Als die mandschuri-

schen Qing im 18. Jahrhundert China erobert hatten, waren sie
bemüht, ihre Herrschaft als Fortsetzung der chinesischen Zivilisation darzustellen. Chinesisch blieb als Amtssprache bestehen.
Der mandschurische Adel assimilierte sich an die chinesische
Oberschicht. Doch je schwächer die Herrschaft wurde, desto
stärker begannen die Chinesen, die korrupte Herrscherkaste als
Fremde zu betrachten. Um sich von den unbeliebten Mandschu
abzugrenzen, bezeichneten sich ihre Untertanen als «Han», als
Abkömmlinge jener zweitausend Jahre alten Dynastie, die als
erste bis nach Zentralasien vorgedrungen war. Die Idee eines völ-
kischen chinesischen Nationalismus entstand, der sich viel von
den Nationalbewegungen Europas abschaute, einschließlich des
ständigen Bedrohungsgefühls, das viele europäische Nationalisten pflegten. «Der Grund, warum unsere ehrwürdige, vom Gel-
ben Kaiser abstammende Han-Rasse die revolutionäre Unabhängigkeit (von den Mandschu) fordern sollte, ergibt sich exakt aus
der Frage, ob unsere Rasse untergehen und ausgelöscht werden
wird», heißt es in einem der einflussreichsten Texte dieser Zeit,
dem Pamphlet «Die revolutionäre Armee» des achtzehnjährigen
Studenten Zou Rong.

   In dieser nationalrevolutionären Stimmung führte die Explosion in Hankou 1911 zu einer Kette von Ereignissen. Bei einer
Razzia am Unglücksort fielen der kaiserlichen Polizei Mitglie-
derlisten der revolutionären Zellen in die Hände, darunter viele
Soldaten, die sich heimlich den Revolutionären angeschlossen
hatten. Als sie erfuhren, dass sie aufgeflogen waren, starteten sie
eine Meuterei. Der Aufstand breitete sich über das ganze Land
aus, und am Neujahrstag 1912 rief der Rebellenführer Sun Yat-sen
(1866–1925) als erster Präsident die chinesische Republik aus. Mit
mehr Glück als Verstand hatten die Bombenbastler von Hankou
ihr Ziel erreicht und das chinesische Kaiserreich gestürzt.

   Die neue Republik brauchte ein neues Verständnis von Volk

und Staat. Das alte Reich war durch die Herrschaft des Kaiserhauses zusammengehalten worden. Die wichtigste politische
Unterscheidung lag nicht in der Zugehörigkeit zu bestimmten
Volksgruppen, sondern in der Frage, ob man direkt dem Kaiser
unterstellt war oder nicht. Die Gebiete, in denen die Herrschaft
des Kaiserhauses fest etabliert war, wurden als chinesische Zivilisation (Hua) bezeichnet. An den Rändern des Reiches lebten aus
chinesischer Sicht Barbarenvölker (Yi). Man hielt sie für zu wild,
um an der Zivilisation teilhaben zu können, verlangte von ihnen
aber, dass sie sich formal dem Hof unterordneten. Sie mussten
dem Kaiser Tributgeschenke als Zeichen ihrer Loyalität bringen.
Ansonsten ließ man sie meist in Ruhe. Doch nun wollten die
Gründer der chinesischen Republik einen modernen, von westlichen Ideen beeinflussten Nationalstaat errichten. Staatsgründer
Sun Yat-sen entwarf eine moderne Staatsideologie, die an die
europäischen Republiken erinnerte, die in den Jahrzehnten zuvor
entstanden waren. An die Stelle der alten Kaiserherrschaft sollte
ein Staat treten, dessen Grundlage nicht eine bestimmte Herr-
scherdynastie, sondern ein Staatsvolk bildete. «Drei Prinzipien
des Volkes» nannte er seine Ideologie: Volkstum, Volksmacht
und Volkswohl. Moderner übersetzt könnte man sagen: Nation,
Bürgerrecht und Wohlstand.

Republik China 1912: «Fünf Völker in einer Union»

Damit stand der neue Staat aber auch vor der Frage, wer Teil dieser Nation sein sollte. Die Idee, dass die Mehrheit der Bürger ein
Volk der Han bildete, hatte sich bereits verbreitet. Nachdem der
mandschurische Adel abgetreten war, hatten Militärs und Bürger
die Macht übernommen. Sie waren meist Chinesen, die sich nun
eben als Han bezeichneten. Die Han stellten zwar die überwiegende Mehrzahl der Bürger des Qing-Reiches, aber gerade an

den Rändern waren große Gebiete von anderen Völkern bewohnt: von den muslimischen Ethnien Zentralasiens, von Tibetern und Mongolen. Und Sun war keinesfalls bereit, sich mit dem Han-chinesischen Kernland zufriedenzugeben – die Republik beanspruchte das gesamte Territorium der Qing.

Sun vermied es deshalb, die chinesische Nation mit der «Han-Rasse» gleichzusetzen. Stattdessen erklärte er die chinesische Nation zu einer Vielvölker-Nation. Er gab das Schlagwort «Fünf Völker in einer Union» aus. Die Han, die Mandschu, die Mongolen, die Tibeter und die Muslime Chinesisch-Zentralasiens bildeten gemeinsam das Staatsvolk Chinas. (Die vielen kleineren Ethnien im Südosten Chinas, von denen viele mit den Ethnien in den benachbarten Staaten Südostasiens verwandt sind, ignorierte er.) Die Flagge der neuen Republik symbolisierte diesen Fünfvölkerstaat: Sie hatte fünf Streifen, eine Farbe für jedes der Völker. Allerdings bestand die Führung der Republik fast ausschließlich aus Han. Die Attraktivität von Suns chinesischer Nation hielt sich für die anderen Völker in Grenzen. Sowohl Tibet als auch die Mongolei erklärten sich nach dem Sturz des Kaiserreichs für unabhängig.

Die neue Republik und die neuen Ideen von Nation und Nationalstaat stellten auch die muslimischen Völker im chinesisch kontrollierten Zentralasien vor die Notwendigkeit, ihre Identität neu zu bestimmen. Zwar empfanden viele die chinesische Herrschaft als Fremdherrschaft. Sie unterschieden sich durch Sprache und Religion von den Menschen in Innerchina und hatten wenig Kontakt zu diesen. Aber einen Begriff, der sie zu einer politischen Einheit oder gar einer Nation oder Volksgruppe zusammenschloss, kannten sie nicht. Manche bezeichneten sich als Turki, nach der Sprache, die sie sprachen. Andere grenzten sich als Muslime von den ungläubigen Chinesen ab, wie es der Herrscher Yaqub Beg getan hatte. Viele Menschen definierten sich vor allem durch ihren Herkunftsort. Man war Kashgari, Samarkandi oder Buchari. Nicht immer nahm man es mit der Herkunft genau. Die Menschen in Russisch-Turkestan bezeichneten Reisende aus dem heutigen Xinjiang als Kashgaris, auch wenn diese aus anderen Städten kamen. Umgekehrt galten die Vorfahren der heutigen Usbeken in Chinesisch-Turkestan als Andijanis, benannt nach Andijan, der letzten Stadt, die man passierte, bevor man nach Kashgar kam. Diese Andijanis waren es auch, die als Untertanen des Zaren zollfrei Handel treiben konnten und die Basare beherrschten. Die chinesischen Herrscher machten sich kaum die Mühe, die verschiedenen Gruppen und Völker auseinanderzuhalten. Häufig bezeichneten sie die Turkvölker in der Region schlicht als «Turbanträger» (*chantou*). Das Wort wird von Han-Chinesen in der Region bis heute als Schimpfwort für die Uiguren verwendet.

Nicht nur die Han, auch die Völker anderer Weltgegenden begannen sich als Nationen neu zu erfinden. In der Türkei lag das osmanische Imperium in seinen letzten Zügen. Eine neue Generation Türken in der Türkei wollte – ähnlich wie die chinesischen Republikaner – Kultur und Staat modernisieren und eine neue Nation erschaffen. Und einige dieser sogenannten Jungtürken bezogen in ihre Suche nach einer türkischen nationalen Identität auch das turksprachige Zentralasien ein. Sie reisten bis nach Xinjiang, um die Idee einer einigen türkischen Nation vom Bosporus bis zum Tianshan zu verbreiten. In Kashgar und an anderen Orten Xinjiangs warben sie für ihre Ideen einer islamischen Aufklärung und für eine pantürkische politische Bewegung, die alle Turkvölker zu einer politischen Gemeinschaft vereinen sollte.

Diese Versuche stießen durchaus auf Interesse. Während der Balkankriege von 1912/13 spendeten Muslime aus Kashgar und Ghulja für die osmanische Armee. Deren Siege wurden in den Straßen gefeiert. Bis heute ist die Türkei ein wichtiger Bezugs-

punkt für die Uiguren. Dort lebt die größte uigurische Exilgemeinde. Und türkische Medien vereinnahmen die Uiguren häufig als «uigurische Türken». In der Geschichte Xinjiangs tauchen
pantürkische Ideen immer wieder auf – mal sind sie einfluss-
reicher, mal weniger. China, das sich vor der Eigenständigkeit der
nationalen Minderheiten fürchtet, sieht den Panturkismus nach
wie vor als Bedrohung. Das ist der Grund für die ethnologischen
Schwurbeleien uigurischer Parteikader, die ihren Landsleuten erklären, sie seien gar kein Turkvolk und mit den Türkeitürken
ganz und gar nicht verwandt.

Wie die Sowjetunion half, die uigurische Nation zu erschaffen

Zum Geburtshelfer des uigurischen Nationalbewusstseins wurde
aber letztlich nicht die junge Türkei, sondern die neue Macht, die
in Russland entstand. Im März 1917 wurde der Zar gestürzt. Und
im November (nach dem damals gebräuchlichen julianischen
Kalender war es noch Oktober) übernahmen die Bolschewiki die
Macht und errichteten die Sowjetunion. Die Oktoberrevolution
wurde zur eigentlichen Zeitenwende in Zentralasien. Sowohl
Russisch- als auch Chinesisch-Turkestan war damit von Staaten
beherrscht, die sich gerade radikal neu erfanden. Auf sowjeti-
schem Gebiet sollte aus dem russischen Zarenreich ein Vielvölker-
staat werden. Den nichtrussischen Völkern versprach die neue
Macht Gleichberechtigung und eine Förderung ihrer jeweiligen
nationalen Identität. Für die einzelnen Volksgruppen wurden
Sowjetrepubliken und autonome Gebiete geschaffen. Jeder Bürger musste sich einer Nationalität zuordnen. In Zentralasien, wo
die Menschen den Begriff der Nation nicht kannten, erschuf die
Sowjetmacht kurzerhand eine Reihe Nationalitäten.

Linguisten, Historiker und Anthropologen untersuchten Sprache und Kultur der Bewohner und begannen, sie in verschiedene ethnische Gruppen einzuteilen. Die nomadischen Turkvölker im nördlichen Teil des Gebiets wurden zu Kasachen und Kirgisen. Die sesshaften Turkvölker wurden zu Usbeken, und die Bewohner im westlichen Teil des Gebiets nannte man Turkmenen. Diese waren ebenfalls Nomaden, doch ihre Sprache ähnelte eher der der Usbeken als der Kasachen. Wer eine der persischen Sprachen sprach, die im südlichen Teil Russisch-Zentralasiens verbreitet waren, wurde zum Tadschiken. Für die Bewohner der Region bedeutete das, dass sie sich entweder selbst einer dieser Gruppen zuordnen mussten oder von den Beamten zugeordnet wurden.

Nachdem die Sowjetunion so ihre Herrschaft über Zentralasien gefestigt hatte, warf sie – wie zuvor die Zaren – auch ein Auge auf Xinjiang. Komitees, Vereine und Konferenzen sollten die Revolution zu den «Arbeitern Dsungariens und Kashgariens» tragen. In diesen Verbänden engagierten sich diejenigen Zentralasiaten, die ihre Herkunft auf Chinesisch-Turkestan zurückführten. Das waren vor allem Bauern und Stadtbewohner aus dem Norden Xinjiangs, die den russischen Beamten und Soldaten gefolgt waren, als diese im 19. Jahrhundert das Gebiet an China zurückgaben – die Taranchis. Daneben gab es eine Reihe von Kashgaris, meist Arbeitsmigranten aus dem Süden Xinjiangs. In den zwanziger Jahren begannen die Mitglieder dieser Komitees, Kashgaris und Taranchis, sich Uiguren zu nennen – nach dem untergegangenen Reich der Alten Uiguren. Über die revolutionären Agitatoren gelangte die Idee, dass die Turki sprechenden Bewohner Xinjiangs eine einheitliche Nation der Uiguren bildeten, schließlich in den chinesisch kontrollierten Teil Zentralasiens.

Dort konnte man zunächst nur wenig damit anfangen. «Wenn ‹uigurisch› für die meisten Menschen in der Provinz (Xinjiang)

irgendetwas bedeutete, dann am ehesten ‹kommunistisch›»,
schreibt der Historiker David Brophy. Doch nach und nach
freundeten sich die Menschen in der Region immer mehr mit
der Idee an, dass die sesshaften turksprachigen Bewohner im
Norden und Süden der Region eine gemeinsame uigurische Nation bildeten. Sowjetische Linguisten entwickelten eine moderne
uigurische Schriftsprache, die der gesprochenen Umgangsspra-
che ähnlicher war als die altertümliche Schriftsprache des Chaga-
tay-Türkischen, in der bisher Dokumente verfasst wurden.

Diese Sprachwissenschaftler experimentierten zunächst mit
angepassten arabischen Schriftzeichen, dann mit einer Latein-
schrift und schließlich mit kyrillischen Buchstaben – je nach
politischer Konjunktur in der Sowjetunion, die mal die Eigenständigkeit und mal die Verbundenheit mit den Russen betonen
wollte. Heute schreiben Uiguren in den ehemaligen Sowjetrepubliken kyrillisch. In Xinjiang setzte sich die arabische Schrift
durch. In der Sowjetunion tauchten die Uiguren als offizielle Nationalität erstmals in der Volkszählung von 1926 auf. In Xinjiang
setzte sich der Name in den 1930er-Jahren durch.

Auch die anderen ethnischen Gruppen, die heute von der Repressionskampagne gegen muslimische Minderheiten betroffen
sind, haben im Zuge der sowjetischen Völkerpolitik ihren heutigen Namen, ihre Schrift und letztlich auch wichtige Teile ihrer
Nationalerzählung entwickelt. Das sind vor allem Kasachen und
Kirgisen sowie Tadschiken und Usbeken.

Schon seit dem 17. Jahrhundert hatte Russland Versuche unternommen, die Nomaden der Steppen im heutigen Kasachstan
und im Norden Xinjiangs zu einem Volk zu formen, das europäischen Vorstellungen entsprach. Katharina die Große schickte
Missionare in die Steppen, um den Nomaden ihre heidnischen
Traditionen auszutreiben. Weil sie das orthodoxe Christentum
für ungeeignet hielt, die «wilden asiatischen Steppenvölker zu zi-

vilisieren», schickte sie Tataren, die die Bewohner zum Islam be-
kehren sollten. Dieser erschien ihr für die Kasachen passender.

Im Zarenreich wurde auch erstmals eine kyrillische Schrift für
ihre Sprache entwickelt. In den eigens gegründeten Schulen
lernte damals zwar nur eine winzige Minderheit der Kasachen
schreiben, doch aus dieser Gruppe entstand bald so etwas wie
eine nationale Schriftkultur. Schriftsteller begannen Romane auf
Kasachisch zu verfassen, das bis dahin nur die mündliche Überlieferung seiner Erzählungen kannte. Nur den Namen «Kasachen» verwendete man damals noch nicht. Bis in die zwanziger
Jahre hinein nannte man die heutigen Kasachen Kirgisen. Erst
die Sowjetunion führte den Namen Kasachen für die Steppenbe-
wohner ein – nach einem Khanat im 16. Jahrhundert. Die kulturell eng verwandten nomadischen Bergvölker am westlichen
Ende des Tianshan, die man bis dahin Kara-Kirgisen («schwarze
Kirgisen») genannt hatte, erbten den alten Namen Kirgisen.

Warlords, Chaos und die Republik Ost-Turkestan

Die neue Republik China war alles andere als ein stabiler Staat.
Schon nach wenigen Monaten musste Sun Yat-sen sein Amt wieder abgeben. Im ganzen Land übernahmen Warlords die Kontrolle über einzelne Regionen. China versank in einem Bürgerkrieg, der erst fast vierzig Jahre später mit der Machtübernahme
der Kommunisten zu Ende ging. Auch in Xinjiang brachen
Machtkämpfe zwischen verschiedenen Militärmachthabern aus,
die sich alle mehr oder weniger ernsthaft zur Republik bekannten. Diese chaotischen Jahre waren für die Region enorm prä-
gend. Verschiedene Herrscher probierten fast alle denkbaren
Herrschaftsmodelle nacheinander aus, von einer brutalen Unterdrückung der Uiguren durch die Han bis zur Unabhängigkeit
einer kurzlebigen, von Turkvölkern regierten Republik.

Der erste republikanische Machthaber, Yang Zengxin, versuchte noch, zur Kolonialherrschaft der Qing zurückzukehren. «Xinjiang kann auf keinen Fall verwaltet werden wie die Inneren Provinzen», stellte er fest. Yang war ein Han aus dem südwestchinesischen Yunnan. Seine Truppen rekrutierte er aber vor allem aus Mongolen und Hui. Uiguren waren zwar vom Militärdienst ausgeschlossen, die Verwaltung der Städte und Dörfer überließ er aber uigurischen Lokalfürsten.

Die Geschichte der Machtkämpfe im Xinjiang der Republikzeit ist äußerst dramatisch und hat etwas Sagenhaftes. Yang kam durch eine Mischung aus List und brutaler Entschlossenheit an die Macht. Er lud rivalisierende Warlords zu einem Bankett ein. Bei Tisch ließ er ihnen kurzerhand die Kehle durchschneiden. Seine Macht verlor er auf ebensolche Weise: Er war von einem seiner Beamten zu einem Bankett im Beisein des sowjetischen Konsuls und dessen Frau geladen worden. Als der Wein auf den Tisch kam, töteten die Kellner ihn mit mehreren Schüssen. Ganz erfolgreich war der Coup aber nicht. Sein Nachfolger wurde nicht der Attentäter (Fan Yaonan mit Namen), sondern Yangs Stellvertreter Jin Shuren (1883–1941).

Jin errichtete eine brutale Militärdiktatur. Er baute die Armee massiv aus und terrorisierte die Bevölkerung. Um seine Truppen zu finanzieren, presste er den Menschen hohe Steuern ab, monopolisierte den Handel mit Gold, Jade und Fellen. Gegen die Traditionen der Muslime ging er rabiat vor. Er verbot die Pilgerfahrt nach Mekka und ersetzte lokale Herrscher durch Han-Chinesen. Seine chauvinistische Politik führte zu massiver Unzufriedenheit, es kam zu Aufständen, bei denen auch die Sowjetunion ihre Finger im Spiel hatte. Der chinesische Generalkonsul im sowjetischen Taschkent schickte sogar eine Warnung in die chinesische Hauptstadt Nanjing. Er hatte bemerkt, dass diverse Gruppen aus Xinjiang versuchten, in der Sowjetunion Waffen zu kaufen.

«Xinjiang ist muslimisches Gebiet. Wenn wir Volksaufstände mit Gewalt niederschlagen, können wir sicher sein, dass wir damit Hass und Feindschaft gegen die Han erzeugen», schrieb er.

Genau so kam es. Die Aufstände weiteten sich aus, und der Machthaber Jin floh in die chinesische Hauptstadt, wo er zu einer Haftstrafe verurteilt wurde. Im Süden der Region riefen uigurische und kirgisische Politiker im November 1933 einen eigenen Staat aus. In dieser Republik Ost-Turkestan sollten die muslimischen Völker zum ersten Mal seit Langem selbst die Macht haben. Die Republik war eine recht chaotische Angelegenheit. Viele Details kennen wir nicht, denn es gibt nur wenige Dokumente aus dieser Zeit. Aus sowjetischen Archiven wissen wir aber, dass die Sowjetunion, die die Republik nicht offiziell anerkannte, kräftig in den internen Machtkämpfen mitmischte. Darüber hinaus schienen die verschiedenen Machthaber ein sehr breites Spektrum an politischen Überzeugungen abzubilden: Einige standen für einen religiösen Staat, andere sahen sich in der Tradition säkularer Reformbewegungen. Es gab Anhänger eines uigurischen Nationalstaats wie auch eines gemeinsamen Staats der verschiedenen Turkvölker. Einige wollten die Republik Uiguristan nennen, das wurde aber zugunsten des inklusiveren Ost-Turkestan verworfen. Wie uneinig man sich über den tatsächlichen Charakter dieser Republik gewesen sein muss, zeigt die Tatsache, dass gleich mehrere Namen für den Staat nebeneinander in Gebrauch waren. So war in einigen offiziellen Dokumenten von der «Islamischen Republik Ost-Turkestan» die Rede, während die Verfassung des Staates lediglich mit «Republik Ost-Turkestan» betitelt war. Zeit, diese Fragen zu klären, blieb der jungen Republik nicht. Bereits nach drei Monaten endete sie, als sie von den Truppen des Hui-Warlords Ma Zhongying überrannt wurde.

Dennoch ist die Gründung dieser kurzlebigen Republik ein Wendepunkt in der Geschichte der Region. Die Republik wurde

Würdenträger der ersten Republik Ost-Turkestan. Die «Emire von Hotan» um Mohamad Emin Bughra (vorne rechts) traten für einen religiösen Staat ein. Weder sie noch ihre laizistischen Gegenspieler konnten sich durchsetzen – die Republik existierte nur wenige Monate.

zum Symbol des entstehenden uigurischen Nationalbewusstseins. Uigurische Exil-Organisationen nennen die Region bis heute Ost-Turkestan. Die Flagge der Republik hängt in jedem exil-ui-gurischen Büro und wird auf Demonstrationen geschwenkt. Sie ist der türkischen Flagge nachempfunden: ein sichelförmiger Halbmond mit Stern auf hellblauem Hintergrund.

Auch in der chinesischen Propaganda spielt Ost-Turkestan eine wichtige Rolle. Anders als die Exil-Uiguren meinen offizielle Quellen aber nicht die Region, wenn sie von «Dongtu» sprechen, das ist die chinesische Kurzform für Ost-Turkestan, die stets in Anführungszeichen gesetzt wird. «Ein Mythos, der von einer Handvoll fanatischer Separatisten und extremistischen religiösen Elementen erfunden wurde», schreibt das Informationsbüro der chinesischen Regierung. Er beruhe auf «politischen Konzepten, die von alten Kolonialmächten vorgebracht worden, um China zu verstümmeln». Die historische Republik Ost-Turkestan wird als Versuch bezeichnet, einen «islamistischen Staat» zu errichten, der aber «dank der Opposition aller ethnischen Gruppen» bald in sich zusammengefallen sei. Für Uiguren innerhalb der chinesischen Staatsgrenzen ist der Gebrauch des Namens Ost-Turkestan für die Region selbstverständlich tabu. Es sei denn, man verwendet ihn in der chinesischen Lesart: «Dongtu» als ein gefährliches Feindbild. Es steht für alles, was die chinesische Regierung fürchtet: Terrorismus, radikaler Islamismus, Separatismus, ethnischer Hass und politische Gewalt. In den Dörfern Xinjiangs finden sich Propaganda-Graffiti, in denen einer Schlange mit der Aufschrift «Ost-Turkestan» der Kopf abgeschlagen wird.

Sowjetisierung

Nach dem Zusammenbruch der Republik konnte erneut ein Han die Macht in der Region erobern. Sheng Shicai (1895–1970) setzte sich mit tatkräftiger Hilfe der sowjetischen Armee gegen verschiedene Warlords durch und machte Xinjiang zu einem sowjetischen Marionettenstaat. Auch die sowjetische Völkerpolitik hielt nun Einzug in die Region. Die turksprachigen sesshaften Muslime hießen jetzt offiziell Uiguren. Gleichzeitig begann Shengs Regierung, die kulturelle Identität der einzelnen Volksgruppen zu fördern. Bücher und Zeitungen wurden auf Uigurisch gedruckt. Propagandateams wurden zu den nomadischen Mongolen und Kasachen geschickt, um ihnen die neue Politik zu erklären. Und eine Reihe von Schulen und Instituten bildete die einheimische Jugend in ihrer jeweiligen Sprache aus. Muslimische Politiker wurden als Minister an der Regierung beteiligt. Gleichzeitig nahm sich Sheng den alten Adel und die Eliten vor. Von Stalins Sowjetunion lernte er, sein Reich mit systematischem

Terror unter Kontrolle zu halten. Mit sowjetischer Hilfe baute er einen brutalen Geheimdienst auf; die Gefängnisse der Provinz füllten sich. Man schätzt, dass während seiner zehnjährigen Herrschaft mindestens 14 000 Menschen hingerichtet wurden.

Warum die Sowjetunion sich damals entschieden hatte, im Machtkampf um Xinjiang einen Han-Chinesen zu unterstützen und nicht einheimische Machthaber, ist nicht ganz klar. Aber Anfang der vierziger Jahre wandte sich Sheng von der Sowjetunion ab und näherte sich wieder an die chinesische Zentralregierung an, die vom nationalistischen Militärmachthaber Chiang Kai-shek geführt wurde. Daraufhin unterstützte die Sowjetunion einen Aufstand der Uiguren und der anderen Muslime. In den drei Bezirken Ili, Tarbaghatai und Altai gründeten uigurische, tatarische und kasachische Politiker 1944 zum zweiten Mal eine Republik Ost-Turkestan. Sie nutzten eine Flagge, die der ersten Republik nachempfunden war. Aus dem Gebiet dieser zweiten Republik wurden die Vertreter des chinesischen Staates vertrieben, zahlreiche Han-Chinesen wurden ermordet.

Die Sowjetunion schickte Waffen und Truppen, um die Aufständischen zu unterstützen. Selbst Flugzeuge stellte sie zur Verfügung, was der Republik einen entscheidenden Vorteil gegenüber den Truppen Sheng Shicais verschaffte. Im Gegenzug sicherten die Machthaber Ost-Turkestans den Sowjets den Zugang zu Erzen und Öl, die in der Region vorhanden waren. Das war von enormer Bedeutung für die sowjetische Rüstungsindustrie, die noch mitten im Zweiten Weltkrieg steckte.

Bald rückten die Truppen Ost-Turkestans auf Ürümchi vor, und vermutlich wäre es ihnen auch gelungen, die Hauptstadt zu erobern, hätte die Sowjetunion ihnen nicht plötzlich die Unterstützung wieder entzogen. Moskau hatte nämlich mit der chinesischen Regierung ein Friedensabkommen unterzeichnet und daher kein Interesse mehr, die Souveränität Chinas über Xinjiang herauszufordern. In den drei Bezirken, die bereits unter Kontrolle der Zweiten Republik standen, blieb diese aber an der Macht und Stalin somit im Besitz eines Hebels, mit dem er die Region jederzeit wieder destabilisieren konnte.

In Ürümchi hatte die Guomindang-Regierung inzwischen eingesehen, dass sie den Turkvölkern entgegenkommen musste. 1945 machte China den General Zhang Zhizhong zum Gouverneur. Er holte zahlreiche muslimische Politiker in seine Regierung. 1947 übergab er den Posten des Gouverneurs an Masud Sabri (1886–1951), einen ehemaligen Unterstützer der ersten Republik Ost-Turkestan, der sich der chinesischen Regierung angenähert hatte. Damit war zum ersten Mal ein Uigure Gouverneur der Region. Wie viel er in dieser Rolle tatsächlich zu sagen hatte, ist aber unklar. «In Wirklichkeit hält er sehr wenig echte Macht», schrieb eine chinesische Zeitung damals. Zhang sei nach wie vor die «wirkliche Autorität hinter dem Thron».

Nicht einmal vierzig Jahre existierte die Republik China mit allen Wirren. In dieser Zeit veränderten sich China und Xinjiang drastisch. Aus den Chinesisch sprechenden Einwohnern wurde die Mehrheitsbevölkerung der Han-Chinesen. Im chinesischen Kernland waren zwei konkurrierende Nationalideen entstanden: die Idee eines chinesischen Volkes, das aus verschiedenen Ethnien besteht, die eine gemeinsame Geschichte eint, und die eines Han-Volkes, das seine Vorherrschaft sichern muss, um nicht Opfer fremder Mächte zu werden. Und aus den turksprachigen Bewohnern Xinjiangs war die Ethnie der Uiguren mit einer eigenen Schriftsprache, einer blühenden Kultur und einer neuen Nationalerzählung geworden. Uigurische Politiker waren auf die politische Bühne getreten, die den Anspruch erhoben, für ihr Volk zu sprechen. Han-chinesische Machthaber hatten Versuche unternommen, sie an der Macht zu beteiligen, ohne die chinesische Vorherrschaft aufzugeben. Und schließlich hatten Uiguren und die anderen Turkvölker mit den beiden kurzlebigen Republiken Ost-Turkestan die Idee eines eigenen Staates entworfen. Als die Kommunisten 1949 die Macht übernahmen, war unter den Menschen in der Region die Erwartung verbreitet, dass Uiguren und Kasachen in Zukunft wenn nicht das Sagen, so doch eine wirkliche Mitsprache haben würden.

4. «Vielfalt in Einheit»

Nyrola Elimä, geboren 1985, stammt aus einer gebildeten uigurischen Familie in Ghulja (chin.: Yining). Ihre Eltern verstanden das chinesische System und wollten ihrer Tochter eine gute Zukunft ermöglichen. Früh trafen sie die Entscheidung, sie auf eine Schule zu schicken, in der ausschließlich auf Mandarin unterrichtet wurde. Damals gab es in Xinjiang zwei Schulsysteme: Mandarin-Schulen, die mehrheitlich von Han besucht wurden, und solche, in denen die Unterrichtssprache Uigurisch, Kasachisch oder Kirgisisch war. Nyrolas Eltern verstanden, dass gutes Chinesisch eine Voraussetzung für eine Karriere in Xinjiang war und der Abschluss einer Mandarin-Schule mehr wert als der einer uigurischen. Nyrola wurde nach dem gleichen Lehrplan wie ihre Han-chinesischen Klassenkameraden unterrichtet. «Ich hatte keine einzige Stunde Uigurisch in der Schule», fasst sie zusammen. Über Alltagskonversationen hinaus beherrscht sie Uigurisch schlecht. «Mit meiner Mutter spreche ich beide Sprachen durcheinander.»

Bis zum Abitur glaubte Nyrola, als Absolventin einer Mandarin-Schule habe sie die gleichen Zukunftschancen wie ihre Klassenkameraden. Sie schloss die Schule mit einer guten Punktzahl ab, bewarb sich um einen Studienplatz für Englisch an einer Universität im Nordosten Chinas. Doch studieren konnte sie zunächst nicht. Sie musste erst ein Sprachjahr absolvieren. Dort besuchte sie Mandarin-Kurse auf Anfängerniveau. «Ich langweilte mich zu Tode. Es war eine reine Zeitverschwendung», sagt Nyrola, die heute in Schweden lebt. «Und es war eine große finanzielle Belastung. Meine Eltern mussten für ein zusätzliches

Studienjahr aufkommen.» Aber es war nichts zu machen, an dem Chinesischkurs führte kein Weg vorbei. Die Regeln sahen vor, dass alle Uiguren vor dem Studium ein Sprachjahr absolvierten, auch wenn sie ihren Schulabschluss auf Mandarin abgelegt hatten. Nicht ihr Talent oder ihre Kenntnisse waren ausschlaggebend, sondern ihre ethnische Zugehörigkeit.

Hinter den verpflichtenden Mandarin-Kursen steht eigentlich eine vernünftige Idee. Wer eine tibetische, uigurische, kasachische oder mongolische Schule absolviert hatte, sollte in diesen Kursen sprachlich so weit gebracht werden, dass er oder sie an der Universität mit den chinesischen Muttersprachlern mithalten konnte. Für manche funktionierte das. Burhan Uluyol wuchs in den achtziger und neunziger Jahren in einem Dorf in der Nähe von Qumul auf, ganz im Westen von Xinjiang. In Karadowa stellte sich die Frage nach der Unterrichtssprache nicht, die Dorfschule war selbstverständlich uigurischsprachig. Niemand im Dorf sprach Chinesisch. Han-Chinesen traf man gelegentlich in der Stadt, aber sonst hatte man wenig mit ihnen zu tun. Viele sahen keinen Grund, deren Sprache zu lernen. «Du wurdest als Sohn eines Hirten geboren und du wirst Hirte werden», entschied Burhans Vater. Der Sohn solle nach den sechs Pflichtjahren von der Schule abgehen und zu Hause helfen. Doch Burhan war gut in der Schule, hatte Spaß am Lernen und träumte davon, aus dem Dorf rauszukommen. Schließlich setzte er sich gegen den Vater durch. Morgens ging er weiter zur Schule, nachmittags half er beim Schafehüten.

Burhan hatte gute Noten, nur mit dem Mandarin haperte es. Die Sprache fiel ihm schwer, er kannte niemanden, der Chinesisch sprach. Am Ende verfehlte er die Bestnote, die ihm erlaubt hätte, an einer der wenigen chinesischen Top-Universitäten in Peking oder Shanghai zu studieren. Doch sein Abschluss qualifizierte ihn immerhin für einen Studienplatz an der prestigereichen Maritim-Universität Dalian. Er wurde zum Studiengang Lebensmitteltechnik zugelassen unter der Voraussetzung, dass er zuvor einen zweijährigen Mandarinkurs bestand. Burhan schaffte die Prüfung und konnte zwei Jahre später 2500 Kilometer östlich von seinem Heimatort seinen Studienplatz antreten. «Ich bin nicht unbedingt besonders talentiert», sagt er, «aber ich arbeite hart.» Es ist eine Geschichte wie aus einer Werbebroschüre der Regierung: Wer sich anstrengt, der bekommt die Unterstützung, die er braucht, um den Aufstieg zu schaffen. Und wer durch seine ethnische Herkunft benachteiligt ist, dem wird durch Quoten und Förderprogramme geholfen. Burhan zweifelte nicht daran. Das System infrage zu stellen, war ihm nie in den Sinn gekommen. «Wir waren gehorsame Leute», erinnert er sich. «Wir wussten zwar, dass nicht alles zum Besten steht, aber wir folgten der Kommunistischen Partei.»

Doch an der Universität angekommen, bekam Burhans Weltbild schnell Risse. Vor der Prüfung in höherer Mathematik, die als besonders schwer galt, erschien die Leiterin der Fakultät vor der Klasse. Neben Burhan war noch ein weiterer uigurischer Student in seinem Studiengang, eine Quote, die die Universität sich auferlegt hatte. Alle anderen Studenten, etwas mehr als sechzig, waren Han. Den uigurischen Studenten würden auf die Prüfungen zwanzig Punkte gutgeschrieben, erklärte die Fakultätsleiterin. Um das Mathematikexamen zu bestehen, brauchten sie also nur vierzig von hundert Punkten und nicht sechzig wie ihre Kommilitonen. Doch sie fügte auch gleich hinzu, die beiden uigurischen Studenten sollten sich keine großen Hoffnungen machen. «Ihr werdet es auch mit zwanzig Extrapunkten nicht schaffen.» Die Prüfung sei zu schwer für Uiguren. Zum ersten Mal bekam er eine Ahnung, dass das System, das ihm die Türen zur Universität geöffnet hatte, sie ihm auch wieder zuschlagen konnte.

Burhan fühlte sich herausgefordert und kniete sich noch einmal hinein. Er schwor sich, jedes Examen mindestens so zu bestehen, als ob es die Extrapunkte nicht gäbe. Das Studium schloss er mit Auszeichnung ab. Aber er kam auch zu dem Schluss, dass es in China für ihn nur den Platz geben würde, den das System ihm zuweist. Nach dem Abschluss bewarb er sich um ein Masterstudium in Malaysia. Sein Englisch war nicht gut. Wie damals vor dem Studium musste er erst eine Runde Sprachunterricht einlegen. Dennoch ist er überzeugt, dass es die richtige Entscheidung war. Heute ist er Professor für islamisches Finanzwesen in Istanbul.

1949: Die Kommunisten und ihr koloniales Erbe

Dieses System, das die Menschen fördert und ihnen zugleich die Türen verschließt, geht zurück auf die Anfangsjahre der kommunistischen Herrschaft in Xinjiang. Die Kommunisten übernahmen die Macht in Xinjiang 1949 weitgehend unblutig. Die Hanchinesischen Machthaber in der Provinz wechselten einfach die Fahne und liefen von der Guomindang zur Kommunistischen Partei über. Und ein Teil der Führung der zweiten Republik Ost-Turkestan war bereit, über eine weitgehende Autonomie als Teil des chinesischen Staates zu verhandeln. Dazu kam es allerdings nie. Als die Delegierten auf dem Weg nach Peking waren, stürzte ihr Flugzeug über Sibirien ab und die gesamte Gruppe kam ums Leben. Um diesen Flugzeugabsturz ranken sich Mythen und Verschwörungstheorien; was damals wirklich geschah, wurde nie aufgeklärt. Doch klar ist, dass für Peking jetzt der Weg frei war, seine Vorstellungen umzusetzen. Den toten Anführern wurde in Ghulja eine großzügige Denkmalanlage gesetzt. Sie wurden einfach in die kommunistische Geschichtsschreibung eingegliedert. Die zweite Republik Ost-Turkestan heißt in China «Drei-Bezirke-Rebellion» nach den Verwaltungsbezirken, die sie unter ihre Kontrolle bringen konnte. Chinas Kommunisten stellen sie als Teil des heldenhaften Kampfes des chinesischen Volkes gegen die Reaktionäre der Guomindang dar.

Doch in manchen Gegenden stießen die Kommunisten auch auf Widerstand. Im Norden der Region führte der Kasache Ospan Batyr einen Aufstand an, der die Volksrepublik noch Jahre beschäftigte. Batyr selbst wurde 1951 gefangen und hingerichtet. Danach kam es noch bis Mitte der fünfziger Jahre in den Bergen des Altai zu Kämpfen. Einige einflussreiche uigurische Politiker setzten sich außerdem ins Ausland ab und agitierten von dort gegen die chinesische Regierung. Am bekanntesten ist Isa Alptekin (1901–1995), der Generalsekretär in der letzten Guomindang-Regierung in Ürümchi. Er floh nach Istanbul und etablierte eine Exilregierung. In der Türkei genoss er zeitlebens großes Ansehen. Nach seinem Tod erhielt er ein Ehrengrab in unmittelbarer Nähe zu den türkischen Präsidenten Turgut Özal und Adnan Menderes.

In Xinjiang standen die Kommunisten vor einem Problem. Bis zur Machtergreifung hatten sie vom Selbstbestimmungsrecht der Völker gesprochen. Nun erhoben sie Anspruch auf das gesamte Gebiet des Qing-Reiches. Kein noch so überzeugt vorgebrachter Anti-Imperialismus konnte sie dazu bringen, ihr koloniales Erbe auszuschlagen. Während sie das Kaiserreich eigentlich als «feudal» verteufelten, wurden sie geradezu versöhnlich, wenn es um die Eroberung der Grenzgebiete Chinas durch das Kaiserhaus ging. Unter keiner der vorangegangenen Dynastien sei China «so geeint» gewesen wie unter den Qing, erklärte Ministerpräsident Zhou Enlai (1898–1976) in einer Rede einige Jahre nach der Gründung der Volksrepublik. «Die Qing-Dynastie spielte eine herausragende Rolle bei der Vereinigung des Landes. Das ist eines ihrer Verdienste.» Den Grund für diese ideologische Volte formulierte Zhou dann auch ganz unverblümt. «Der Aufbau des Landes kann nicht allein von den Han bewältigt werden», erklärte er. «Denn sie verfügen kaum noch über Land, das für die Landwirtschaft erschlossen werden kann. Auch Bodenschätze sind längst nicht so reichhaltig vorhanden wie auf den Gebieten unserer Brüdervölker.»

Im Sprachgebrauch der Volksrepublik wird der Sieg der Kommunisten über ihre Gegner im Jahr 1949 stets als «Befreiung» bezeichnet. Die Armee der Volksrepublik heißt Volksbefreiungsarmee, in jeder Stadt gibt es eine Straße der Befreiung. Dementsprechend wird die Eroberung Xinjiangs durch die kommunistischen Truppen im Herbst 1949 stets als «Befreiung» Xinjiangs gefeiert. Ebenso wurden die Tibeter zwei Jahre später «befreit», als die Armee nach Lhasa vorrückte. Dass die Völker, um die es ging, aber nicht unbedingt auf die «Befreier» aus dem chinesischen Kernland gewartet hatten, war auch Mao und seiner Entourage klar. Wieder war es Zhou Enlai, Maos rechte Hand, der kein Blatt vor den Mund nahm. «In der Geschichte waren es Han-chinesische Reaktionäre, die die Minderheitenvölker unterdrückt und ausgebeutet haben. Es ist also unausweichlich, dass sie den Han mit Misstrauen begegnen.» Die Kommunisten standen vor einem Dilemma: Sie hatten den unterdrückten Völkern versprochen, sie zu befreien. Gleichzeitig wollten sie das Reich der Unterdrücker übernehmen. Die Lösung dafür fanden sie bei einem Staat, der dreißig Jahre zuvor vor dem gleichen Problem gestanden hatte: bei der Sowjetunion.

Das sowjetische Modell

Als die Bolschewiki 1917 in Russland an die Macht kamen, hatten sie genau beobachtet, wie mit Österreich-Ungarn und dem Osmanischen Reich zwei der großen Vielvölkerreiche im Osten und Südosten Europas zerbrachen, weil sie mit neuen selbstbewussten Nationalbewegungen konfrontiert waren. Auch auf dem Ge-

biet des dritten großen Vielvölkerstaates, dem russischen Zarenreich, regten sich National- und Unabhängigkeitsbewegungen.
Finnland und die baltischen Staaten erklärten sich nach dem
Sturz des Zaren für unabhängig. Im Kaukasus erlebten Georgien,
Armenien und Aserbaidschan nach der Oktoberrevolution eine
kurze Zeit der Unabhängigkeit von Russland. Auch in der Ukraine regte sich das Nationalbewusstsein, eine kurzlebige ukrainische Räterepublik entstand. Im anschließenden Bürgerkrieg
kämpften neben zarentreuen «Weißen» und kommunistischen
«Roten» auch rechte und linke ukrainische Nationalisten sowohl
gegen die beiden großen Bürgerkriegsparteien als auch gegeneinander.

Vor der Revolution hatten die Bolschewiki Reden über das
Selbstbestimmungsrecht der Völker geschwungen. Nun wurden
sie selbst von diesen Bewegungen herausgefordert. Wollten sie
ihren Anspruch auf das Gesamtgebiet des russischen Imperiums
behaupten, mussten sie auf diese reagieren. Deshalb versprachen
sie den Völkern in ihrem Reich Autonomie. Sie entwickelten ein
System, das die unterschiedlichen Volksgruppen nach Bedarf
fördern und die Dominanz der Russen brechen sollte. Dazu
mussten sie zunächst festlegen, wer diese Gruppen waren. Linguisten und Ethnologen definierten einhundertachtundzwanzig offiziell anerkannte Volksgruppen. Jeder Sowjetbürger musste sich
einer dieser Ethnien, die die Sowjetunion Nationalitäten nannte,
zuordnen, und die wurde in seinen Ausweispapieren vermerkt.

Die einzelnen Völker wurden in eine gewisse Hierarchie gebracht. Die marxistische Theorie unterteilte die Volksgruppen in
weiter und weniger weit entwickelte Nationen. Entsprechend
ihren Siedlungsgebieten, ihrer Größe und ihrem «Entwicklungs-
stand» wurde jeder dieser Gruppen ein Verwaltungsgebiet zugeordnet. Die größeren Völker bekamen eigene Sowjetrepubliken,
jede mit einer eigenen Kommunistischen Partei und einer eige-

nen Akademie der Wissenschaften. Verfassungsrechtlich stand ihnen sogar der Weg in die Unabhängigkeit frei (auch wenn jedem Sowjetbürger wohl klar war, dass dieses Recht nur auf dem Papier existierte). Für Minderheiten innerhalb der Sowjetrepubliken gab es die sogenannten autonomen Sowjetrepubliken, die etwas weniger Rechte hatten, und noch eine Ebene tiefer gab es autonome Gebiete. An der Spitze all dieser Einheiten stand jeweils ein Vertreter der jeweiligen namensgebenden Nation. Die Gebiete waren in der Regel zweisprachig. Jede Nation hatten eigene akademische Einrichtungen und Verlage.

Das erklärte Ziel, die russische Dominanz zurückzudrängen, erreichten diese Maßnahmen nicht wirklich. Doch im Leben eines Sowjetbürgers wurde die Nationalität zu einem entscheidenden Faktor. Universitäten und öffentliche Einrichtungen erließen Zulassungsquoten für bestimmte Nationalitäten. Dieses System sollte den benachteiligten Völkern zu mehr Chancengleichheit verhelfen. Gleichzeitig konnte die berüchtigte «Zeile Fünf», der Nationalitätsvermerk im Pass, aber auch gezielt zum Ausschluss und zur Diskriminierung bestimmter Gruppen genutzt werden. So wurden etwa in den sechziger Jahren an bestimmten Fakultäten in Moskau regelmäßig auffällig viele Juden abgelehnt. Die Entscheidung für eine Nationalität, von den Sowjetbürgern in den Anfangsjahren oft zufällig getroffen, konnte noch Jahrzehnte später entscheidende Auswirkungen auf das Leben der Menschen haben. Zum Beispiel ließ Stalin auf der Basis dieser Einteilung im Zweiten Weltkrieg ganze Völker nach Sibirien und in die kasachischen Steppen deportieren.

Angst vor uigurischer Autonomie

Als die Kommunisten in China an die Macht kamen, schickte die Sowjetunion Berater und Ingenieure, um die Wirtschaft aufzubauen. Und auch das politische System wurde nahezu kopiert, einschließlich der Nationalitätenpolitik. Die Volksrepublik schickte Sprachwissenschaftler und Ethnologen aus, um Völker zu identifizieren und zu klassifizieren. Man entwickelte Schriftsysteme, gründete Verlage, richtete Schulen in den Nationalsprachen ein. In Xinjiang wurden weitgehend die ethnischen Bezeichnungen aus der Sowjetunion übernommen: Uiguren, Kasachen und Kirgisen, Tadschiken und Usbeken. Daneben leben dort Han, Hui und Mongolen sowie einige kleinere Ethnien. Insgesamt sind in Xinjiang dreizehn Volksgruppen ansässig. Für ganz China identifizierte man sechsundfünfzig Ethnien: die Mehrheitsbevölkerung der Han, die mehr als 90 Prozent ausmachen, und fünfundfünfzig «nationale Minderheiten».

Allerdings blieben die chinesischen Kommunisten den fremden Völkern gegenüber noch misstrauischer als die Sowjets. Selbstbestimmung der Minderheitenvölker, so argumentierte Zhou Enlai, sei nicht notwendig, da schließlich «die gesamte chinesische Nation die Unterdrückung durch ausländische Imperialisten» erlitten habe. Weil die Han selbst unterdrückt worden seien, könnten sie kein Unterdrückervolk sein, so die Logik, die bis heute von den Verteidigern der Kommunistischen Partei angeführt wird. Diese Opfererzählung ist für die Partei höchst praktisch. Meinungsverschiedenheiten und der Wunsch nach mehr Autonomie der einheimischen Völker haben so nie mit dem Verhalten des Zentralstaats oder der Han zu tun. Sie sind stets das Machwerk «antichinesischer Kräfte» und ausländischer Mächte. So muss die Partei die Unzufriedenheit der Volksgruppen niemals ernst nehmen. Denn ohne die bösen Mächte im

Als die Kommunisten in China die Macht übernahmen, versprachen sie den Völkern in Xinjiang Autonomie. In Wirklichkeit aber blieb die Führung um Mao Tse-tung in Peking allmächtig. Die Mao-Statue auf dem Platz des Volkes in Kashgar ist eine der größten in China.

Ausland würden die Volksgruppen ja in Harmonie leben. Die
Partei kann so jedes Mal rechtfertigen, dass sie auf Proteste der
Minderheitenvölker mit neuen Unterdrückungsmaßnahmen re-
agiert.

Als China das sowjetische Modell übernahm, höhlte es einige
von dessen wichtigsten Zügen aus. Eigene Republiken wollten sie
den Völkern nicht zugestehen, ganz zu schweigen vom Recht auf
Unabhängigkeit. Die Randgebiete, wo ethnische Minderheiten
lebten, wurden zu autonomen Gebieten, die aber nur unwesent-
lich mehr Rechte besaßen als die Provinzen Innerchinas. Diese
Gebiete sind zweisprachig, der Gouverneur gehört immer dem
namensgebenden Volk an. In der Inneren Mongolei ist der Gouverneur also stets ein Mongole, in Tibet ein Tibeter und in Xinjiang ein Uigure. Allerdings ist dieser Gouverneur auch immer nur
die Nummer zwei in der Machthierarchie. Im chinesischen Staat
existiert jeder Posten zweimal: einmal als Staatsamt und einmal
als Parteiamt. Neben dem Gouverneur gibt es einen Parteisekretär für die jeweilige Provinz, neben dem Bürgermeister einer
Stadt einen Parteisekretär der Stadt und so weiter. Und das Parteiamt ist stets mächtiger als das Staatsamt. Die Entscheidungen
über die Politik in Xinjiang trifft daher nicht der Gouverneur,
sondern der Parteisekretär. Und dieser ist in Xinjiang mit einer
einzigen Ausnahme in den siebziger Jahren immer ein Han-Chinese gewesen. «Vielfalt in Einheit» ist das Schlagwort, unter dem
die chinesischen Kommunisten dieses System der an kurzer
Leine gehaltenen Autonomie führen.

In der Kommunistischen Partei Chinas sind alle hohen Posten
mit Han besetzt. Noch nie war ein Vertreter einer Minderheit
Mitglied im Ständigen Ausschuss, dem siebenköpfigen Füh-
rungsgremium der Partei. Und auch auf der nächsten Ebene,
dem fünfundzwanzigköpfigen Politbüro, gab es in den letzten
drei Jahrzehnten nur einen Politiker, der kein Han war: Hui Lian-

gyu (geb. 1944) stammte aus einer Hui-Familie, also einer Familie chinesischsprachiger Muslime. Parteikader der Minderheiten durchlaufen völlig andere Karrieren als Han-Kader. Meist bleiben sie ein Leben lang in ihrer Heimatregion. Während Han-Kader auf dem Weg nach oben oft durch verschiedene Provinzen geschleust werden, wo sie sich beweisen müssen und Erfahrung sammeln für spätere Aufgaben, bleiben Nicht-Han meist in ihrer Heimatregion, wo ihnen jeweils ein klingender Posten mit begrenzter Macht zusteht: Bürgermeister, Bezirksvorsteher oder Gouverneur unter einem Han-chinesischen Parteisekretär, der die eigentliche Macht innehat. Autonomie bedeutet in diesem System, dass eine Reihe Proporzposten für die jeweilige Ethnie reserviert sind.

Wie sehr die chinesischen Kommunisten den Uiguren misstrauten, zeigt sich schon an der Suche nach einem Namen für die Region. Erst 1955 wurde Xinjiang zu einem Autonomen Gebiet. Jahrelang hatte man über Namen und Form gestritten. Während – wie schon in den Geburtswehen der kurzlebigen Republik Ost-Turkestan – uigurische Politiker das Gebiet gerne «Uiguristan» genannt hätten, analog zu den Sowjetrepubliken Usbekistan, Kasachstan und so weiter, wollte Peking es «Autonomes Gebiet Xinjiang» nennen und so die Kolonialbezeichnung der Qing («neues Grenzland») weiterführen. Die Uiguren, die damals 75 Prozent der Bevölkerung ausmachten, wollten die Kommunisten im Namen gar nicht erwähnen, denn man hatte Angst vor ihrem Nationalbewusstsein. Zhou Enlai gab das unumwunden zu: «Vor der Befreiung haben einige Reaktionäre unter dem Begriff Ost-Turkestan separatistische Aktivitäten verfolgt. Sie wurden vom Imperialismus benutzt. Aus diesem Grund haben wir den Namen ‹Autonome Region Uiguristan› verworfen.» Der Name Xinjiang habe nichts mit der Eroberung durch die Han zu tun, behauptete er. «Xinjiang bedeutet einfach neues Land.»

Schließlich einigte man sich auf den Namen «Uigurisches Autonomes Gebiet Xinjiang».

Die Angst vor einer uigurischen Unabhängigkeitsbewegung
saß tief. Um das uigurische Nationalbewusstsein einzudämmen,
wurde die Region in weitere autonome Untereinheiten aufgeteilt.
Das Ili-Tal mit seiner großen kasachischen Bevölkerung wurde
zum «Kasachischen Autonomen Bezirk Ili». An der Grenze zu
Kirgistan bekamen die Kirgisen den «Kirgisischen Autonomen
Bezirk Kizilsu». Die Hui erhielten den Bezirk Changji nahe
Ürümchi, und auch die Mongolen bekamen einen Bezirk – kurioserweise den Südosten der Region, weit weg vom Stammland
der Mongolen. Mongolen machen hier weniger als 5 Prozent aus.
Xinjiang war also dem Titel nach das Land der Uiguren, während
gleichzeitig das Nötige unternommen wurde, um ihnen so wenig
Macht wie möglich einzuräumen. Das Misstrauen, das hinter
dieser Politik steckt, sollte die Region für die nächsten Jahrzehnte
prägen und sich immer weiter verschärfen – bis zu dem Zeitpunkt, als die Partei beschloss, dass nur die Vernichtung der
fremden Identität zu einer Lösung des Konflikts führen kann.

Bingtuan: Parallelstaat der Han-Siedler

Fast noch wichtiger als die Verteilung der Macht im Staat war für
Chinas Sicherheitsempfinden die ethnische Zusammensetzung
der Bevölkerung. Als die Kommunisten die Region 1949 übernahmen, waren 75 Prozent der Einwohner Uiguren. Han-Chinesen hatten sich zwar in verschiedenen Siedlungswellen seit der
Kaiserzeit in der Region niedergelassen, doch ihr Anteil an der
Bevölkerung war gering. Weniger als 5 Prozent der Bewohner
ordneten sich in der Volkszählung den Han zu. Die Regierung in
Peking begann nun, Han-Chinesen in größerer Zahl und systematisch in Xinjiang anzusiedeln. Demobilisierte Soldaten und

Auswanderer aus dem dicht besiedelten Osten Chinas wurden ermutigt, sich in Xinjiang niederzulassen, sei es als Arbeiter auf den neu erschlossenen Ölfeldern und Kohleminen oder als Siedler, die vor allem in den Steppen im nördlichen Teil der Provinz Felder anlegten und Dörfer gründeten. Eine eigene mächtige Organisation wurde für sie gegründet.

Dieses «Produktions- und Aufbaukorps Xinjiang» wird oft als paramilitärische Organisation bezeichnet. Am Anfang unterstand es tatsächlich der Militärverwaltung. Heute hat es keine wirkliche militärische Funktion mehr. Trotzdem pflegt das Korps, das international auch häufig unter seiner chinesischen Kurzform «Bingtuan» bekannt ist, eine gewisse militärische Aura. Seine Verwaltungsebenen sind der Militärhierarchie nachempfunden. Wo der Staat in Bezirke und Landkreise gegliedert ist, hat das Bingtuan Divisionen und Regimenter. Der Bürgermeister einer Bingtuan-Siedlung heißt Kommandant. Die Strukturen des Korps bilden einen Parallelstaat. Zwar untersteht das Bingtuan dem Parteisekretär der Region, doch seine Verwaltung existiert parallel zu den staatlichen Strukturen. Das Korps hat eigene Schulen, Universitäten und Gefängnisse. Ganze Stadtteile oder sogar kleine Städte werden von ihm verwaltet. Der Bürgermeister einer Bingtuan-Siedlung untersteht nächsthöheren Posten in der Bingtuan-Hierarchie, nicht der Regierung des jeweiligen Landkreises. Die Einwohner, die in diesen Gebieten wohnen, sind Angehörige des Bingtuan. Für sie ist das Korps zuständig, nicht die Verwaltung des Landkreises. Es ist die größte Wirtschaftsmacht in der Region und liefert beispielsweise 30 Prozent der Baumwolle, die in Xinjiang produziert wird. Bis heute sind in den Bingtuan-Siedlungen um die 90 Prozent der Bewohner Han.

Wie das Bingtuan eingesetzt wurde und wird, um Pekings Sicherheitspolitik durchzusetzen, zeigt ein Beispiel aus den sechziger Jahren. 1959 brach Mao Tse-tung mit der Sowjetunion und ihrem Wirtschaftsmodell und rief den «Großen Sprung nach vorn» aus. Innerhalb weniger Jahre sollte China Großbritannien in der Stahlproduktion überholen und seine Ernten dramatisch steigern. Die Felder wurden kollektiviert, und die Menschen mussten mit großem Eifer und rund um die Uhr alle möglichen wenig durchdachten Dinge tun, um diese Ziele zu erreichen. Sie bauten in Hinterhöfen Öfen und schmolzen dort Stahl ein – in Ermangelung von Eisenerz opferten sie ihr Kochgeschirr. Sie verbrachten Tage mit Klappern auf den Feldern, um die Ernte vor Spatzen zu schützen – mit dem Ergebnis, dass eine Insektenplage das Getreide vernichtete. Und die Beamten meldeten aus Angst vor Repressionen Rekordernten nach oben. Das führte dazu, dass sie mehr Getreide an den Staat abgeben mussten, als sie konnten. Mehrere Dutzend Millionen Menschen verhungerten in den drei Jahren des Großen Sprungs. In Xinjiang führte dies zur größten Massenflucht, die aus China je registriert wurde. Aus der Gegend um Ili und Tarbaghatai (chin.: Tacheng) an der Grenze zur Sowjetunion flohen 1962 Zehntausende Uiguren und Kasachen ins sowjetische Kasachstan. Als die Behörden versuchten, die Menschen an der Flucht zu hindern, kam es zu einem Aufstand, der blutig niedergeschlagen wurde. In viele der Dörfer, die durch diesen Exodus nun leer standen, rückte das Bingtuan ein. So konnte es einen Streifen entlang der gesamten sowjetischen Grenze übernehmen, der zwischen 10 und 30 Kilometer breit war. Ein Entkommen wurde für die Uiguren und Kasachen damit praktisch unmöglich.

Han-Einwanderer kamen in mehreren Wellen nach Xinjiang. In den fünfziger Jahren ließen sich vor allem die demobilisierten Soldaten des Bingtuan nieder. Während des Großen Sprungs hofften Bauern in Zentralchina darauf, als Siedler in Xinjiang dem Hunger zu entkommen. In den späten sechziger und siebziger Jahren verschickte Mao Jugendliche aus den Städten in ent- fernte Regionen, um die revoltierenden Roten Garden unter Kontrolle zu bringen – viele landeten in Xinjiang. Und seit den neunziger Jahren kommen Wanderarbeiter, die sich hier für ei- nige Jahre oder auch für immer niederlassen. Der Staat fördert die Siedler. Inzwischen macht der Anteil der Han in Xinjiang rund 40 Prozent aus, sie sind heute die zweitgrößte Gruppe nach den Uiguren.

Ethnische Quoten und der Neid der Mehrheit

Das Nationalitätensystem zieht sich nicht nur durch den politi- schen Apparat. Nach ihrer Machtübernahme führten die Kom- munisten in Xinjiang bestimmte Quoten für die verschiedenen ethnischen Gruppen in Behörden, Schulen, Universitäten und Staatsbetrieben ein. Bis heute werden in Xinjiang öffentliche Stel- len häufig für bestimmte Ethnien ausgeschrieben.

Für das Jahr 2010 beispielsweise listet eine Excel-Tabelle, die im Internet zu finden ist, alle geplanten Stellenausschreibungen im Gesundheitswesen auf. Im Volkskrankenhaus in Ghulja wird eine uigurische Kinderärztin unter dreißig gesucht, eine Kran- kenschwester für die Äußere Medizin aus der Gruppe der Hui, ebenfalls unter dreißig. Man sucht eine kirgisische Internistin, und für den OP-Saal möchte man zwei Han-chinesische Pfleger unter achtundzwanzig haben. Zwei Pharmazeutenstellen, Ge- schlecht egal, sollen mit Uiguren besetzt werden, die ihren Schul- abschluss auf einer Mandarin-Schule gemacht haben. Von vier- undsechzig Stellen an diesem Krankenhaus sind nur drei nicht für bestimmte Ethnien reserviert. Bei anderen Behörden sieht es genauso aus. So schreibt das Landwirtschafts-Institut in der glei- chen Stadt sechs Forscherstellen aus, vier davon für Han, zwei für nicht weiter definierte ethnische Minderheiten. Und die Veterinärstation in Yengisheher (chin.: Shule) bei Kashgar sucht sieben Mitarbeiter: drei Han und drei Uiguren. Bei einer weiteren Stelle ist die ethnische Zugehörigkeit egal.

Schon früh stellte sich allerdings heraus, dass das System nicht zu der Gleichberechtigung führte, die die Volksrepublik offiziell propagierte. Wie dramatisch das System darin versagte, allen Völkern Chancen zu bieten, zeigt der Bericht eines Inspektionsteams der Stadtverwaltung Ürümchi aus den fünfziger Jahren, den der Historiker Justin Jacobs ausgegraben hat. Damals wurde überall in China mit sowjetischer Unterstützung eine Industrie aufgebaut. Nach Ürümchi wurden Ingenieure und Facharbeiter vor allem aus Innerchina geholt. Zhou Enlai hatte geurteilt, dass die Han die kulturell weiter entwickelte Nation seien. Deshalb wurde beschlossen, dass die Han-Fachkräfte die Minderheiten anlernen und fördern sollen. Betriebe wurden angewiesen, ethnische Minderheiten anzustellen und entsprechend auszubilden. Doch in der Realität geschah das kaum, stellt der Bericht fest. Er zeichnet ein katastrophales Bild der Zusammenarbeit zwischen Han und eingesessenen Volksgruppen.

So fand eine Inspektion der Stadtverwaltung in Ürümchi kein einziges Warnschild in den Fabriken, das nicht auf Mandarin war. In der Kantine amüsierten sich Han-chinesische Mitarbeiter damit, den uigurischen Kollegen Schweinefleisch unterzujubeln. Die Unternehmen seien «unwillig, ethnische Kader aus anderen Einheiten zu übernehmen, und versuchen diejenigen, die bei ihnen arbeiten, loszuwerden», stellte der Bericht fest. Dabei wurden durchaus Führungspositionen für Nicht-Han geschaffen, meist Stellvertreterposten. Aber die Han-Kader ignorierten ihre uigurischen, kasachischen oder kirgisischen Kollegen einfach. «Ich gehe jeden Tag ins Büro, aber dort ist niemand, mit dem ich reden könnte, und es gibt nichts für mich zu tun», beschwerte sich etwa der kasachische Vizedirektor einer Stahlfabrik. «Jeder nennt mich Vizedirektor, und das klingt großartig. Aber in Wirklichkeit habe ich nichts mit der Arbeit, die hier verrichtet wird, zu tun.» Die Besetzung von Führungsposten mit Nicht-Han, so beschreibt es der Bericht unverblümt, «dient nur der Show».

Auch siebzig Jahre später hat sich daran wenig geändert. Im Gegenteil, das System, das einst den Minderheiten Zugang zu Jobs sichern sollte, wird heute häufig dazu verwendet, sie von wichtigen Positionen fernzuhalten. Eine Gruppe um den uigurischen Wirtschaftswissenschaftler Ilham Tohti, der längst in Pekings Kerkern verschwunden ist, hat die Ausschreibungen für das Jahr 2013 systematisch ausgewertet. Sie stellten fest, dass in der Region von knapp achttausend Verwaltungsstellen ein Drittel für Han reserviert war, ein weiteres Drittel stand allen Gruppen offen. Für Uiguren waren dagegen nur 12 Prozent der Stellen vorgesehen. Je näher die Posten an der Macht waren, desto weiter ging die Schere auseinander. Von zwanzig Partei- und Regierungsposten waren achtzehn für Han reserviert, einer war nicht an die ethnische Gruppe gebunden, und einer sollte mit einem uigurischen Bewerber besetzt werden.

So, wie der kasachische Vizedirektor in der Stahlfabrik der fünfziger Jahre, und so, wie vierzig, fünfzig Jahre später Burhan oder Nyrola, fühlen sich viele Uiguren abgestempelt. Sie erleben die Abschätzigkeit, mit der Han häufig ihre Erfolge als unverdient abtun. Sie spüren die gläserne Decke, gegen die sie stoßen und die den Han die besseren Positionen und die Vorherrschaft sichert. Manche Arbeitgeber schreiben in Stellenanzeigen unverblümt: «Ethnische Minderheiten brauchen sich nicht zu bewerben.» Dabei ist das auch nach chinesischem Recht nicht erlaubt. In zahlreichen Internetforen diskutieren Jobsuchende solche Erfahrungen. Nicht jede Minderheit wird in China in gleicher Weise diskriminiert, aber auch Angehörige von Minderheiten, die den Han ähnlicher oder weitgehend assimiliert sind, berichten davon, dass ihnen der ethnische Vermerk im Personalausweis den Weg zu Jobs versperrt hat.

Nur wenige Han-Chinesen haben eine Vorstellung von diesen Problemen. Vor allem solche, die kaum Berührung mit der Realität in Xinjiang haben, sehen in der Minderheitenpolitik vor allem eine unverdiente Privilegierung der Nicht-Han. Als Uigure, Kasachin oder Mongole bekommen Absolventen einer chinesisch-sprachigen Schule Punkte auf ihren Schulabschluss gutgeschrieben. Viele Han glauben deshalb, dass man als uigurische Gymnasiastin, als kasachischer Student oder tibetischer Berufs-schüler auf der faulen Haut durchs Leben gleiten und es trotz-dem an die guten Unis schaffen kann.

Für chinesische Familien dreht sich häufig das gesamte Fami-lienleben um die Ausbildung der Kinder. Ein paar Punkte mehr oder weniger entscheiden darüber, ob man eine gute oder mittel-mäßige Uni besuchen darf und ob man ein Fach studieren kann, das einem gute Perspektiven sichert. Das Leben chinesischer Ju-gendlicher ist ganz auf dieses Examen ausgerichtet. Unsummen gehen für Extrakurse drauf, die dem Nachwuchs einen Vor-sprung vor den Altersgenossen sichern sollen, die wiederum die gleichen Kurse mit dem gleichen Ziel besuchen. Der Druck auf die Schüler steigt so immer weiter. Und obwohl die Regierung das Problem erkannt und Extrakurse verboten hat, rechnet kaum jemand damit, dass das den Druck auf die Jugendlichen mildert. Zu entscheidend ist die Punktzahl im Examen. Die Quoten und Extrapunkte für die Minderheiten erscheinen vielen Han deshalb nicht nur einfach unfair, sie kommen ihnen geradezu wie ein un-glaubliches Privileg vor.

Das Gleiche gilt für die Verwaltungsjobs, die für sie reserviert sind. In China sind Stellen beim Staat begehrt. Wer Beamter wer-den will, muss eine Beamtenprüfung ablegen; danach kann er sich auf offene Stellen bewerben. Dass diese Stellen für bestimmte

Ethnien reserviert sind, nährt auch hier bei manchen Han den Verdacht, dass Minderheiten bevorzugt werden. Dass die Quoten häufig genau andersherum funktionieren, dass also hohe Verwaltungsstellen für Han reserviert sind und Minderheiten sich nur auf einen Teil der Stellen bewerben können, wissen nur die wenigsten. «Ich brauche diese Extrapunkte nicht», ereifert sich Nyrola Elimä, «gebt mir stattdessen Chancengleichheit.»

Besonders emotional reagieren viele Han auf die Tatsache, dass für Nicht-Han die Familienplanungspolitik lange Zeit großzügiger war. Diese Politik, als Ein-Kind-Politik bekannt, weil Han in den Städten lange nur ein Kind haben durften, war in der Bevölkerung verhasst. Für Uiguren und Kasachen waren die Quoten lange großzügiger. Sie konnten in der Stadt zwei Kinder bekommen, auf dem Land sogar drei. Anfänglich wurde die Geburtenplanung in vielen ländlichen Gebieten in Xinjiang außerdem nicht sehr streng durchgesetzt, sodass viele Uiguren mehr Kinder hatten als erlaubt. Diese Zeiten sind schon lange vorbei, heute wird die Geburtenplanung gegenüber Minderheiten mit massiver Gewalt durchgesetzt (mehr dazu in Kapitel 7). Doch viele Han wissen das gar nicht. Sie glauben nach wie vor, Minderheiten dürften so viele Kinder haben, wie sie wollen. Das wäre tatsächlich aus der Sicht vieler Han ein echtes Privileg.

Das Verständnis für die Lage der anderen Ethnien ist daher bei vielen Han sehr eingeschränkt. Wer Diskriminierung zum Thema macht, gilt vielen Chinesen schlicht als unverschämt. Wenn sich Mongolen, Uiguren oder Tibeter darüber beklagen, dass das Chinesische ihre Sprachen mehr und mehr aus den Unterrichtsplänen verdrängt, wird ihnen vorgeworfen, es gehe ihnen in Wirklichkeit darum, ihre Privilegien zu schützen. Und wer trotz all dieser vermeintlichen Vorteile wirtschaftlich schlechter dasteht als die Han, ist in den Augen der Mehrheit dann vermutlich einfach faul. Faulheit ist ein häufiges Vorurteil gegenüber den Minderheiten. Wer es umgekehrt zu etwas bringt, dem wird schnell unterstellt, seinen Erfolg nur der Bevorzugung durch den Staat zu verdanken. Da hat eben nicht Leistung zu diesem Ergebnis geführt, sondern die Quote. Diese Diskussion ist uns nicht völlig fremd. Auch hierzulande kommen ähnliche Argumente auf, wenn es um Frauenquoten geht, wenn ein Bundesland plant, mehr Lehrkräfte mit Migrationshintergrund einzustellen, und so weiter. In China lässt sich beobachten, wie eine offizielle Förderpolitik nicht nur darin versagen kann, eine faktische Benachteiligung auszugleichen, sondern sie sogar in ihr Gegenteil verkehrt.

Yakubjan Ukam, der aus dem selben Dorf wie Burhan stammt, und ebenfalls im Ausland studiert hat, erinnert sich an seinen letzten Besuch in seiner Heimat im Jahr 2016. Auf Drängen seines Vaters, der ein erfolgreicher Geschäftsmann war und dadurch gewisse Einblicke in das System hatte, war Yakubjan direkt nach der Schule nach Malaysia gegangen. Er studierte zunächst in Kuala Lumpur, später wechselte er für das Masterstudium nach Istanbul. Inzwischen sitzt er dort an seiner Doktorarbeit und kann auf eine akademische Karriere hoffen. Seine Mitschüler gingen unterdessen auf Universitäten in China. Die besten schafften es an Chinas Top-Einrichtungen nach Peking und Shanghai. Nun, sechs Jahre nach dem Schulabschluss, hatten alle ihren Bachelor und einige den Master gemacht und waren in ihre Heimat zurückgekehrt. Doch niemand von ihnen hatte einen Job gefunden, der seiner Qualifikation angemessen gewesen wäre. Mit ihren Elite-Abschlüssen arbeiteten sie als Hausmeister oder Fahrkartenverkäuferin.

Mit den Jahren verschärfte sich die Diskriminierung eher, als dass sie abnahm. Nyrola schloss ihr Studium 2009 ab. Auch sie spürte die gläserne Decke erst nach dem Studium richtig deutlich. Im Lauf der Jahre hatte die politische Gewalt in Xinjiang immer mehr zugenommen, und in China wuchs das Misstrauen gegenüber Uiguren. Der Eintrag im Pass hatte nun im Alltag massive Auswirkungen. Nyrola hatte Englisch studiert und fand einen Job in einer Firma in Peking, die ausländische Geschäftsleute bei Zollformalitäten unterstützte. Für ihre Arbeit musste sie regelmäßig durchs Land reisen. Doch mit der Zeit wurden diese Geschäftsreisen immer schwieriger. Denn die meisten Hotels nahmen keine Uiguren mehr auf. «Einmal kam ich in ein Hotel, und die Rezeptionistin sagte sofort, dass es noch freie Zimmer gebe. Sie hielt mich für eine Ausländerin und sprach Englisch mit mir», erinnert sie sich. «Doch als ich ihr meinen Ausweis gab, stammelte sie auf einmal von einem Fehler im Buchungssystem. Plötzlich war doch kein Zimmer mehr frei.» Im Ausweis stand natürlich, dass Nyrola Uigurin war. Ein anderes Mal, erinnert sie sich, bedeutete eine Angestellte ihr freundlich, sich hinzusetzen und zu warten. In der Zwischenzeit holte sie die Polizei. Statt im Hotel verbrachte Nyrola die Nacht auf der Wache.

Unter solchen Umständen wurden ihre Dienstreisen für den Arbeitgeber zum Problem. Auch er bekam während dieser Zeit regelmäßig Besuch von der Polizei. Der Druck wurde schließlich so groß, dass sie gehen musste. «Ich mache meinem Chef keine Vorwürfe», sagt Nyrola. «Er hat alles versucht, um mich zu halten. Aber die Polizei hat es ihm zu schwer gemacht.»

Diese Erfahrungen teilt sie mit fast allen Uiguren, die in diesen Jahren nach Innerchina reisten. Jeder und jede kann solche Geschichten erzählen. Feindseligkeit, Angst und Misstrauen der Bevölkerung, vor allem aber auch der lokalen Behörden machten vielen Uiguren ein Leben außerhalb von Xinjiang immer schwerer. Der Eintrag «uigurisch» im Personalausweis stempelte sie zu unerwünschten Personen ab.

5. Eskalation

Der Junge sollte Imam werden, hatte die Mutter beschlossen. Yüsüp Ismail wuchs in einem kleinen Dorf in der Gemeinde Yapchan (chin.: Yafuquan) bei Kashgar auf. Nach sechs Pflichtjahren Grundschule schickte ihn die Mutter zum Dorf-Imam, damit er den Koran lernen sollte. Solchen informellen Koranunterricht gab es in vielen Dörfern, es ist eine alte Tradition. Wer seine Kinder dorthin schickt, ist nicht zwangsläufig besonders fromm. Für viele ist das einfach ein Teil der kulturellen Bildung. Der Koran wird auf Arabisch gelesen, das mit dem Uigurischen außer der Schrift keine Berührungspunkte hat. Oft geht es den Eltern darum, dass in der Familie jemand in der Lage ist, an Feiertagen und Beerdigungen die Koransuren vorzulesen.

Doch Yüsüp hatte größere Pläne. Er nahm den Wunsch seiner Mutter ernst und wollte so viel über die Religion lernen, dass er selbst Imam werden konnte. Hasan Makhsum, ein Nachbar, erzählte ihm, dass in Kargilik (chin.: Yecheng), etwa 200 Kilometer von Yapchan entfernt, vor einigen Jahren eine neue Schule eröffnet hatte. Hasan war einige Jahre älter als Yüsüp und entstammte einer angesehenen Familie, aus der viele Imame hervorgegangen waren. Makhsum bedeutet Lehrer, ein Titel, den er wohl wegen dieses Familienhintergrundes trug – anstelle des Vatersnamens, den Uiguren normalerweise als Nachnamen tragen. Jetzt studierte Hasan also an der Schule in Kargilik und ermunterte Yüsüp, mit ihm zu kommen. Überall im Land waren in den achtziger Jahren solche Schulen entstanden, man könnte sie weiterführende Koranschulen nennen. Was sie beim Dorf-Imam gelernt hatten, konnten die Schüler hier vertiefen.

Diese Schulen waren informell, es gab keine festgelegten Lehr-
pläne oder Abschlüsse. Die Schüler kamen, so lange sie wollten oder konnten. Gegründet hatte die Schule Abdulhakim
Makhsum. Über seinen Werdegang ist nicht viel bekannt, außer
dass er seit Beginn der Volksrepublik viele Jahre im Gefängnis
verbracht hatte. Nachdem Deng Xiaoping 1979 eine Amnestie für
politische Gefangene erlassen hatte, kam er frei und begann,
Schüler um sich zu versammeln. Schnell wurde sein Unterricht
in der ganzen Region bekannt.

Als Yüsüp Ismail 1988 in Kargilik ankam, stand die Schule auf
dem Höhepunkt ihrer Popularität. Mehrere tausend Studenten
waren dem Imam in das abgelegene Städtchen gefolgt. Das Lernen fand in Garagen und Scheunen statt. «Meist hatten wir
nachts Unterricht», erzählt Yüsüp. Die Studenten wurden in
unterschiedliche Gruppen eingeteilt, die zeitversetzt kamen. Die
ersten begannen vor Sonnenaufgang, die letzten waren am Abend
dran. «Die Klassenräume waren voll», erinnert er sich, «nur ein
Teil der Schüler fand einen Sitzplatz, der Rest musste stehen.»

Nur die fortgeschrittenen Studenten hatten bei Abdulhakim
Makhsum persönlich Unterricht. Ihr Wissen gaben sie an die
jüngeren Jahrgänge weiter. Auf dem Stundenplan standen die Re-
zitation von Koransuren und arabische Grammatik. Sie studier-
ten die Hadithe, die Überlieferungen über das Leben Moham-
meds, ebenso wie die Scharia-Gesetze. Obwohl das chinesische
Gesetz solche privaten Religionsschulen eigentlich verbot, schienen die Behörden den Betrieb zu tolerieren. «Jeder in der Stadt
wusste davon», sagt Abdulkadir Yapchan, der damals die rechte
Hand des Religionsgelehrten war. «Die Bewohner stellten uns
Räume zur Verfügung, sonst hätten wir das gar nicht machen
können.» Yapchan ist ein Pseudonym, das Abdulkadir sich später
im Exil zulegte. Er stammt wie Yüsüp Ismail aus der Gemeinde
Yapchan.

Der Horror der Kulturrevolution

Die achtziger Jahre waren eine Zeit, in der viele Uiguren Kultur und Religion wiederentdeckten. Wer damals jung war, war in die Wirren der Kulturrevolution hineingeboren worden. Diese Generation hatte in ihrer frühen Kindheit die Demütigungen und Gewaltexzesse der Roten Garden miterlebt und in den Jugendjahren gesehen, wie das Land nach und nach wieder zur Besinnung kam. In ganz China hinterfragte die Jugend das System. In Peking demonstrierten Studenten im Frühjahr 1989 wochenlang für mehr Freiheit und Demokratie, bevor die Demonstrationen am 4. Juni 1989 von Panzern niedergeschossen wurden. In Xinjiang wandten sich junge Menschen vom chinesischen Staat ab. Sie entdeckten ihre kulturellen Wurzeln und wandten sich der Religion zu. Besonders im ländlichen Süden Xinjiangs, wo die Menschen konservativer und religiöser sind als im Norden, hatten die Gewaltexzesse der Kulturrevolution wenig Raum für Illusionen über ein gleichberechtigtes Miteinander der Völker gelassen.

Eigentlich wurde die Kulturrevolution durch einen Machtkampf in der Parteiführung ausgelöst, doch schnell zog sie die gesamte chinesische Gesellschaft in Mitleidenschaft. Mao Tse-tung hatte Anfang der sechziger Jahre einen Großteil seiner Macht in der Partei eingebüßt, nachdem er das Land mit dem Großen Sprung in eine Hungersnot geführt hatte. Doch der Personenkult, der um ihn entstanden war, wurde nie infrage gestellt. 1966 nutzte er daher seine gottgleiche Popularität, um die chinesische Jugend gegen das Parteiestablishment aufzuhetzen. Rote Garden fochten bald schon Kämpfe gegen ihre Lehrer, gegen Parteifunktionäre und alle anderen aus, die sie für «konterrevolutionär» oder «revisionistisch» hielten. Das Land stürzte ins Chaos. Wie marodierende Banden zogen die Jugendlichen durch das Land, um «die alten Ideen, die alte Kultur, die alten Sitten und die alten Gewohnheiten» zu zerstören, wie es in einer Parole hieß. Sie verwüsteten Tempel und Museen, verbrannten Bücher, führten Lehrer, Professoren, Parteifunktionäre, Schriftsteller und manchmal die eigenen Eltern durch die Straßen, um sie zu demütigen, schlugen sie, und manchmal ermordeten sie sie auch.

Ihre Gewaltexzesse wüteten in ganz China, doch in Xinjiang (ebenso wie in Tibet oder der Inneren Mongolei) wurde aus den Kämpfen schnell ein ethnischer Konflikt. Zum revolutionären Furor gesellte sich bei vielen Rotgardisten eine ausgeprägte Verachtung für die andersartigen Völker, die hier lebten. Die Kultur der muslimischen Volksgruppen galt den Roten Garden als besonders reaktionär und rückständig. Zwar gab es auch einige Uiguren, die sich den Rotgardisten anschlossen. In ihrer Mehrheit waren diese aber Han, viele kamen eigens aus Innerchina angereist, um bei den vermeintlich rückständigen Ethnien Xinjiangs aufzuräumen. Jiang Qing, Maos Ehefrau und ideologische Einpeitscherin der revolutionären Banden, soll die Turkvölker in Xinjiang «ausländische Eindringlinge» genannt haben, die sie «verachte». Es gibt zahlreiche Berichte über Moscheen, die in Schweineställe umgewandelt wurden, und über Koranverbrennungen. Laut offiziellen chinesischen Zahlen waren 1978 von einst knapp dreißigtausend Moscheen im Süden Xinjiangs nur noch knapp dreitausend übrig.

Die Kulturrevolution endete erst, als ihr Anführer Mao Tsetung 1976 starb. Deng Xiaoping gelangte an die Macht und setzte seine Reformpolitik in Gang, die das Land wirtschaftlich und politisch aufatmen ließ. Er begann die Wirtschaft zu liberalisieren und die Zensur zu lockern. Die folgenden Jahre waren in ganz China eine Zeit des Aufbruchs, eine Zeit, in der die bleierne ideologische Decke, die über dem Land gelegen hatte, ein wenig angehoben wurde. Wirtschaftsreformen sorgten dafür, dass die

Einkommen stiegen und das Angebot an Lebensmitteln und sonstigen Produkten größer wurde. Neue Zeitschriften wurden verlegt, Bücher gedruckt.

Gleichzeitig begann das Land, den Horror der Kulturrevolution zu verarbeiten. Auf Chinesisch entstand ein ganzes literarisches Genre, das sich mit dem kollektiven Trauma der Kulturrevolution befasste: die «Wundenliteratur». In Xinjiang belebten die Uiguren kulturelle und vor allem religiöse Traditionen wieder, die unter dem Wüten der Roten Garden massiv gelitten hatten. Eine ganze Generation wandte sich von China ab und der Religion zu. «Die Menschen wachten auf und verstanden, wer sie waren», so formulierte es Abdulhamit Uyghur, ein rundlicher Endvierziger, den ich in einem Istanbuler Telefonshop traf. Als sechzehnjähriger Mittelschüler träumte er damals davon, mit Mitschülern und anderen Freiwilligen eine bewaffnete Guerillatruppe gegen den chinesischen Staat aufzustellen. Er agitierte in der Schule und auf dem Dorfplatz für den gewalttätigen Widerstand. So erzählt er es heute. Das ging für ihn nicht gut aus. Er verbrachte für diesen Versuch viele Jahre im Gefängnis. Doch Abdulhamit war bei Weitem nicht der Einzige, der solche militanten Träume hatte.

Der Baren-Aufstand 1990

Am 5. April 1990 kam es zum Showdown zwischen militanten Religiösen und dem Staat – es war der erste von vielen. In der Kleinstadt Baren zog eine aufgebrachte Menge vor die Büros von Gemeindeverwaltung und Polizei. Die Menschen riefen religiöse Losungen und umstellten die Gebäude. Einigen Berichten zufolge sollen die Proteste spontan nach einer Freitagspredigt entstanden sein, die die Geburtenplanungspolitik der Regierung kritisiert hatte; wahrscheinlicher ist aber, dass der Aufstand schon länger vorbereitet worden war. Die Aufständischen waren mit anderen religiösen Personen in der Region vernetzt. Das behauptet jedenfalls Abdulkadir Yapchan, die rechte Hand des Schulgründers von Kargilik. Der Anführer der Baren-Revolte habe ihm damals gesagt, er habe dreihundert Mann unter Waffen, prahlte Yapchan, als ich ihn in seinem Büro in Istanbul traf. Er selbst habe die Bekennerschreiben für die Gruppe verschickt, in denen ein Ende der Geburtenplanung und die Abkehr der Kommunistischen Partei vom Marxismus gefordert worden sei. Sicher ist, dass in Baren mehr als Steine flogen. Laut offiziellen chinesischen Quellen haben mehr als zweihundert Bewaffnete «mit halbautomatischen Waffen und Pistolen auf die belagerten Beamten geschossen und Sprengsätze und Handgranaten geworfen».

Die Sicherheitskräfte waren auf den Gewaltausbruch nicht vorbereitet. Armee und Polizei brauchten Tage, bis sie den Aufstand niedergeschlagen hatten. Nach offiziellen Zahlen waren am Ende fünfzehn Rebellen und sieben Beamte tot. Der Aufstand in dem relativ abgelegenen Ort bei Kashgar jagte eine Schockwelle durch den chinesischen Apparat.

Von da an gingen die Behörden gegen die informellen religiösen Strukturen in der Region vor. Die Schule von Kargilik wurde geschlossen. Nicht ganz zu Unrecht vermutete man, dass hier die Gegnerschaft zum chinesischen Staat besonders tiefe Wurzeln geschlagen hatte. Später sollten die Namen einiger prominenter Schüler dieser Schule auf Fahndungslisten des chinesischen Staats und auch des internationalen Anti-Terror-Kampfs wieder auftauchen.

Dabei erinnert sich Yüsup Ismail nicht daran, dass im Unterricht jemals politische Themen angesprochen wurden. Fragen zu den Machtverhältnissen im Staat seien im Klassenraum tabu gewesen, sagt er. Gleichzeitig habe das Religionsstudium Fragen aufgeworfen, auf die die offizielle Geschichtsschreibung keine Antworten bereithielt. Er habe sich irgendwann gefragt, wie und wann die Uiguren eigentlich Muslime geworden seien. «Die Lehrer haben dann gesagt, wer mehr darüber erfahren will, kann nachher zu mir kommen», erinnert er sich. In solchen informellen Runden habe man dann mehr über die uigurische Geschichte lernen können. Über aktuelle politische Verhältnisse oder gar über die Unabhängigkeit der Region sei aber niemals gesprochen worden. Auch im liberaleren Klima der 1980er-Jahre hatten die Behörden ein strenges Auge auf alles, was die Herrschaft Pekings über die Region infrage stellen könnte. Möglicherweise hatte sich Yüsüp, der insgesamt eineinhalb Jahre an der Schule verbrachte, aber auch einfach nicht genug Vertrauen erarbeitet, um auch über solche heiklen Fragen zu diskutieren. Denn Abdulkadir Yapchan behauptet, immer wieder Schüler um sich versammelt zu haben, die dann auch über das große politische Tabu, die Unabhängigkeit der Region, sprachen.

Als Fünfzehnjähriger, 1973, hatte Yapchan versucht, Waffen aus der lokalen Polizeistation zu stehlen. Gemeinsam mit einer Gruppe Klassenkameraden plante er einen Guerillakrieg gegen den chinesischen Staat. «Der Widerstand gegen China lag mir im Blut», brüstet sich Yapchan, der heute in Istanbul im Exil lebt. Sein Vater sei Soldat im Dienst der zweiten Republik Ost-Turkestan gewesen, ihm eiferte der Sohn nach. Doch der versuchte Waffendiebstahl scheiterte, die Mittelschüler-Guerilla flog auf. Trotz seines jugendlichen Alters kam Abdulkadir Yapchan für mehrere Jahre ins Gefängnis. Dort lernte er Abdulhakim Makhsum kennen, der den Jugendlichen unter seine Fittiche nahm. Der Geistliche saß seit vielen Jahren im Gefängnis, wo er seine Zeit dem Religionsstudium widmete. «Vor dem Gefängnis hatte ich keine Ahnung von der Religion», sagt Yapchan. Doch der ältere Gelehrte bekehrte ihn zum frommen Muslim. Nach der Amnestie 1979 blieb Yapchan bei ihm und wurde zu einer Art persönlichem Assistenten: «Ich half ihm in Alltagsangelegenheiten und geschäftlichen Dingen, begrüßte seine Gäste und reichte ihm das Wasser bei den Waschungen vor dem Gebet», erzählt er. «In unserer Tradition erweisen wir so dem Älteren Respekt.»

Als die Schule nach dem Baren-Aufstand aufgelöst wurde, verschwand Abdulkadir Yapchan erneut für sechs Jahre hinter Gittern, so wie eine ganze Reihe anderer Studenten. Auch Yüsüps ehemaliger Nachbar Hasan wurde verhaftet. Die restlichen Koranschüler wurden nach Hause geschickt. Yüsüp Ismail erzählt, er sei zunächst zwei Wochen in Polizeigewahrsam genommen und schließlich an seinem Elternhaus abgeliefert worden. Doch die Nähe zu mutmaßlichen Feinden des chinesischen Staates rückte ihn nun ins Visier der Behörden. Er landete auf einer schwarzen Liste religiöser Personen. Die nächsten zwei Jahrzehnte verbrachte er zwischen Versuchen, sich ein geregeltes Leben aufzubauen, Hilfsdiensten für die Militanten und wiederholten Verhaftungen.

Gewalt und Gegengewalt:
Die Hart-Zuschlagen-Kampagnen

Baren war der Auftakt zu einer Gewaltwelle, die sich die gesamten 1990er-Jahre hindurch fortsetzte. 1992 explodierten in zwei Bussen in Ürümchi Sprengsätze; weitere Bombenanschläge folgten. Zahlreiche regimetreue Geistliche wurden ermordet. China reagierte auf die Unruhen mit harter Hand. Ein geleaktes Dokument aus dem Jahr 1996 zeigt, wie drastisch die Repression ausgeweitet wurde. «Dokument Nummer sieben» ist das Papier überschrieben, das in Peking auf oberster Ebene verabschiedet wurde. Gefängnisse und Arbeitslager sollten ausgebaut werden. Ein Netz von Spitzeln sollte die uigurische Gesellschaft durchziehen, die Kontrolle über die Moscheen verstärkt werden. «Illegale religiöse Aktivitäten müssen verhindert werden», heißt es in dem

Seit den 1990er-Jahren eskalierte in Xinjiang die Gewalt. Auf Unruhen und Anschläge folgte stets die Ankündigung, «hart zuzuschlagen». Je länger der Konflikt andauerte, desto martialischer traten Polizei und Armee auf. Die paramilitärische «Bewaffnete Polizei» (hier 2014 in Ürümchi) erinnerte in Xinjiang tatsächlich eher an eine Bürgerkriegsarmee als an eine Polizeitruppe.

Papier. «Religiöse Untergrundschulen, Kung-Fu-Schulen und Koran-Studiengruppen müssen aufgelöst werden. Jeder einzelne Student in den illegalen Schulen ist zu registrieren und eng zu überwachen.»

Zu dem gewünschten Ergebnis führte die «Hart-Zuschlagen-Kampagne», wie solche Crackdowns in China heißen, nicht. 1997 explodierten erneut Sprengsätze in öffentlichen Bussen in Ürümchi. Und in Ghulja kam es im gleichen Jahr zu einem großen Aufstand. Die Regierung hatte versucht, ein Verbot spontaner Versammlungen, sogenannter Meshreps, durchzusetzen. Bei dieser traditionellen Form der Unterhaltung versammeln sich meist junge Männer auf Plätzen, um zu tanzen, zu singen, Gedichte vorzutragen oder auch zu diskutieren. Der chinesische Staat hatte offenbar den Verdacht, dass auf diesen Versammlungen auch subversive Inhalte weitergegeben wurden. Ein bekannter Ausrichter solcher Meshreps wurde verhaftet und starb kurz darauf im Gefängnis. Es kam zu Protesten, die schnell zu Straßenkämpfen eskalierten und von der Polizei brutal niedergeschlagen wurden. Uiguren sprechen davon, dass die Polizei mit tödlicher Gewalt gegen die Demonstranten vorging. Die chinesische Regierung stellt die Vorfälle als von außen gesteuerte Chaostage dar, in der gewaltbereite Extremisten auf Verwüstungstour durch die Stadt gezogen seien und wahllos Geschäfte und Passanten angegriffen hätten. Offiziell kamen bei den Unruhen sieben Menschen ums Leben, zweihundert wurden verletzt. Auf die Ausschreitungen folgten erneut Razzien und eine Verhaftungswelle.

So ähnlich ging es die nächsten zwei Jahrzehnte weiter. Kleine oder größere Gewaltakte von Uiguren riefen eine harte Reaktion des Staates hervor, auf die weitere Gewaltakte folgten. Teile der uigurischen Jugend radikalisierten sich immer mehr, und auch der chinesische Staat wurde immer unbarmherziger, die Rhetorik wurde martialischer, die Maßnahmen drakonischer. Am

Ende saßen in den Gefängnissen unzählige junge Männer, deren Hass auf den chinesischen Staat in der Haft weiter wuchs.

Als ich 2018 in Aksu beim Filmen eines Lagers festgenommen wurde, übergab mich die Polizei in die Hände der lokalen Propagandabehörde. Zwei Beamte hatten nun die Aufgabe, mich Tag und Nacht zu begleiten (zur Sicherheit folgten uns noch drei bis vier Polizeibeamte in einigem Abstand). Die Beamten ignorierten meine Fragen nach dem Lager. Ich ignorierte ihre Fragen nach meinen Kontakten in der Region (die ich gar nicht hatte, denn für jeden Uiguren war es längst zu gefährlich geworden, mit Ausländern in Kontakt zu stehen). Dennoch konnten wir vorsichtig miteinander reden. «Weißt du», sagte einer der beiden Beamten schließlich in resigniertem Tonfall zu mir, «die Regierung hat so viel versucht, um das Terror-Problem zu lösen. Jetzt versuchen sie es eben so.» Er hatte recht. Die Regierung hatte tatsächlich viel versucht, nur eben immer dasselbe. Dementsprechend war auch das Ergebnis immer dasselbe.

Die Vorstellung, dass die Aufsässigkeit der Einheimischen nur mit harter Hand unter Kontrolle zu bringen sei, mag durch die Überheblichkeit des Han-chinesischen Staats den anderen Volksgruppen gegenüber verschärft worden sein. Sie ist aber auch eine Kernüberzeugung der Kommunistischen Partei. Auch in Innerchina reagiert sie brutal auf jede Herausforderung ihrer Macht. Seit 1989 gilt in der Partei das oberste Prinzip, Unzufriedenheit und Proteste niemals so groß werden zu lassen, dass sie ihre Herrschaft ernsthaft gefährden könnten. Damals trieben Studentendemonstrationen auf dem Tian'anmen-Platz in Peking die Partei erst wochenlang vor sich her, bis diese sie schließlich brutal niederschlagen ließ. Deng Xiaoping, damals die graue Eminenz der Partei, ordnete den Schießbefehl aus dem Hintergrund an. Doch gleichzeitig sorgte der alte Mann energisch dafür, dass die Wirtschaftsreformen, die er begonnen hatte, nicht gemeinsam mit der politischen Freiheit beerdigt wurden. China erlebte einen nie gekannten Wirtschaftsboom, und der eröffnete auch der frustrierten Studentengeneration neue Chancen. Die meisten Chinesen verstanden: Für den wirtschaftlichen Wohlstand ist der Preis des Schweigens zu bezahlen.

In Xinjiang verfing diese Strategie nicht. Auch dort hat die Regierung immer wieder Wirtschaftsförderungsprogramme aufgelegt. In den offiziellen Reaktionen der Parteiführung auf die blutigen Ereignisse der letzten Jahrzehnte, in den Grundsatzreden zur Stabilität der Region und zur Terrorbekämpfung fehlt nie der Hinweis, dass wirtschaftliche Entwicklung eine Voraussetzung für die langfristige Stabilität der Region sei. Und tatsächlich hat China viel in die Region investiert, hat Geld von den reichen Küstenregionen in den ärmeren Westen umgeleitet. Wer heute durch Xinjiang fährt, rollt auf gut ausgebauten Straßen. Die Innenstadt von Ürümchi zieren gläserne Wolkenkratzer. Darin unterscheidet sie sich kaum von anderen Städten in China.

Doch das Misstrauen des Staates gegenüber den Minderheiten führte dazu, dass das diskriminierende System in all den Jahren, in denen der Staat Milliarden von Yuan nach Xinjiang pumpte, nie angetastet wurde. Im Gegenteil, der Staat sorgte dafür, dass insbesondere die Regionen besonders profitierten, in denen viele Han siedelten. Wie bereits in den fünfziger Jahren saßen Han auf den Leitungsposten der vielen neuen Infrastrukturprojekte, kamen Han aus Innerchina in die Region, um von den Geldflüssen zu profitieren. Das Wagnis, die Uiguren substanziell an den Entscheidungen teilhaben zu lassen, ging der chinesische Staat nie ein. Viele Firmen scheuten sich, Uiguren einzustellen. So behielten viele das Gefühl, dass der neue Wohlstand nicht ihnen zugute kam.

Zwar war auch eine neue uigurische Mittelschicht entstanden, vor allem Händler und Geschäftsleute. Doch gemessen an der ui-

gurischen Bevölkerung war sie deutlich kleiner als die Mittelschicht in anderen Teilen Chinas. So blieb trotz steigender Wirt-
schaftsdaten die Unzufriedenheit verbreitet. Und je länger die
Politik der harten Hand andauerte, desto mehr Uiguren kamen
mit ihr in Berührung. Auch assimilierte Uiguren erlebten willkürliche Ausweiskontrollen. Tatsächlich machte der Staat immer
klar, wo seine Prioritäten lagen. Nicht Teilhabe hatte Vorrang,
sondern Ruhe. An Wänden in Xinjiang kann man bis heute die
Parole *Wending yadao yiqie* lesen – «Stabilität übertrumpft alles».
Sie stammt von Deng Xiaoping, dem Architekten dieser Doppel-
strategie aus Wachstum und Unterdrückung.

Nach 9/11: Krieg gegen den Terror

Obwohl das chinesische Regime Medressen und Moscheen als
potenzielle Unruheherde ausmachte, die Überwachung von religiösen Persönlichkeiten verstärkte und schwarze Listen von Koran-
schülern führte, ist in offiziellen Verlautbarungen der neunziger
Jahre kaum die Rede von Islamismus oder religiösem Extremismus. Zu der Zeit war islamistischer Terror bereits ein globales
Phänomen. In Algerien entflammte ein Bürgerkrieg zwischen
Islamisten und dem staatlichen Establishment. In Vorortzügen
und U-Bahn-Stationen in Paris kamen 1995 mindestens acht
Menschen bei einer islamistischen Anschlagsserie ums Leben.
Die ganzen 1990er hindurch ermordeten Fanatiker immer wie-
der Touristen in ägyptischen Urlaubsorten. Doch die chinesische
Propaganda stellte keine Verbindung zwischen diesen Ereignis-
sen und der Gewalt in Xinjiang her. Vermutlich gab es sie auch
nicht. Die Rebellen in Xinjiang verstanden sich zwar als religiöse
Kämpfer, sie beriefen sich aber eher auf den Scharia-Staat von
Yaqub Beg, auf die Republik Ost-Turkestan und die antichine-
sischen Aufstände der dreißiger und vierziger Jahre als auf den

globalen Dschihad. Der chinesische Staat vermutete eine andere «schwarze Hand» hinter der Gewaltwelle. «Internationale konterrevolutionäre Kräfte, die von den USA angeführt werden und offen separatistische Aktivitäten unterstützen», steuerten die Unruhen und Anschläge, heißt es im Dokument Nummer sieben.

Das änderte sich 2001. Nach den Anschlägen vom 11. September auf das World Trade Center in New York und das Pentagon in Washington rief der amerikanische Präsident George W. Bush den «globalen Krieg gegen den Terror» aus. China witterte nun die Möglichkeit, der Unterdrückung der Uiguren auch international Legitimität zu verleihen. Peking versprach Washington Unterstützung in diesem Kampf gegen den Terror, und die USA erkannten an, dass auch China ein Terrorproblem habe. Eine militante uigurische Gruppe in Afghanistan schien die Verbindung zwischen den World-Trade-Center-Attentätern von Al-Qaida und den uigurischen Aufständischen zu bestätigen. Der Gründer dieser Gruppe war ein alter Bekannter von der Koranschule in Kargilik. Hasan Makhsum, dem der junge Yüsüp damals an die Schule gefolgt war, hatte eine Reihe militanter Uiguren um sich versammelt. Sie nannten sich East Turkistan Islamic Party (ETIP) und lebten im Norden Afghanistans. Die USA nahmen die Gruppe 2002 in ihre Liste der terroristischen Organisationen auf. Seltsamerweise führen sowohl die USA als auch China die Gruppe aber unter falschem Namen. In offiziellen Dokumenten heißt sie stets East Turkistan Islamic Movement (ETIM) und nicht East Turkistan Islamic Party wie in den eigenen Propagandamaterialien. Das ist rätselhaft, denn eine Verwechslung liegt wohl nicht vor. Es gibt keine Spuren einer Gruppe, die sich East Turkistan Islamic Movement genannt hat. Dennoch schreibt China bis heute fast jeden Gewaltakt dieser ETIM zu. Sie wird nach wie vor von den Vereinten Nationen auf der Terrorliste geführt, die USA strichen sie erst 2020 – auf dem Höhepunkt der Repressionskampagne gegen die Uiguren – von ihrer eigenen Liste.

Hasan Makhsum war nach der Auflösung der Schule 1990 verhaftet worden und für mehrere Monate im Gefängnis verschwunden. Nach seiner Freilassung ging er zurück in sein Heimatdorf bei Kashgar. Er bekam die strenge Auflage, das Dorf nicht zu verlassen. Doch dort versammelte Makhsum jetzt selbst Schüler um sich. «Öffentlich predigte er die Religion. Aber wenn er mit zwei, drei Studenten zusammen war, denen er vertraute, dann sprach er über bewaffneten Widerstand», erinnert sich Abdulhamit Uyghur, einer dieser Schüler. Immer mehr wütende junge Männer scharte Hasan Makhsum um sich, mit denen er den Kampf gegen den chinesischen Staat plante. «Die älteren Religionsgelehrten warnten uns. Sie sagten: Ihr könnt mit einem Ei keinen Stein zerschlagen», erinnert sich Yüsüp Ismail. «Doch wir wollten unbedingt etwas tun.» Zu viel mehr als wütenden Reden kam es damals wohl aber nicht. Hasan Makhsum wurde wenig später erneut verhaftet und verschwand für weitere drei Jahre im Gefängnis.

Als er freikam, schmuggelten ihn seine Anhänger gemeinsam mit seinem ehemaligen Lehrer Abdulkadir Yapchan aus dem Land. Beide setzten sich zunächst nach Saudi-Arabien und Pakistan ab. Hasan Makhsum bildete im Afghanistan der ersten Taliban-Herrschaft eine Aufständischentruppe; es gibt Videos, die die Mitglieder bei Schießübungen mit Kalaschnikows zeigen. Aber ob die Gruppe tatsächlich in der Lage war, Terrorakte in Xinjiang zu organisieren oder ein weltweites Netz zu spannen, ist fraglich. Zweiundzwanzig Uiguren, die sich damals in Afghanistan und Pakistan aufgehalten haben, wurden nach dem amerikanischen Einmarsch in Afghanistan gefangen genommen und nach Guantanamo gebracht. Dort verbrachten sie Jahre. Am Ende kamen die USA aber zu dem Schluss, dass von ihnen keine Gefahr ausgehe, und schoben sie nach Albanien ab. Hasan Makhsum selbst wurde 2003 bei einer Anti-Terror-Operation des pakistanischen Militärs getötet.

Abdulkadir Yapchan lebt heute in Istanbul als Prediger, Geschäftsmann und politischer Aktivist. Wie eng er mit Makhsums Gruppe verbunden war, sagt er nicht. Aber auch er ist seitdem ständig im Dienst des Kampfes gegen China unterwegs. Er unterhält ein Büro im Istanbuler Stadtteil Sefaköy, wo sich die weltweit größte Gruppe uigurischer Exilanten niedergelassen hat. Dort sitzt er an einem riesigen Konferenztisch, eine grüne Doppa, die traditionelle uigurische Kappe, auf dem Kopf. Er redet meist mit einem feinen Lächeln um die Mundwinkel, dann plötzlich wird seine Stimme lauter und er hebt an zu einer wilden Tirade gegen China und die Han-Chinesen. China lässt Yapchan über Interpol suchen. 2016 wurde er von den türkischen Behörden festgenommen und in ein Abschiebegefängnis gebracht. Nach zwei Jahren und einem Urteil des türkischen Verfassungsgerichts kam er wieder frei. Auch Yüsüp Ismail lebt heute in Istanbul. Seine winzige Einzimmerwohnung, in der stets eine Teekanne aus Metall auf einer kleinen elektrischen Herdplatte köchelt, liegt nur einen Steinwurf von Yapchans Büro entfernt.

Die Verbindung, die die chinesische Regierung zum internationalen «Kampf gegen den Terror» herstellte, führte auch in China dazu, dass sich die Propaganda änderte. Nun wurde immer stärker der religiöse Charakter der Gewalt herausgestellt. Offiziell kämpfte die chinesische Regierung jetzt gegen «drei Übel»: Extremismus, Terrorismus und Separatismus. Diese drei «Tatbestände» werden bis heute fast wie Synonyme gebraucht: Wer besonders religiös ist, steht auch im Verdacht, die Einheit des Landes zu gefährden. Und umgekehrt wird jedem, der sich für mehr Autonomie einsetzt, vorgehalten, religiösen Extremismus und Terrorismus zu befördern. Die Repression wurde nach

2001 erneut massiv verstärkt. Und die breite Definition der Vergehen sorgte dafür, dass jetzt auch immer mehr Merkmale des Uigurisch-Seins in Verdacht gerieten.

In den 2000er-Jahren führte der Staat erste Maßnahmen zur Assimilierung der Uiguren und der anderen Minderheiten ein. (Kasachen und Kirgisen tauchen in der Chronologie der Gewalt in der Region kaum auf, doch der Terrorismus-Verdacht, unter den der Staat die Uiguren stellte, wurde mit der Zeit auf sie ausgeweitet.) An den Schulen wurde der Unterricht nach und nach auf Mandarin umgestellt. Der Staat sprach jetzt von «bilingualen Schulen», de facto wurde das Uigurische oder Kasachische mehr und mehr als Unterrichtssprache verdrängt. Auch die ungebildete ländliche Bevölkerung, die mit den Schulreformen nur bedingt zu erreichen war, nahm Peking ins Visier. 2006 führte der chinesische Staat ein Programm ein, das junge Uiguren als Arbeiter in chinesische Fabriken schickte. Die Regierung stellte das Programm als wirtschaftliche Fördermaßnahme dar; sie wolle so die hohe Arbeitslosigkeit in der Region bekämpfen. Doch viele Uiguren warfen den Behörden vor, Familien unter Druck zu setzen, ihre Söhne und Töchter an diesen Programmen teilnehmen zu lassen. «In Wirklichkeit war es eine Art der Zwangsarbeit», ist Adil Alim überzeugt, der damals als Student in Ürümchi gegen das Programm protestierte. Eine Studie der Akademie für Sozialwissenschaften Xinjiang, viele Jahre später erschienen, bestätigt seinen Verdacht (s. S. 196).

Ausschreitungen in Shaoguan und Ürümchi 2009

Im Zusammenhang mit dieser Arbeitsverschickung explodierte 2009 die Gewalt in der Region. Ende Juni kam es in Shaoguan in der südostchinesischen Provinz Guangdong zu Zusammenstößen zwischen Han-chinesischen und uigurischen Arbeitern. Etwa achthundert Uiguren aus der Gegend um Kashgar waren durch das Arbeitstransfer-Programm in eine Spielzeugfabrik in Shaoguan vermittelt worden. Sie arbeiteten dort gemeinsam mit sechzehntausend Han-chinesischen Wanderarbeitern.

Im Juni machte das Gerücht die Runde, Uiguren hätten zwei Arbeiterinnen vergewaltigt. Einige Han-chinesische Arbeiter wollten Rache für diesen vermeintlichen Vorfall nehmen. Rund um die Wohnheime der Uiguren kam es zu brutalen Ausschreitungen. Nach offiziellen Angaben wurden zwei Uiguren bei den Unruhen getötet. Die angebliche Vergewaltigung bestätigten die Behörden dagegen nicht. Es gebe keine Hinweise, dass diese stattgefunden habe, hieß es klar.

Journalisten, die später vor Ort recherchierten, fanden Han-chinesische Anwohner und Arbeiter trotzdem überzeugt, dass es die Vergewaltigung gegeben hatte. Die Regierung vertusche sie aus Angst vor ethnischen Spannungen, glaubten sie. Belastbare Informationen hatte aber niemand. Keiner kannte die angeblichen Opfer oder hatte auch nur ihren Namen gehört.

Auch in uigurischen Internetforen glaubte man, die Regierung vertusche die Wirklichkeit, aber in einem anderen Sinn. Hier ging man davon aus, dass das Ausmaß der Han-chinesischen Gewalt in der Nacht der Ausschreitungen viel größer war als offiziell zugegeben. Die Zahl der getöteten Uiguren liege weit über den beiden Fällen, die die Regierung eingestehe, raunte man sich zu. Listen mit Hunderten Menschen kursierten, die angeblich vermisst würden. Überprüfen lässt sich weder das eine noch das andere. Die Zensur hatte das Misstrauen auf beiden Seiten genährt.

Videos von dem Vorfall und Namenslisten der angeblichen Opfer verbreiteten sich in Xinjiang rasend schnell. Die Internetzensur in China war damals noch nicht so raffiniert wie heute, gerade wenn es um Informationen in uigurischer Sprache ging. Yakupjan Ukam, ein Doktorand in Istanbul, erinnert sich noch gut an Handyvideos von dem Zwischenfall, die damals die Runde machten. «Die Bilder, die dort kursierten, waren sehr verstörend», erzählt er. Yakubjan war damals sechzehn. Er wuchs in einem Dorf in der Nähe von Qumul (chin.: Hami) auf, weit weg von den konfliktreichen Gebieten im Süden. Gegenüber dem chinesischen Staat habe er damals keine besondere Abneigung gehegt. «Ich habe mich als Schüler eigentlich nicht unterdrückt gefühlt», sagt er. Doch die Videos aus Shaoguan hätten ihn aufgewühlt. «Sie lösten in mir eine wahnsinnige Wut aus.»

Der Vorfall wurde in Xinjiang schnell zum Katalysator für all die Unzufriedenheit, die sich unter Uiguren angesammelt hatte. «Die Wut über diese falsche Politik hatte sich seit Jahren angestaut», erinnert sich Adil Alim. «Wir wollten von der Regierung eine Erklärung, wie es zu der Gewalt kommen konnte.» Er war Mitglied einer Studentengruppe, die seit Längerem versuchte, das Unrecht, das das Arbeitstransfer-Programm ihrer Meinung nach darstellte, zu dokumentieren. «Zwei Tage nach dem Vorfall erhielten wir unsere Diplomzeugnisse», erinnert sich Adil. «Wir haben uns direkt nach der Zeremonie zusammengesetzt und einen offenen Brief geschrieben.» Für das darauffolgende Wochenende kündigten die Studenten eine Demonstration in Ürümchi an.

Am 5. Juli nachmittags zog Adil Alim mit einem Zug von seiner Uni los. Die Studenten verschiedener Universitäten hätten geplant, aus drei Richtungen auf den Platz des Volkes zu ziehen, erinnert er sich. Augenzeugenberichte, die von Menschenrechtsorganisationen zusammengetragen wurden, schildern zunächst friedliche Studentendemonstrationen auf dem Platz des Volkes und später in der Nähe des großen Basars, des Zentrums des uigurischen Teils von Ürümchi. Die Studenten hatten demnach Transparente auf Chinesisch und Uigurisch dabei, manche schwenkten chinesische Fahnen als Zeichen, dass es ihnen um Aufklärung ging, nicht um Umsturz.

Doch Alims Zug kam nie bis zum Platz des Volkes. An der Nanmen-Kreuzung habe die Polizei sie gestoppt, schildert er. «Sie standen in einer Reihe. Vor ihnen standen schon die Kameras des Staatsfernsehens.» Es gibt verschiedene Versionen dessen, was genau an dieser Kreuzung passierte. Klar ist aber, dass die Situation eskalierte und viele Demonstranten verhaftet wurden, darunter auch Adil Alim.

Daraufhin explodierte abends im Stadtzentrum die Gewalt. Ein uigurischer Mob zog los und ermordete Dutzende Han-chinesische Passanten. Ein Han-Chinese erinnert sich, wie er sich mit anderen während der Ausschreitungen in einem Gebäude verbarrikadierte. «Als wir schließlich spätnachts herausgelassen wurden, sahen wir überall Leichen herumliegen.» Zwei Tage nach den Ausschreitungen nahmen Gruppen von Han-Chinesen Rache und zogen mordend durch die uigurischen Viertel. Uiguren werfen der Polizei vor, sie habe dem Treiben tatenlos zugesehen oder sich sogar beteiligt. Adil Alim hat das nicht mehr mitbekommen. Er verbrachte Wochen im Gefängnis, schildert überfüllte Zellen und Folter. Dennoch kam er relativ glimpflich davon. Nach etwas mehr als zwei Monaten wurde er freigelassen. Später konnte er China verlassen.

Rebiya Kadeer, das internationale Gesicht der Uiguren

Vieles von dem, was damals in Ürümchi geschah, ist nie aufgeklärt worden. Zahlreiche ausländische Reporter reisten nach den Ausschreitungen in die Stadt, doch keiner wurde Augenzeuge der Ereignisse selbst. Später wurde es immer schwieriger zu berichten. In ganz Xinjiang wurde für mehrere Monate das Internet abgeschaltet. Deshalb existieren unter Han-Chinesen und Uiguren sehr unterschiedliche Erzählungen davon, was an diesem Abend und den darauffolgenden Tagen tatsächlich vorgefallen ist. In einem sind sich alle aber einig: Nach dem 5. Juli 2009 war Xinjiang nicht mehr derselbe Ort wie vorher. Die Sicherheitsbehörden rüsteten massiv auf. Schulen und Verwaltungsgebäude verschwanden hinter Stacheldraht und Mauern, Betonpoller und bewaffnete Wachleute sicherten jetzt ihre Eingänge. In den Straßen patrouillierte schwer bewaffnete Sonderpolizei, Panzerfahrzeuge wurden an strategischen Orten geparkt.

Die chinesische Regierung strickte sich schnell ihre Version der Ereignisse. Sie machte erneut feindliche Kräfte im Ausland verantwortlich. Diese hätten das Blutbad von langer Hand geplant und koordiniert, behaupteten die Staatsmedien. Als Hauptschuldige nannte die staatliche Propaganda Rebiya Kadeer (geb. 1946), die Vorsitzende des Weltkongresses der Uiguren.

Kadeer war in den neunziger Jahren eine erfolgreiche uigurische Unternehmerin, die im Textilhandel reich geworden war. Wahrzeichen ihres geschäftlichen Erfolgs war das «Rebiya-Haus» in Ürümchi, ein Einkaufszentrum. Als Vorzeigeunternehmerin war Kadeer Mitglied in der politischen Konsultativkonferenz des chinesischen Volkes, die jedes Jahr zeitgleich mit dem Nationalen Volkskongress, Chinas Parlament, tagt. In der Konsultativkonferenz sitzen Vertreter verschiedener gesellschaftlicher Gruppen. Offiziell beraten sie die Regierung, tatsächlich ist die Konferenz eher eine Showveranstaltung ohne realen Einfluss. Kadeers Fortüne begann sich zu wenden, als sie es wagte, vor diesem Gremium die Diskriminierung der Uiguren anzuprangern. Sie kam mehrmals ins Gefängnis und konnte schließlich 2005 auf Druck des Westens in die USA ausreisen. 2006 wurde sie zur Präsidentin des Weltkongresses der Uiguren gewählt, der größten uigurischen Exilorganisation. Kadeer war während ihrer Zeit in China und danach international bekannt geworden. Ihre Biografie von der erfolgreichen Geschäftsfrau zur Menschenrechtsaktivistin hatte ihr viel internationale Aufmerksamkeit beschert.

Anders als die Tibeter mit dem Dalai Lama hatten die Uiguren nie ein Gesicht, das sie vor der Weltöffentlichkeit repräsentierte. Kadeer war die Erste, die diese Rolle ausfüllen konnte. Nun schoss sich die chinesische Propaganda ganz auf sie ein. «Vielfältige Beweise zeigen klar, dass Rebiya Kadeer und der Weltkongress der Uiguren sowie andere ‹Ost-Turkestan›-Kräfte die Drahtzieher hinter den Kulissen sind. Sie haben die schweren Ausschreitungen und Gewalttaten in Ürümchi geplant, organisiert und angeleitet», schrieb die staatliche Nachrichtenagentur Xinhua. Die Kampagne gegen Kadeer in chinesischen Medien machte auch vor ihren Kindern nicht halt, die in China geblieben waren. Sie wurden im Fernsehen vorgeführt, wo sie Kadeer bezichtigten, diese habe sie zu Selbstmordanschlägen verführen wollen. Das «Rebiya-Haus» in Ürümchi wurde abgerissen. Und der «Kampf gegen den Terror» wurde erneut verschärft.

Freiheitskämpfer und Terroristen

«Des einen Terrorist ist des anderen Freiheitskämpfer.» So brachte der Terrorismusforscher Brian Jenkins einst lapidar auf den Punkt, wie schwierig es ist, zu definieren, was Terrorismus eigentlich ist. Das Satz wird oft zitiert und falsch ist er nicht. Dennoch muss natürlich jede Institution und jeder Staat, der sich mit politischer Gewalt und Terror auseinandersetzt, irgendwie definieren, was Terrorismus ist, müssen Anti-Terror-Gesetze benennen, was den Tatbestand ausmacht.

Diese Definitionen können recht weit auseinanderdriften. Nicht nur legt jedes Land andere Kriterien an, manchmal arbeiten sogar verschiedene Behörden desselben Staates mit sehr unterschiedlichen Terrorismus-Definitionen. Das US-Außenministerium etwa bezeichnet nur solche Akte als Terrorismus, die sich gegen Zivilisten richten. Das Verteidigungsministerium ist dagegen großzügiger. Dem Pentagon gelten auch Taten als Terroranschläge, die sich gegen staatliche Ziele richten. Gemeinsam haben aber fast alle Definitionen, dass Terroranschläge immer vorsätzlich und geplant sind. Spontane Ausbrüche von Gewalt – auch tödliche Ausschreitungen – sind nach fast allen gängigen Definitionen kein Terrorakt. Auch deshalb bestand die chinesische Regierung so sehr auf der wenig glaubhaften Darstellung, Rebiya Kadeer und exil-uigurische Organisationen hätten die Ausschreitungen von langer Hand geplant.

China hat erst 2015 in einem Anti-Terror-Gesetz definiert, was es unter Terrorismus versteht. Die Definition ist, wie nicht anders zu erwarten, sehr breit. «Vorhaben und Taten, die soziale Panik erzeugen, die öffentliche Sicherheit gefährden und Personen und Dingen Schaden zufügen», gelten als Terrorismus, wenn sie «durch Gewalt und Zerstörung verübt werden, um politische, ideologische oder andere Ziele zu erreichen». Unter diese Definition kann tatsächlich jede Art von Gewalt fallen, die in irgendeiner Art und Weise politische Ziele verfolgt oder aus einem Konflikt mit dem Staat entsteht.

Dabei haben manche der Gewalttaten, die in Xinjiang als Terrorakte gelten, eine erstaunliche Ähnlichkeit mit Gewaltausbrüchen, die auch in anderen Teilen Chinas immer wieder vorkommen. Der Blick auf ein paar Wochen im Herbst 2018 vermittelt uns eine Idee, wie häufig sich in China willkürliche Gewalt gegen Unbeteiligte Bahn bricht.

Im September fährt ein Mann seinen SUV in eine Menschenmenge in der Standt Hengyang in Hunan. Anschließend steigt er aus und greift Passanten mit einer Schaufel und einem Dolch an. Er ermordet elf und verletzt vierundvierzig Menschen, bevor er festgenommen wird. Sein Motiv laut Behörden: Der mehrfach vorbestrafte Mann habe «Rache an der Gesellschaft nehmen wollen». Einen Monat später ermordet ein Mann in Ningbo im Osten Chinas zwei Passanten mit einem Messer und verletzt sechzehn weitere. Die Behörden geben als Grund einen «persönlichen Konflikt» an. Dann, wenige Tage später, verletzt eine Frau mehrere Kinder, als sie mit einem Messer in einen Kindergarten stürmt. Und kurz darauf rast in Huludao im Nordosten Chinas ein Autofahrer in eine Gruppe Schulkinder. Fünf Kinder sind danach tot, neunzehn verletzt. In beiden Fällen macht die Polizei keine Angaben über das Motiv.

Solche Meldungen ploppen in China kurz auf, es gibt eine dürre Erklärung der Polizei. Eine eigenständige Berichterstattung ist den Medien im Allgemeinen nicht erlaubt. Deshalb erfahren wir meist wenig darüber, wie solche Amokläufe zustande kommen. Dabei gibt es Fälle, in denen die Täter klar im Konflikt mit dem Staat standen. Im März 2021 sprengte sich zum Beispiel im Städtchen Mingjing ein Mann in einer Behörde in die Luft, dabei brachte er sich selbst und vier Beamte um. Er lag mit der Dorfverwaltung im Streit um ein Immobilienprojekt, das die Lokalregierung dort ansiedeln wollte. 2020 lenkte ein Busfahrer in Anshun in Südwestchina einen Bus von einer Brücke. Der Bus stürzte in ein Wasserreservoir, einundzwanzig Passagiere kamen um. Videoaufnahmen zeigen, dass der Fahrer den Bus absichtlich in den Abgrund gelenkt haben muss. Später stellte sich heraus, dass die Behörden an dem Morgen begonnen hatten, sein Haus abzureißen.

Von uigurischen Tätern, die «Rache an der Gesellschaft» nehmen wollen, die aufgrund persönlicher Konflikte handeln oder deren Geisteszustand instabil ist, liest man in China nicht. Wann immer über uigurische Gewalttaten berichtet wird, erscheinen sie von langer Hand geplant und von dunklen Mächten organisiert. Dementsprechend reagiert der chinesische Staat auf jeden Ausbruch von Gewalt mit massiver staatlicher Gegengewalt, immer versucht er, Gruppen und Netzwerke zu identifizieren, die hinter den Gewalttaten stecken. Bewohner, die wie Yüsüp Ismail auf den Verdächtigenlisten standen, erzählen, dass sie bei jeder Hart-Zuschlagen-Kampagne erneut verhaftet wurden – manchmal blieben sie einige Tage in Gewahrsam, manchmal Wochen oder Monate. Mal wurden sie wieder entlassen, mal landeten sie vor Gericht.

Vor allem im Süden mit seiner religiösen und konservativen Bevölkerung ging nach den Ausschreitungen von Ürümchi eine erneute Repressionswelle durchs Land. Viele Uiguren erinnern sich an Razzien und daran, dass junge Männer nachts abgeholt und nie wieder gesehen wurden. Die Einwohnerkomitees identifizierten religiöse Familien, die sie unter Beobachtung stellten. Sie mussten jederzeit mit Kontrollen rechnen, in denen nach verbotenen Büchern gesucht wurde oder auch nach unregistrierten Kindern. Denn Verstöße gegen die Geburtenplanung konnten als Anzeichen von religiösem Extremismus gewertet werden.

Die Polizei gab spezielle Ausweise aus, die benötigt wurden, wenn man in andere Städte reisen wollte. Wer den Behörden als religiös galt, bekam diesen Ausweis nicht und durfte nicht mehr innerhalb der Region reisen, auch wenn es wohl Wege gab, dieses Verbot zu umgehen. Gleichzeitig nahmen Razzien und Verhöre zu. Auch von wiederkehrenden Verhaftungen berichten einige Bewohner. Besonders junge Männer verschwanden für Tage und Wochen auf Polizeistationen. Seifulla, der heute in der Türkei lebt, erinnert sich, wie heikel damals jeder religiöse Kontakt war. Er stammt aus einer Familie, die als religiös eingestuft wurde. Ein Onkel war Imam. Er selbst interessierte sich schon früh für die Religion, besuchte seit seiner Jugend Koranschulen. Seine Eltern, erzählt er, seien zwar nicht besonders gläubig gewesen, hätten ihn aber auch nicht an seinen Koranstudien gehindert. «Sie baten mich nur, vorsichtig zu sein», sagt er. Denn dass religiöse Kreise unter Beobachtung standen, hatte die Familie bereits erlebt.

Während der Olympischen Spiele, die 2008 in Peking ausgerichtet wurden, explodierten in seiner Heimatstadt Kucha (chin.: Kuche) mehrere Bomben vor Polizei- und Regierungsgebäuden sowie auf einem Markt. Seifulla war damals achtzehn. Die folgenden Razzien unter den frommen Familien hatte er gut in Erinnerung. Einige derer, die damals verhaftet wurden, kannte er. «Wenn jemand verhaftet wurde, war das ein finanzielles Unglück für die Familie. Dann wurden hohe Schmiergelder für die Polizei fällig.»

Dennoch beschloss Seifulla, seine Koranstudien fortzusetzen, besuchte Untergrundschulen in Hotan, Korla und Ürümchi. «Man musste sich seine Lehrer sehr sorgfältig aussuchen», sagt er. Die falschen Leute zu kennen, konnte schwere Folgen haben. «Manche lehnten es ab, in den offiziellen Moscheen zu beten, weil die Imame dort vom Staat zugelassen waren. Von diesen Leuten hielt ich mich fern.» Dennoch geriet er ins Visier der Polizei. Als er mit dem Bus zurück in seine Heimatstadt kam, wurde er direkt am Busbahnhof abgeholt. Acht Tage lang hielt man ihn auf der Wache fest, verhörte ihn, fesselte ihn an einen Tigerstuhl.

Auf der Wache bekam Seifulla auch einen Eindruck davon, welches Ausmaß die Verhaftungswelle angenommen hatte. In der Zelle der Polizeistation waren siebzehn Menschen untergebracht. «Ich traf Nachbarn wieder und auch meine Cousins», erinnert er sich. Weil sich sein Vater für ihn verbürgte, kam er frei. Doch nun stand er unter besonderer Beobachtung. In den Polizeidatenbanken wurde er als Gefährder eingestuft. Beim Einchecken ins Hotel oder beim Kauf von Zugtickets – wann immer er seinen Personalausweis vorzeigen musste, wurde die Polizei benachrichtigt. Einmal pro Woche musste er auf der Wache erscheinen. Dazu kamen unangekündigte Vorladungen, sobald in Xinjiang etwas passierte. Immer wieder wurden auch Bekannte verhaftet. Seifulla beschloss, China zu verlassen.

Exodus in die Türkei

Im Dezember 2013 reiste Seifulla nach Guangzhou in Südostchina, wo er sich auf die Suche nach Menschenschmugglern machte, die ihn aus dem Land bringen würden. Einen Pass konnte er mit seiner Personalakte nicht bekommen. Doch in Guangzhou – im Westen besser bekannt unter dem alten Namen Kanton – fand er schnell Mittelsmänner. Von da aus ging es in die Provinzen Yunnan oder Guangxi, die an Südostasien grenzen, und weiter über Thailand nach Malaysia. Das eigentliche Ziel der Flüchtlinge war die Türkei, die seit den sechziger Jahren großzügig Uiguren aufnahm.

Hatte man es bis Kuala Lumpur geschafft, konnte man am türkischen Konsulat auf einen Laisser-Passer warten, was allerdings lange dauerte. Die Botschaft stellte Uiguren Schreiben aus, die bestätigten, dass sie türkische Staatsbürger seien. Mit denen konnte man einen Flug nach Istanbul besteigen. Vor dem Konsulat bildeten sich lange Schlangen. Es konnte Monate dauern, bis man ein solches Reisedokument bekam. Die schnellere Variante war, sich einen falschen türkischen Pass zu besorgen. Damit konnte man dann versuchen, in die Türkei weiterzureisen. Dank gut geschmierter malaysischer Grenzbeamter konnte man in Kuala Lumpur ein Flugzeug nach Istanbul besteigen. Dort angekommen, gab man sich als Uigure zu erkennen und bekam meist eine temporäre Duldung.

Zwischen 2010 und 2016 verließen Zehntausende Uiguren China auf diesem Weg. Danach wurde die Route trockengelegt. Pressemeldungen vom März 2014 vermitteln einen Eindruck vom Ausmaß der Fluchtbewegung. Am 12. März 2014 griff die thailändische Polizei in der Nähe der malaysischen Grenze zweihundertzwanzig Uiguren auf. Wenige Tage später fanden Grenzschützer in der gleichen Gegend siebenundsiebzig weitere, die auf dem Weg nach Malaysia waren. Auf der malaysischen Seite wurden zeitgleich zweiundsechzig Uiguren festgenommen, zwölf weitere wurden in der Hauptstadt Kuala Lumpur aus einem überladenen Fahrzeug mit thailändischem Nummernschild geholt. Und eine Woche später gerieten im Osten Thailands hundertzwölf Uiguren in die Hände der thailändischen Behörden. In allen Gruppen waren mehr als die Hälfte der Festgenommenen Frauen und Kinder. Seifulla, Yüsup Ismail, Abdulhamit Uyghur und die anderen religiösen Uiguren, mit denen ich bei meinen Recherchen gesprochen habe, sind fast alle auf diesem Weg aus dem Land gekommen.

Kuala Lumpur wurde zu einem riesigen Wartesaal für Uiguren auf dem Weg in die Türkei. Yüsüp Ismail, der ehemalige Schüler von Kargilik, erinnert sich, wie er bei seiner Ankunft in Kuala Lumpur von einem Schleuser in eine Wohnung gebracht wurde. In dem Apartment waren fünfzig Menschen untergebracht. «Wenn man auf die Toilette wollte, musste man sich rechtzeitig anstellen», erinnert er sich. Wer Pech hatte, wurde inzwischen von der Polizei aufgegriffen und kam in ein Abschiebezentrum. «Dort durfte man auf keinen Fall sagen, dass man Uigure ist», erzählt Seifulla, der beim Versuch, mit einem falschen Pass auszureisen, aufflog und drei Monate in einem solchen Abschiebegefängnis verbrachte. «Wenn man zugab, dass man aus China kam, drohte die Abschiebung.» Seifulla konnte schließlich mithilfe der türkischen Botschaft ausreisen, die auch den Uiguren in den Abschiebezentren manchmal half. Er schätzt, dass mit ihm mehr als tausend Uiguren in dem überfüllten Camp einsaßen.

In Kuala Lumpur kamen die Flüchtlinge auch mit internationalen Dschihadisten in Berührung. Besonders aktiv war eine Gruppe, die sich Turkistan Islamic Party (TIP) nannte. Einige Uiguren erzählen, dass die TIP den Handel mit falschen Pässen weitgehend kontrollierte. Offenbar rekrutierte sie gezielt Kämpfer unter den Flüchtlingen. Die TIP ist die Nachfolgerin der Gruppe East Turkistan Islamic Party um Hasan Makhsum, der 2003 in Pakistan getötet wurde. Es scheint, als hätten sich dessen Anhänger nach seinem Tod noch eine Weile in Pakistan herumgetrieben. Später tauchten sie dann in Syrien auf. Die Gruppe produzierte zahlreiche Videos, in denen sie dem chinesischen Staat drohte oder Gewalttaten in Xinjiang feierte, auch wenn sie sich meist nicht direkt zu den Taten bekannte. Ihre Mitglieder predigten die islamistische Ideologie des Salafismus. Die chinesische Regierung führt die TIP weiter als ETIM (siehe S. 98) und schreibt ihr zahlreiche Gewalttaten in Xinjiang zu, bleibt aber Beweise dafür schuldig.

Klar ist, dass die Gruppe Kontakte zur internationalen Dschihadisten-Szene hatte. Die Flüchtlinge, die sie anwarb, fanden sich später häufig an der Seite der islamistischen Al-Nusra-Front im Syrienkrieg wieder. Viele derjenigen, die sich ihr anschlossen, erzählen übereinstimmend, dass ihnen versprochen worden sei, sie würden dort den Waffengebrauch erlernen, um später gegen China kämpfen zu können. «Wer über Südostasien floh, hatte gesehen, wie seine Verwandten und Freunde starben oder ins Gefängnis gingen», sagt Yüsüp Ismail. «Die meisten waren bereit zu kämpfen.» Mehrere tausend Uiguren zogen nach ihrer Ankunft in der Türkei direkt weiter in die Rebellenhochburg in Idlib in Nordsyrien. Viele der Syrienkämpfer siedelten sich sogar mit der ganzen Familie im Rebellengebiet an. Neben der TIP versuchte auch der Islamische Staat, unter den Uiguren zu rekrutierten. Er scheint insgesamt weniger Erfolg gehabt zu haben, aber auch ihm schlossen sich einige der Flüchtlinge an.

Eskalation in Innerchina

In Xinjiang eskalierte die Gewalt auch in diesen Jahren immer weiter. Berichte über Einflüsse der radikalen islamistischen Ideologien aus den Golfstaaten mehrten sich nun, auch wenn unklar bleibt, wie verbreitet sie tatsächlich waren. Der Terror griff schließlich auch nach Innerchina über. 2013 raste auf dem Tian'anmen-Platz in Peking ein SUV in eine Menschenmenge, tötete fünf Menschen und verletzte achtunddreißig. 2014 stürmte eine Gruppe schwarz gekleideter uigurischer Männer und Frauen den Bahnhof in der südwestchinesischen Stadt Kunming und metzelte mit Messern neunundzwanzig Menschen nieder. Es gibt Hinweise, dass die Attentäter von Kunming zu jenen gehörten, die versucht hatten, das Land zu verlassen, es aber nicht mehr über die Grenze schafften. Allerdings bleibt in beiden Fällen unklar, ob es über die Täter hinaus, die von der Polizei getötet wurden, noch weitere Mitwisser oder Drahtzieher gab. Die chinesische Regierung machte erneut ETIM verantwortlich.

Die Anschläge schreckten die Menschen in Innerchina auf. Der Konflikt war nun vor ihre Haustür gekommen. Und auch in Xinjiang eskalierte die Gewalt weiter. Im Juli 2014 kam es in Yarkand zu Zusammenstößen zwischen Polizei und Demonstranten, bei denen nach offiziellen Angaben fast einhundert Menschen umkamen. Die Regierung verschärfte die ohnehin schon ausufernde Hart-Zuschlagen-Politik weiter. «Wir werden hart und unbarmherzig, präzise und Furcht einflößend zuschlagen», kündigte der Parteisekretär der Provinz, Zhang Chunxian, 2014 an und rief einen «Volkskrieg gegen den Terror» aus. Die Regierung sprach nicht mehr von gezielten Schlägen gegen terroristische Organisationen (die ohnehin nie der Realität entsprachen), sondern nahm jetzt offen die uigurische Gesellschaft ins Visier. «Wir werden das Unkraut mit der Wurzel ausrotten», kündigte Zhang an. Kurz zuvor hatte der neue Generalsekretär Xi Jinping die Region besucht und von den örtlichen Kadern eine Verschärfung des Antiterrorkampfes verlangt. «Wir müssen beim ersten Anzeichen von Problemen zuschlagen», forderte er. «Mit eiserner Faust, umgehend und vernichtend.»

Meldungen dieser Zeit vermitteln einen Eindruck, was damit gemeint war. Kurz nach Zhangs Rede starben zweiundzwanzig Uiguren beim Beten in einem Privathaus durch Polizeikugeln, weil die Behörden vermuteten, sie bereiteten sich auf einen Anschlag vor. Tage später wurden mehrere Menschen erschossen, die die Polizei des Waffenbauens verdächtigte. Und sieben weitere wurden kurz darauf in einem Haus bei Yarkand getötet, wo sie sich «illegal versammelt» haben sollen. Das sind nur einzelne Einblicke in das, was damals im Süden der Region vor sich ging – alles Fälle, die von exil-uigurischen Journalisten dokumentiert und überprüft werden konnten. Auch Chinas offizielle Zahlen vermitteln ein Bild vom Ausmaß der Gewalt. Allein zwischen Mai 2014 und Mai 2015 will die Regierung einhunderteinundachtzig «Terrorgruppen» ausgehoben haben.

6. Nationalismus und Assimilierung

Im Juli 2021 ist die Kommunistische Partei Chinas hundert Jahre alt geworden. Das Jubiläum wurde mit einer großen Parade begangen, Flugzeuge und Hubschrauber flogen bunte Streifen in den Himmel, Soldaten marschierten auf, Schulkinder in roten Halsbinden und Gruppen von Parteimitgliedern wurden in ordentlichen Formationen auf dem Platz aufgestellt, jede Gruppe in einer anderen Farbe, sodass die Menschenmassen ein hübsches Muster bildeten. Die Teilnehmer schworen einen Eid auf die Partei, reckten kämpferisch ihre Faust in die Luft. Dann hielt der Vorsitzende Xi Jinping eine einstündige «wichtige Rede», wie es im Parteijargon heißt. Ein martialischer Satz jagte den nächsten. Die Kommunistische Partei habe das chinesische Volk vereint, «um blutige Schlachten mit unbeugsamer Entschlossenheit zu schlagen». Die Partei habe die Massen angeleitet, «das großartigste Kapitel in der jahrtausendealten Geschichte des chinesischen Volkes zu schreiben». Die Zeiten, in denen die chinesische Nation von anderen tyrannisiert und misshandelt worden sei, seien für immer vorbei. Ein guter Teil seiner Rede dreht sich um immer dasselbe Motiv: Einst wurde China gedemütigt, dank der Kommunistischen Partei ist es aufgestanden, heute ist es stark. «Wir werden niemandem mehr erlauben, uns zu quälen, zu unterdrücken oder zu unterwerfen. Wer auch immer das versucht, wird gegen eine Mauer aus Stahl prallen, die von 1,4 Milliarden Chinesen geschmiedet wurde.»

Mit den Zeiten, in denen «andere China misshandelt und tyrannisiert haben», meint Xi die Zeit nach dem ersten Opiumkrieg von 1840, als das chinesische Kaiserreich von den militärisch

Die Herrschaft der Kommunistischen Partei geht in der Propaganda Hand in Hand mit dem Wohlergehen und der Größe der chinesischen Nation. Chinesischen Kindern wird das von klein auf eingebläut: in der Schule und bei Ausflügen in eins der vielen Revolutionsmuseen, die an Orten historischer Schlachten oder von Parteikongressen stehen.

überlegenen Briten gezwungen wurde, den Import von Opium zuzulassen und ausländischen Mächten zu erlauben, in einigen Küstenstädten Vertragshäfen – de facto Kolonialgebiete – einzurichten. Das Kaiserreich befand sich wirtschaftlich und politisch im Niedergang. Die Opiumsucht nahm unter Chinesen epidemische Ausmaße an. Als das Kaiserreich kollabierte, brach ein Bürgerkrieg aus, der schließlich durch die grausame japanische Besatzung abgelöst wurde. Diese Epoche wird in China als «Jahrhundert der Demütigung» bezeichnet. Die Kommunisten pflegen dieses nationale Trauma als Teil ihrer nationalen Erzählung. Es endete in der offiziellen Geschichtsschreibung damit, dass die Kommunistische Partei die Macht übernahm und die imperialen Mächte vertrieb. Das ist historisch nicht ganz richtig. Mit Ausnahme Hongkongs und Macaos, die erst viel später folgten, hatten die westlichen Mächte ihre Pachtgebiete bereits nach der japanischen Kapitulation 1945 an die damalige nationalchinesische Regierung zurückgegeben. In den letzten Jahren vor der kommunistischen Machtübernahme litten die Chinesen vor allem unter dem erbitterten Krieg, den Kommunisten und Nationalisten gegeneinander führten.

Der Nationalismus der Kommunisten in China war immer schon ausgeprägter als in anderen kommunistisch regierten Staaten. Und je weiter sich das Land mit seiner massiven wirtschaftlichen Ungleichheit von den marxistischen Idealen entfernte, desto wichtiger wurde der Nationalismus. Insbesondere wenn die Macht der Kommunisten herausgefordert wurde, ließ die Partei den Patriotismus heißlaufen. Nach dem Massaker auf dem Tian'anmen-Platz 1989 reagierte der Staat als Erstes damit, Schulen und Universitäten zusätzlichen Unterricht in «patriotischer Erziehung» zu verordnen. Seitdem sind in mehreren Bildungsreformen die nationalistischen Inhalte in den Schulbüchern weiter verstärkt worden. Die Botschaft von Demütigung und Befreiung wird den Chinesen in der Schule, in zahlreichen Filmen, in Ausstellungen immer wieder in Erinnerung gerufen. Und auch im Erwachsenenalter hört die nationalistische Indoktrinierung nicht auf. Firmen, Parteizellen und Einwohnerkomitees organisieren Reisen zu den Gründungsstätten der Kommunistischen Partei, zu Orten historischer Schlachten. Die Grausamkeiten, die die Kommunisten im Lauf ihrer Herrschaft begangen haben, kommen in den Ausstellungen nicht vor. In der offiziellen Erzählung sind die Herrschaft der Partei und die chinesische Nation so eng

miteinander verflochten, dass Patriotismus und Parteitreue naht-
los ineinander übergehen. Wer Patriot ist, unterstützt die Partei.
Wer der Partei folgt, ist Patriot.

Gläsernes Herz: Chinesische Empfindlichkeiten

Wie sensibel das offizielle China und nationalistische Kreise sein
können, zeigt sich, wenn ausländische Firmen eine der vielen offiziellen chinesischen Sprachregelungen nicht einhalten. Hotel-
ketten und Fluggesellschaften, die Taiwan auf ihrer Webseite als
eigenes Land aufführen, bekommen den Zorn des nationalistischen Mobs ebenso zu spüren wie Sportler, die Unterstützung für
die Demokratiebewegung in Hongkong bekunden. Als Mercedes-
Benz einmal das Bild eines Autos auf Instagram zusammen mit
einem Kalenderspruch des Dalai Lama postete, brach ein solcher
Sturm der Entrüstung los, dass sich das Unternehmen zu einer
kriecherischen Entschuldigung veranlasst sah, um sein Chinage-
schäft zu retten. Der Dalai Lama gilt in China als Separatist und
Staatsfeind. Allein seine Erwähnung reicht schon aus, um Nationalisten aufzubringen, kräftig unterstützt von den Staatsmedien.
Den Kreuzgang des Konzerns wischte das Parteiorgan *Volkszeitung* einfach beiseite: Das sei nicht aufrichtig gewesen, befand die
Redaktion. Das Zitat, mit dem Mercedes-Benz den Zorn der Nationalisten auf sich gezogen hatte, lautete: «Betrachte eine Situation von allen Seiten und du wirst offener.»

Viel gehört nicht dazu, China zu «demütigen», wie ich gegen
Ende meines Aufenthalts selbst feststellen konnte. Im Juli 2021
berichtete ich über ein Hochwasser in der Provinz Henan, bei
dem viele Menschen ums Leben kamen – auch weil die Behörden
nicht rechtzeitig eine Unwetterwarnung herausgegeben hatten.
Plötzlich sah ich mich von einer wütenden Menge umringt. Einige schrien mich an, andere hielten mich fest, und ein besonders

aggressiver Mann versuchte, mir die Kamera aus der Hand zu reißen. Sie nannten mich Lügner, warfen mir vor, Gerüchte zu verbreiten und China zu diffamieren. Dann klärte sich die Situation auf: Sie hatten mich für den Korrespondenten der BBC gehalten, gegen den im Netz eine Kampagne lief. Die Kommunistische Jugendliga, die Jugendorganisation der Partei, hatte dazu aufgerufen, ihn ausfindig zu machen und zu konfrontieren. Man warf ihm vor, abschätzig über die Rettungsarbeiten berichtet zu haben. Videos von dem Zwischenfall verbreiteten sich im Netz. Schnell wurde ich dort unter meinem echten Namen zur Zielscheibe. Ich bekam Hunderte Hassnachrichten, auch Morddrohungen. Die Tatsache, dass ich über das Behördenversagen bei der Flut berichtete, wurde mir als «Anti-China»-Haltung ausgelegt – auch weil die Behörden die Bürger vor ausländischen Reportern gewarnt hatten. (Ich bekam aber auch viel Zustimmung von Menschen, die mir sagten, wie leid es ihnen tue oder wie froh sie seien, dass die ausländische Presse über solche Ereignisse berichtet; so etwas kam allerdings meist als persönliche Nachricht, nicht öffentlich.)

Das Netz ist kurzlebig. Nach drei Tagen schien die Aufregung vorbei zu sein, die Nachrichten flauten ab. Dann entschied das offizielle China, sich der Sache anzunehmen, und so wurde ich ins Außenministerium einbestellt. Auf Twitter hatte ich geschrieben, ich sei von einem «wütenden Mob» umringt worden. Das Wort Mob solle ich löschen, verlangte man von mir. Es sei nicht hinzunehmen, dass ich die Bürger, die ihrem gerechten patriotischen Zorn freien Lauf gelassen hätten, als «Mob» bezeichne. Zeitungen schrieben Leitartikel, in denen sie meine Wortwahl kritisierten, und die chinesische Botschaft in Berlin veröffentlichte eine Pressemitteilung dazu. Einen Monat lang wurde ich von mehreren Beamten immer wieder kontaktiert und zu langen Erörterungen über die Bedeutung des Worts Mob einbestellt.

Man drohte mir sogar, mein Visum zu entziehen. Am Ende ging es nur um dieses Wort, denn als Mob bezeichnet die Kommunistische Partei ihre Gegner. Dass diejenigen, die in ihrem Namen und Auftrag handelten (ein paar Geheimdienstbeamte waren ganz offensichtlich unter der Menge), als Mob bezeichnet wurden, hielt sie für extrem ehrabschneidend.

Seit Xi Jinping 2013 an die Macht gekommen ist, hat der Nationalismus noch einmal spürbar zugenommen. Die Überempfindlichkeit der Staatsmacht und ihrer Unterstützer, das ständige Bedrohungsgefühl ist heute deutlich präsenter als noch vor einigen Jahren. In keiner offiziellen Rede darf fehlen, dass das Land eine nationale Wiedergeburt erlebt. Immer wieder wird betont, wie selbstbewusst China sei und wie stark. Gleichzeitig werden schon kleinste Abweichungen von der offiziellen Ideologie als Angriff auf die Grundfesten des Landes dargestellt. Liberale Chinesen, die mit dem nationalistischen Brimborium nicht viel anfangen können, haben dem ständigen Beleidigtsein einen Namen gegeben. Sie sprechen vom «gläsernen Herz» der Nationalisten, das jederzeit zu zerbrechen droht. Im Lauf der letzten Jahre scheint dieses Glas immer dünner geworden zu sein. Die Anlässe, die zu einer solchen Verstimmung führen, werden immer geringfügiger. Dafür wird die Rhetorik immer schriller.

Diese Nationalisten sind natürlich nur ein besonders radikaler Teil der chinesischen Gesellschaft. Doch dass der Staat kaum gewillt ist, sich ihnen entgegenzustellen, ist augenscheinlich. Gegen die Nationalisten schreitet die Zensur nur sehr zögerlich ein. Deren Weltbild überschneidet sich mit dem Tenor der offiziellen Propaganda, die immer wieder das Gefühl beschwört, die Nation stehe vor einer existenziellen Bedrohung, vor der sie nur eine starke Partei bewahren könne. Immer schwingt in der Parteipresse die Botschaft mit, dass auf der Welt böse Mächte lauern, die nichts anderes im Sinn haben, als China zu schaden. Vor allem die USA werden immer wieder als dunkle Kraft dargestellt, die China seinen Aufstieg nicht gönnt. Jede Kritik an China oder an der Parteiherrschaft wird aus dieser Sicht zu einem Angriff auf die Nation. Ständig warnt die Propaganda vor Feinden im Innern, vor Verrätern und Spionen, die mit westlichen Mächten kollaborieren und den Zusammenhalt des chinesischen Volks bedrohen. Es gibt eine eigene staatliche Hotline, wo Bürger vermeintliche Spione melden können. Dass das gläserne Herz offensichtlich im Widerspruch zu der Stärke und dem Selbstbewusstsein steht, das die Propaganda im gleichen Atemzug beschwört, fällt nur einigen wenigen kritischen Intellektuellen auf.

Frauen als Schwachstellen im nationalen Gefüge

Welche bizarren Formen dieser Nationalismus annehmen kann, zeigt sich oft in Chinas sozialen Netzen. Im Sommer 2019 kursierte das Foto eines Fragebogens, den die Universität Shandong ausländischen Studierenden austeilte. Ausländer leben an chinesischen Unis getrennt von ihren chinesischen Kommilitonen, in ihren Wohnheimen sind die Verhältnisse meist etwas besser als in den chinesischen. Sie wohnen meist in Doppelzimmern, während in chinesischen Wohnheimen vier, sechs oder acht Studenten in Doppelstockbetten in einem Raum schlafen. Das führt immer wieder zu Neiddebatten, auch weil viele ausländische Studierende mit Stipendien der Regierung ins Land kommen. Der Vorwurf lautet, dass der Staat chinesische Steuermittel einsetze, um Ausländern ein «Luxusleben» zu ermöglichen. Und der erwähnte Fragebogen rief bei Chinas Nationalisten einen ungeheuerlichen Verdacht hervor.

Es ging um eine Selbstauskunft für ausländische Studierende, anhand derer die Uni chinesische Sprachpartner suchte, sodass beide gemeinsam die Sprache üben können. Die Ausländer soll-

ten so ihr Chinesisch verbessern und die chinesischen Studierenden ihr Englisch. Stein des Anstoßes in dem Fragebogen war,
dass die Studierenden angeben konnten, welches Geschlecht ihr
Gegenüber haben sollte. Dann fand jemand heraus, dass die Studenten sich auch mehrere Sprachpartner vermitteln lassen konnten. «Universität führt ausländischen Studenten bis zu drei chinesische Freundinnen zu», hieß es darauf im Netz. Einige Nutzer
behaupteten sogar (fälschlicherweise), dass chinesische Studentinnen gezwungen würden, an dem Lernpartner-Programm teilzunehmen, oder dass ihnen Punktabzug in den Examensnoten
drohe, sollten sie ablehnen, sich als Gespielinnen vermitteln zu
lassen. In Internetforen kursierten zahlreiche rassistische Memes.
«Du denkst, Aids und Ebola seien weit entfernt von dir, aber auch
in deiner Stadt gibt es ausländische Gaststudenten», war eine
Nachricht, die auf sozialen Kanälen geteilt wurde.

Der Universitätsleitung wurde plötzlich Kuppelei oder sogar
Förderung der Prostitution vorgeworfen. Noch drastischer aber
wurden die Studentinnen beschimpft und als Prostituierte und
Schlampen geschmäht. Nutzer warnten einander davor, sich mit
Frauen zu treffen, die an dieser Uni studiert hatten, denn die
seien mit hoher Wahrscheinlichkeit mit Aids oder Geschlechts-
krankheiten infiziert. Daneben kursierten diverse andere, sehr
erniedrigende Sprachbilder, die sie als beschädigt, untreu oder
verdorben darstellten. Ob sie an dem Programm teilgenommen
hatten oder nicht, war jetzt schon egal. Studentinnen berichteten,
dass vor den Frauenwohnheimen Fremde aufgetaucht sind, die
sie beschimpften. «Manche meiner Kommilitoninnen trauen sich
nicht mehr, Taxi zu fahren, weil sie die anzüglichen Witze der
Fahrer fürchten», schrieb eine Studentin in einem langen Text,
der kurzzeitig auf der Plattform *WeChat* nachzulesen war, bis die
Zensoren ihn entfernten. Die Universität musste die Sicherheits-
maßnahmen verstärken. Aber sie wagte es nicht, den offensicht-

lich an den Haaren herbeigezogenen Beschuldigungen zu widersprechen, sondern entschuldigte sich für den Fragebogen.

Die sexuelle Obsession, mit der die Fremden betrachtet werden, ist nicht nur in China typisch für nationalistische Ideologien. In der ganzen Debatte um die Fragebögen tauchte nie auch nur ein Gedanke an ausländische Studentinnen auf, die es in den Ausländerwohnheimen ja auch gibt. Die empörten User stellen sich sexualisierte Macho-Männer vor, die die einheimischen Frauen als Beute betrachten. Und diese erscheinen als leicht verführbar oder zumindest als zu schwach, sich gegen die Universitätsverwaltung zu wehren, die sie an die Fremden verkauft. So werden die chinesischen jungen Frauen als Schwachstelle im nationalen Gefüge gesehen, als Besitz, der unbedingt vor fremdem Zugriff zu schützen ist.

Nationalistische Klischees über ethnische Minderheiten

Auch die ethnischen Minderheiten stehen immer im Verdacht, einer der Schwachpunkte der Nation und ein Einfallstor für ausländische Mächte zu sein. Im chinesischen nationalistischen Diskurs sind die fremden Völker ungeachtet aller Rhetorik von der Einheit der Volksgruppen seit jeher eine Quelle von Gefahr und Unsicherheit. Insbesondere in Zeiten, in denen die nationalistische Paranoia besonders aufgepeitscht wird, wächst die Obsession mit den fremden Ethnien. Nicht zufällig nannte Maos Ehefrau Jiang Qing, die Anführerin der radikalen Roten Garden in der Kulturrevolution, die Uiguren «ausländische Eindringlinge und Fremde». Selbst Sun Yat-sen, der Republikgründer mit seiner Fünf-Völker-in-einer-Union-Ideologie, nannte die Nicht-Han «interne Ausländer». Welche Gefahr genau von ihnen ausgeht, variiert. Mal werden die ethnischen Gruppen als fremdartige Aggressoren gezeichnet, vergleichbar mit den ausländischen Studenten, die es auf die Chinesinnen abgesehen haben. Mal erscheinen sie als unreif und schwach, als jener Teil der Nation, der vor ausländischen Einflüssen geschützt werden muss. Darin ähnelt ihre Rolle dann den Studentinnen der Universität Shandong.

Ethnologen haben nachgewiesen, dass bestimmte Minderheiten in China eher mit weiblichen Klischees überzogen werden und andere eher mit männlichen Stereotypen. Abbildungen der kleineren Bergvölker im Südwesten des Landes zeigen zum Beispiel vorzugsweise Frauen in farbigen Trachten. Viele Han-Chinesen nehmen sich selbst als prüde und sexuell unterdrückt wahr. Mit gewissen ethnischen Minderheiten assoziieren sie Freizügigkeit, eine geradezu archaische unverdorbene Sexualität. Die Frauen dieser Völker gelten in der volkstümlichen Überlieferung als begehrenswert und exotisch. Findige Reisebüros nutzten zeitweise sogar dieses Klischee, um Touristen bei Touren durch Südwestchina Bordellbesuche als authentische Erfahrung der Minderheitenkultur zu verkaufen.

Andere Völker werden dagegen eher als maskulin empfunden. Tibeter und Mongolen gelten als Macho-Minderheiten. Sie werden als wild und Furcht einflößend dargestellt – manchmal schwingt Bewunderung für eine archaische Männlichkeit mit, die mit ihnen assoziiert wird. Ende 2020 verzauberte ein zwanzigjähriger Tibeter Chinas Internetgemeinde. Der Hirte Tenzin Tsondu – sein chinesischer Name ist Ding Zhen – hatte Videos von sich auf *Douyin* hochgeladen, dem chinesischen *TikTok*. Darin sprach Tsondu über sein Leben im Hochland. Er filmte sich beim Reiten und erzählte von seinem Ehrgeiz, die traditionellen tibetischen Pferderennen zu gewinnen. Das Netz drehte durch. «Seine Augen sind voller Sterne und so rein wie der blaue Himmel hinter ihm», schrieb eine Nutzerin. Und eine andere fragte: «Wie kann ein Mann so wild und doch so rein sein?» Tsondu hatte feine Gesichtszüge und ein hübsches Lächeln, aber seine windzerzausten Haare und die braun gebrannte Haut verliehen ihm im chinesischen Teenager- und Influencer-Kosmos mit seinen porzellanweißen Boygroup-Schönheiten etwas ungewöhnlich Authentisches. Chinas Netzgemeinde hatte für einen Moment ihren edlen Wilden gefunden.

Einige chinesische Männer erkannten in der Pferdejungen-Exotik aber auch die bedrohliche Virilität, die schon den imaginierten Gaststudenten der Shandong-Universität angedichtet wurde. Zum nächsten Trend in sozialen Netzwerken wurde das Schlagwort: #WarumHetero-MännerDingZhenverabscheuen. «Ich bin fleißiger als Ding Zhen, ich bin gebildeter als Ding Zhen, ich bin talentierter als Ding Zhen», heißt es in einem Post, der Hunderttausende Likes bekam. «Aber er braucht nur einmal seinen Mund mit den kleinen weißen Zähnchen aufzureißen und zu lächeln. Und schon sind die Mädchen ganz verzaubert und rufen: ‹Hier ist ja mein Prinz auf dem weißen Pferd.› Wir sind wütend, denn man hat uns gedemütigt.»

Wie die Tibeter erscheinen auch die uigurischen Männer in chinesischen Darstellungen häufig als sexualisierte Machos. Stärker noch als die Tibeter werden sie als bedrohlich wahrgenommen. Die Anwohner in Shaoguan, die 2009 die Geschichte von der Vergewaltigung der Fabrikarbeiterinnen ohne Wenn und Aber glaubten, sind ein tragisches Beispiel dafür. Wenn die Männer nicht als sexualisiert erscheinen, dann häufig als blutrünstig und brutal. Auch die Parteipropaganda bedient solche Klischees. «Wir dürfen diese Terroristen nicht ihre Messer gegen unsere Frauen, Kinder und unsere unschuldigen Menschen schwingen lassen», verkündete der damalige Parteichef von Xinjiang, Zhang Chunxian, im Jahr 2012 nach blutigen Zusammenstößen in der Stadt Kargilik.

Ganz anders die uigurischen Frauen. In Folkloredarbietungen werden sie als verführerisch dargestellt, als begehrenswert und sinnlich. Als Femme fatale des 18. Jahrhunderts verkörperte die «duftende» Prinzessin Iparhan, von der im 2. Kapitel die Rede war, diese exotische Erotik. Gleichzeitig haben die Reize der Uigurinnen in der Han-chinesischen Erzählung häufig etwas Gefährliches. «Uigurinnen sind als feste Freundin keine schlechte Wahl. Sie sind hübsch, einfühlsam, ehrlich und gutmütig, und sie kümmern sich gut um andere», schwärmt ein junger Han-chinesischer Parteikader, der eine Uigurin geheiratet hat. Sein Text «Wie man das Herz einer Uigurin erobert», kursierte zuerst in verschiedenen Chatgruppen, bevor er von einer bekannten nationalistischen Webseite übernommen wurde. Denn die Schwärmerei von der Warmherzigkeit und Schönheit der Uigurinnen geht bei ihm mit einer patriotischen Warnung einher: «Wie sehr du sie auch liebst, du musst an einem eisernen Prinzip festhalten: Sie muss das Vaterland und die Partei lieben.» Die Uigurinnen stehen wie die Studentinnen der Shandong-Uni unter Untreueverdacht gegenüber der Nation.

Der junge Parteifunktionär mag aus eigenen Motiven geschrieben haben. Doch sein Artikel liegt ganz auf Linie der staatlichen Propaganda. Die uigurische Frau ist in den letzten Jahren zu einem Objekt der offiziellen Politik geworden. Gemischte Ehen, in der Regel von Han-chinesischen Männern und uigurischen Frauen, werden vom Staat gefördert. Lokalzeitungen berichten über solche Heiraten, Parteikader schicken zu dem Anlass Glückwünsche mit Xi-Jinping-Zitaten. Gemischte Familien bekommen günstige Kredite. Im Jahr 2019 wurden Kindern aus gemischten Ehen sogar zusätzliche Examenspunkte gutgeschrieben, eine Maßnahme, die im Folgejahr aber wieder abgeschafft wurde. Auch der Parteikader verknüpft seine Schwärmerei mit der staatlichen Heiratspolitik. Er legt nahe, dass staatliche Stellen auch mit Zwang nachhelfen, sollte eine Uigurin die Avancen eines Han-chinesischen Mannes ablehnen. Von der Zurückweisung einer Uigurin und ihrer Familie solle man sich nicht irritieren lassen, schreibt der selbst ernannte Dating-Coach. Man solle dann die Einwohnerkomitees oder die Parteiorganisationen zur «Vermittlung» einspannen. «Lass dich von der Organisation unterstützen, sie wird die Verhandlungen führen.» Exotische Faszination und Misstrauen gehen ineinander über und führen direkt zu Zwang und Unterdrückung.

Rollenbilder von exotischen Frauen und wilden Männern kennen wir aus unserer europäischen Kolonialgeschichte. Sie finden sich in den Porträts leicht bekleideter Südseebewohnerinnen, die der Zivilisationsflüchtling Paul Gauguin malte. Zahlreiche schwülstige Gemälde aus dem 19. Jahrhundert sollen die Harems der türkischen Sultane darstellen, die die Künstler selbstverständlich nie gesehen hatten. Manchmal leben diese Fantasien heute noch in Namen von Bordellen weiter, die «Harem» oder «Pascha» heißen. Auch die Entsprechungen zu den dolchschwingenden Uiguren, von denen Zhang Chunxian spricht, finden sich in der europäischen Literatur. Etwa in dem bizarren Wiegenlied des russischen Dichters Michail Lermontow: «Der böse Tschetschene kriecht zum Ufer / Und schärft seinen Dolch / Doch dein Vater ist ein alter Krieger / Im Kampf gestärkt / Schlaf mein Kindchen, schlaf.»

Neben diesen etwas unheimlichen Rollen, die den anderen Völkern angedichtet werden, pflegt die chinesische Öffentlichkeit auch noch wohlwollendere Klischees der Minderheiten. Häufig erscheinen sie als kindliche, naive Seelen, die erst an die Zivilisation herangeführt werden müssen. Auch das erinnert an europäische koloniale Klischees. «Halb Teufel und halb Kind» nennt der britische Kolonialdichter Rudyard Kipling die kolonisierten Völker, die zu zivilisieren die «Bürde des Weißen Mannes» sei. Ähnlich sieht sich der Han-chinesische Staat als väterliche Figur, als strenger Lehrer oder älterer Bruder, der die unterentwickelten

Völker schützen und erziehen muss. *Minzu jiaoyu*, «ethnische Erziehung», heißt die Missionierung der Minderheitenvölker mit chinesischem Gedankengut im offiziellen Parteisprech. In einer Sammlung von Materialien, die das Bildungsbüro der Inneren Mongolei in den 1970er-Jahren herausgab, heißt es ganz unverblümt: «Um die mongolische Kultur zu bereichern, sollten die Mongolen von der fortgeschritteneren Kultur der Han und deren Erfahrung mit der Produktion lernen.»

Auch in Xinjiang betreibt der Staat die «Zivilisierung» der Minderheitenvölker durch die Han. 2014 hielt Xi Jinping eine Rede vor dem Produktions- und Aufbaukorps Xinjiang (siehe S. 75). Aufgabe des Korps sei es, alle Völker zu «einer zivilisierten Produktions- und Lebensweise anzuleiten», erklärte er. Das Korps, also die Organisation der Han-chinesischen Siedler, solle «kulturelle Führung» ausüben und so die «Einheit der Ethnien» fördern.

Das Vokabular, das Xi hier verwendet, ist nicht neu, Wortgirlanden wie «Einheit der Ethnien» ziehen sich seit Jahrzehnten durch die Papiere der Ethnopolitiker der Volksrepublik. Das Selbstverständnis der Han als kulturell überlegene Ethnie ist seit der Kaiserzeit dokumentiert und wurde – wenn überhaupt – auch unter den Kommunisten nur sehr dürftig verborgen. Maos rechte Hand Zhou Enlai etwa ermahnte die Han in den 1950er-Jahren zur Nachsicht mit den anderen Völkern: «Deren Rückständigkeit ist objektiv vorhanden, aber wir dürfen sie nicht als ihren Fehler betrachten, sondern als Ergebnis von wirtschaftlicher und kultureller Unterentwicklung.» Der Turbo-Nationalismus, dem Xi Jinping seit seinem Amtsantritt voll zur Geltung verhilft, hat nun die onkelige Gönnerhaftigkeit verdrängt, in die Zhou Enlai sein Han-chinesisches Überlegenheitsgefühl noch kleidete.

Offene Feindseligkeit: Die Anti-Halal-Aktivisten

Im Jahr 2018 fiel das chinesische Frühlingsfest auf den 16. Februar. Für Han-Chinesen ist das traditionelle Neujahrsfest der wichtigste Feiertag im Jahr. Zugtickets für diese Tage sind oft Monate im Voraus ausgebucht, denn viele Chinesen reisen zurück in ihre Heimatorte. Viele Wanderarbeiter sehen ihre Eltern und ihre schulpflichtigen Kinder, die in den Dörfern zurückgeblieben sind, nur dieses einzige Mal im Jahr. Großfamilien treffen sich, um tagelang zusammen zu essen und zu trinken. Junge Menschen wappnen sich für Dauerverhöre seitens der Verwandtschaft über Heiratsabsichten und Familienplanung. Es ist das größte Gemeinschaftsereignis im Leben chinesischer Familien.

Zwei Tage vor dem Fest, inmitten der großen Reisesaison, postete die Schauspielerin Rayzha Alimjan einen kurzen Kommentar im sozialen Netzwerk *Weibo*. «Obwohl ich dieses Fest nicht feiere, erfasst mich doch Heimweh», schrieb die Schauspielerin, die kasachische Wurzeln hat, aber in Peking geboren ist. Mit dem unschuldigen Satz stach Alimjan in ein Wespennest. Ihr Account wurde von einer Flut von Hassbotschaften überschwemmt. Dass die Kasachin öffentlich bekannte, den Feiertag der Han-Chinesen nicht zu begehen, empfand die nationalistische Netzcommunity als Provokation. Als chinesische Staatsbürgerin müsse sie chinesische Feiertage feiern, verlangte ein User. «Sie stellt die Religion über die Nation, das ist erschreckend», sekundierte ein anderer. Und ein weiterer Eiferer rief zu einem Boykott der Schauspielerin auf: «Wer die Feiertage der Han nicht feiert, soll auch nicht das Geld der Han verdienen.» Nicht alle Diskussionsbeiträge waren feindselig. Einige verteidigten die Schauspielerin: In China lebten eben nicht nur Han, oder: Es sei Privatsache, welche Feste man feiere. Doch solche Argumente gingen in der Aufregung weitgehend unter. Der «Skandal» hatte längst Wellen geschlagen, und Alimjans private Festtagsgewohnheiten waren zu einer Angelegenheit der nationalen Identität geworden. Staatsmedien griffen die Kontroverse auf. Und die Schauspielerin löschte alle ihre Posts und verschwand für einige Monate aus der Öffentlichkeit.

Ein derartiger Furor hat natürlich mit der Dynamik in sozialen Netzwerken zu tun. Doch er war auch das Ergebnis einer Kampagne gegen die ethnischen Minderheiten, die in nationalistischen Kreisen schon länger Fahrt aufgenommen hatte. Angefeuert durch die immer schrillere nationalistische Propaganda, nahmen *Weibo*-Nutzer insbesondere Muslime ins Visier. Sie sahen sich durch eine angebliche schleichende Islamisierung Chinas bedroht, eine «Halalifizierung», wie sie es nannten. Die Anhänger dieser Bewegung posteten unter anderem Bilder von Flugzeugmenüs, die als «halal» etikettiert waren, und verlangten, dass diese aus dem Sortiment genommen werden.

Halal-Produkte in Supermärkten oder Restaurants, die sich an die islamischen Ernährungsregeln halten, galten ihnen als Vorboten einer Unterjochung der Han durch die Muslime. Halal-Zertifikate vergibt in China der Staat. Damit müsse Schluss sein, forderten sie; dass der Staat den Muslimen helfe, nach ihren Regeln zu leben, galt ihnen als existenzbedrohend. «Das verletzt die Rechte der Säkularen», erklärte mir 2019 einer dieser Aktivisten in einem Online-Chat. «Vielleicht wird es am Ende keine Han-Kultur mehr geben.» Die Zensur, die bei unliebsamen Meinungsäußerungen schnell eingreift, lässt die Anti-Halal-Eiferer weitgehend gewähren, während liberale Stimmen im Netz zensiert werden. «*Weibo* ist kein Raum mehr, in dem wir uns äußern können», sagte der Dichter An Ran, ein muslimischer Hui, damals. Später wurde er für seine Kritik an der Unterdrückung der Uiguren verhaftet.

Die Anti-Halal-Aktivisten sind keine Underdog-Bewegung.

Eine ihrer Wortführerinnen ist Mitglied der Chinesischen Akademie der Wissenschaften. Die Marxismus-Professorin Xi Wuyi
hat 2,6 Millionen Follower auf *Weibo*. Mit ihnen teilt sie Videos
der westlichen Alt-Right-Bewegung, oder sie fordert sie auf, Restaurants zu melden, die Koransuren an der Wand haben. «Wer
den Vormarsch der Religion stoppt, schwächt das soziale Fundament des Terrorismus», erklärt sie. Mit ihren Kritikern geht sie
robust um. Als «Blutmaul» – ein chinesischer Ausdruck für Verleumder – beschimpft sie diejenigen, die ihr vorwerfen, Konflikte
zu schüren.

Professorin Xi ist eine besonders schrille Stimme unter Chinas
nationalistischen Akademikern. Doch mit ihren Ansichten ist sie
nicht allein. Bis weit in akademische Kreise hinein wird diskutiert, wie sich die Han gegenüber den Minderheiten stärker
durchsetzen können. Spätestens seit Mitte der 2000er-Jahre führen Akademiker eine Debatte darüber, ob der chinesische Staat
den Nicht-Han zu viel Toleranz entgegenbringe. Abduweli Ayup,
ein uigurischer Linguist, der damals an chinesischen Universitäten
lehrte, erinnert sich, dass auf Kongressen immer häufiger über
eine stärkere «Vereinheitlichung» der Ethnien diskutiert wurde.
Zunächst blieb die Diskussion auf kleine akademische Zirkel beschränkt, doch nach und nach zog sie immer weitere Kreise.

Assimilationspolitik und postsozialistisches Großmachtdenken

2011 verhalf ein Artikel in einer eigentlich wenig beachteten
Fachzeitschrift der Idee einer gezielten Assimilationspolitik zum
Durchbruch in der Öffentlichkeit. Die Autoren Hu Angang und
Hu Lianhe sind zwei Ökonomen und Staatstheoretiker, die enge
Kontakte ins System pflegen. Während Hu Lianhe über die Jahre
in parteinahen Think-Tanks Karriere machte, hat Hu Angang

eine beeindruckende Liste an Gastaufenthalten in den USA und anderen Ländern vorzuweisen. Eins seiner Bücher wurde sogar von der Brookings-Institution herausgegeben, einem der bedeutendsten Think-Tanks in den USA. Diese lobt ihn als «einen der einflussreichsten Intellektuellen Chinas».

Hu und Hu fordern in ihrem Artikel eine neue ethnische Politik für China. Es gebe zwei Arten, wie Vielvölkerstaaten mit ihren unterschiedlichen Volksgruppen umgingen, erklären sie. Das eine sei der «Schmelztiegel», in dem die verschiedenen Volksgruppen zu einem einheitlichen Staatsvolk mit einer gemeinsamen Identität fusionieren. Das andere Modell sei die «große gemischte Platte», wo die einzelnen Gruppen nebeneinander existieren, fein säuberlich getrennt wie die Speisen auf einem Vorspeisenteller. Neben den USA nennen sie Brasilien und kurioserweise auch Indien als Musterbeispiele für den «Schmelztiegel». Trotz geschätzter «1500 Volksgruppen» seien die USA eine einheitliche Nation, die nicht nach Herkunft, Ethnie und Religion getrennt sei, schreiben sie. «Jeder Bürger (mit einigen Ausnahmen für die indigenen Völker) ist ausschließlich Bürger der USA, niemand wird in politischen Ämtern, Wahlen oder Bildung diskriminiert oder gefördert. Keine Volksgruppe hat Anspruch auf bestimmte Territorien.» Die gemeinsame englische Sprache sorge für die Integration der Einwanderer.

Ähnlich wundersame Kräfte sehen die Hus in Brasilien am Werk, das sie schwärmerisch als «Integrationsparadies» bezeichnen. Hier würden Menschen nicht nach ihrer Herkunft unterschieden, sondern «eher nach körperlichen Merkmalen wie Hautfarbe, Haartextur oder Gesichtszügen oder auch sozialem Status». Zudem, behaupten sie, könnten Brasilianer der Diskriminierung durch sozialen Aufstieg entkommen. Nicht umsonst bezeichneten Brasilianer «reiche Schwarze als weiß und arme Weiße als schwarz».

Und schließlich Indien: Das Land habe nach der Unabhängigkeit ein indisches Nationalbewusstsein erschaffen – eine «indische Nation» und den «indischen Menschen». Die Regierung habe Hindi als Staatssprache etabliert und mit Geschichtsbüchern, Musik und Filmen die politische und kulturelle Identität der Bürger als Inder gestärkt. Großzügig gehen die beiden Hus über die Tatsache hinweg, dass Hindi bei Weitem nicht überall im Land gesprochen wird und dass in den indischen Bundesstaaten häufig die jeweilige Regionalsprache Verwaltungssprache ist. Auch die wiederkehrenden gewaltsamen Auseinandersetzungen, die Anschläge auf Moscheen, Sikh- oder Hindutempel und den gewaltsamen Konflikt um Kashmir erwähnen sie nicht. So können sie elegant zu dem Schluss kommen, dass «zwar objektiv betrachtet noch einige ethnische und religiöse Widersprüche existieren. Aber Indien hat nach und nach über die Jahre eine recht stabile Identität als ‹Indische Nation› erschaffen und so die territoriale Integrität und Sicherheit des Staates gestärkt.»

So euphorisch die beiden Hus die Integrationskraft des amerikanischen Traums und des indischen Nationalismus besingen, so hart gehen sie mit der «großen gemischten Platte» ins Gericht, die sie vor allem in den ehemals sozialistischen Staaten Osteuropas verorten. In der Sowjetunion mit ihren Autonomen Republiken und Gebieten und ihren Förderquoten habe der Staat die ethnische Identität auf Kosten eines einheitlichen sowjetischen Selbstbewusstseins gestärkt. «Solange die Kommunistische Partei in der Sowjetunion über eine starke Organisation und Kaderführung verfügte, die russische Sprache förderte, die Identität der Menschen als Sowjetbürger aufbaute und die Ideologie stärkte, konnte sie den ethnischen Nationalismus unterdrücken.» Als unter Gorbatschow die eiserne ideologische Hand verschwand, sei das Land demzufolge auseinandergebrochen. Ähnlich verstehen die beiden Hus die Kriege im zerfallenden Jugoslawien. Die

Volksgruppen hatten dort eigene Teilrepubliken, die wirtschaftlich unterschiedlich erfolgreich waren. Deshalb sei wirtschaftlicher Neid in ethnischen Hass umgeschlagen. Und auch die Tschechoslowakei gehört für sie in diese Reihe, die sich wegen des
Wirtschaftsgefälles zwischen Tschechien und der Slowakei aufgelöst habe.

Die beiden Hus schlussfolgern also wenig überraschend, dass
China sich von der «großen Platte» verabschieden müsse. Sie
wollen eine «ethnische Politik der zweiten Generation». Die Ethnie der Menschen solle aus dem Personalausweis gelöscht und
die autonomen Gebiete aufgelöst werden. Der Staat müsse Mandarin als «Nationalsprache» fördern, Paare sollten «angeleitet»
werden, gemischte Ehen zu schließen. Unterschiedliche Regeln
bei der Geburtenplanung sollten abgeschafft werden wie auch
Bonuspunkte im Examen. «Der Staat muss die Identifikation mit
den 56 Volksgruppen schwächen und das Bewusstsein für die
chinesische Nation stärken.»

Auch wenn sich das Papier der beiden Hus fast karikaturhaft
liest – die Debatte, die sie aufgreifen, wird nicht nur in China geführt. Manches an ihrer Analyse der Zerfallsprozesse Jugoslawiens und der Sowjetunion wird auch von westlichen Akademikern geteilt. Warum kämpften in Bosnien ausgerechnet drei
Volksgruppen so erbittert gegeneinander, die sich sprachlich und
kulturell so nah sind? Hatte das jugoslawische Proporzsystem
nicht die Konkurrenz zwischen den Gruppen erst erschaffen, die
in Gewalt umschlug, sobald der Staat verschwunden war? Und
ließ nicht eben die kleinteilige sowjetische Völkerpolitik den
Kaukasus nach 1991 explodieren, die einigen Völkern eigene Republiken zugestand, anderen hingegen nur weniger autonome
Gebiete? Warum war der Zerfall Jugoslawiens so blutig, während die Tschechoslowakei sich einvernehmlich und friedlich in
zwei einander freundschaftlich verbundene Staaten geteilt hat?

Alles Fragen, die berechtigt sind (und nicht ganz einfach zu beantworten).

Allerdings diskutieren westliche liberale Kritiker das Proporzsystem unter etwas anderen Vorzeichen als die beiden Hus. Sie
wägen die Vorteile individueller Rechte, wie sie in freiheitlichen
Systemen garantiert werden, gegenüber Kollektivrechten ab, wie
sie Proporzsysteme fördern. Der Staat tue besser daran, statt der
Kollektivrechte die individuellen Rechte der Bürger zu stärken
und so die Gleichbehandlung aller sicherzustellen, ist die Schluss-
folgerung.

Selbstverständlich kommt den beiden linientreuen Hus nicht
in den Sinn, für eine Lockerung der Parteiherrschaft und einen
Ausbau der individuellen Freiheitsrechte zu argumentieren. Tatsächlich erwähnen sie mit keinem Wort, dass sie drei demokrati-
sche «Schmelztiegel» drei diktatorischen «Vorspeisenplatten»
gegenüberstellen. Ihnen geht es um eine Stärkung des Zentralstaats und der Mehrheitsbevölkerung gegenüber den anderen
Volksgruppen. Die einvernehmliche und friedliche Scheidung
der Tschechoslowakei, die vielen im Westen als vorbildhaft gilt,
ist für die Hus ebenso ein Fehler wie die blutigen Trennungs-
kriege in Jugoslawien.

Größe und Zusammenhalt des Landes sind eine Obsession
chinesischer Nationalisten, die bis tief in die Gesellschaft hinein-
reicht. «Wenn China geeint war, ging es den Menschen gut, war
das Land gespalten, ging es den Menschen schlecht», so lautet
die Kurzform der Geschichte, die jedes Kind in China lernt. Nur
ein mächtiger Staat kann demnach für das Wohl des Volkes sorgen und nur ein großes Territorium garantiert diese Macht. Mit
kaum einem historischen Ereignis hat sich die Kommunistische
Partei Chinas deshalb so intensiv auseinandergesetzt wie mit
dem Auseinanderbrechen des Sowjetstaates. In Parteitagsreden
und Studiensitzungen wird das Ende der Sowjetunion als Nega-

tivbeispiel studiert und analysiert. Es schwebt ständig als Schreckensszenario über politischen Entscheidungen und rechtfertigt die zunehmende ideologische Härte. «Die sowjetischen Kommunisten eroberten die Macht mit 200 000 Mitgliedern, besiegten Hitler mit 2 Millionen und verloren die Macht mit 20 Millionen Mitgliedern. Niemand war Manns genug, aufzustehen und zu kämpfen», stellte Xi Jinping 2013 fest. «Warum? Weil sie ihre Ideale verloren hatten.»

Mit «Idealen» meint Xi nicht etwa die emanzipatorische und egalitäre Rhetorik der Kommunisten, sondern ihre autoritären oder sogar totalitären Herrschaftsmethoden. «Die Geschichte der Sowjetunion und der Kommunistischen Partei der Sowjetunion zu verleugnen, Lenin und Stalin zu verleugnen, war historischer Nihilismus. Er verwirrte das Denken und führte dazu, dass die Parteiorganisationen auf allen Ebenen nutzlos wurden.» Alles, was die vollständige Kontrolle des Parteiapparats infrage stellt, wird in diesem Weltbild schnell existenzbedrohend für den Staat – liberales Gedankengut ebenso wie der Wunsch nach Selbstbestimmung der ethnischen Gruppen. Die Konflikte am Rand des Reiches sind so gefährlich, weil sie den großen Staat schwächen und in seiner Ausdehnung bedrohen.

Chinas Herrscher teilen ihr Weltbild mit einem anderen Machthaber, der sich mindestens ebenso obsessiv mit dem Zerfall der Sowjetunion beschäftigt. Wladimir Putin, der das Ende des Sowjetstaates bekanntlich als «größte geopolitische Katastrophe des 20. Jahrhunderts» sieht, hat sich mit zunehmendem Alter ebenfalls in die sowjetische Völkerpolitik verbissen. In einem langen historischen Vortrag rechtfertigte der Kreml-Herrscher 2022 seinen Angriffs- und Vernichtungskrieg gegen die Ukraine mit der Behauptung, dass die Ukraine erst durch die Völkerpolitik der Sowjetunion entstanden sei. «Lenin und seine Verbündeten haben historisches russisches Land geteilt und abgetrennt», behauptet er. «Die sowjetische Ukraine kann mit Fug und Recht ‹Wladimir Lenins Ukraine› genannt werden. Er war ihr Schöpfer und Architekt.» Aus Sicht «des historischen Schicksals Russlands und seiner Völker», sei das «nicht einfach ein Fehler gewesen, sondern deutlich schlimmer als ein Fehler». Auch Stalin, der zwar immerhin den Zentralstaat wieder gestärkt habe, habe es «leider versäumt, die Grundfesten unseres Staates von diesen abscheulichen und utopischen Fantasien zu säubern». Dann droht er der Ukraine, die sich seit Jahren von ihrem sowjetischen Erbe löst, indem sie kommunistische Straßennamen ändert und Denkmäler demontiert. «Ihr wollt die Entkommunisierung? Sehr gerne. Aber warum auf halbem Weg anhalten? Wir sind bereit, euch zu zeigen, was richtige Entkommunisierung bedeutet.» Drei Tage später schickte er Panzer und Raketen über die Grenze im Versuch, den ukrainischen Staat auszuschalten.

Zwar halten Putins Behauptungen nicht einmal einem flüchtigen Querlesen der ukrainischen Geschichte stand, aber sie offenbaren den Kern des postsozialistischen Großmachtdenkens, in dem sich Russland und China recht einig sind. Sowohl für die russischen Neoimperialisten als auch die chinesischen Nationalisten entsteht der Widerstand der Völker an den Rändern des Reichs nicht aus deren Bevormundung durch das Zentrum. Nicht die Diskriminierung durch die Mehrheitsbevölkerung ist Ursache des Konflikts, sondern deren vermeintliche Großzügigkeit. Erst die Anerkennung der ethnischen Unterschiede durch den Staat wecke das Bedürfnis nach mehr Selbstbestimmung. «Wozu musste man so großzügige Geschenke machen, von denen selbst die fanatischsten Nationalisten nicht einmal zu träumen wagten?», fragt Putin.

Auch die beiden Hus sehen in Minderheitenförderung und ethnischer Autonomie «den Nährboden und Schlupflöcher» für Separatismus. «Die Frage der Verschmelzung der Volksgruppen und der Erschaffung einer gemeinsamen nationalen Identität muss gelöst werden, um Sicherheit und Stabilität des Staates zu gewährleisten», fordern sie. Für sie geht es in der ethnischen Politik nicht um Chancengleichheit und Gleichberechtigung, sondern um die Existenz der Nation. Denn natürlich lauert hinter der nächsten Ecke der Feind, der darauf aus ist, die Differenzen zwischen den Gruppen auszubeuten, um das Land zu spalten. «Internationale feindliche Kräfte haben sich in den letzten Jahren zunehmend darauf konzentriert, separatistische ethnische Kräfte auszunutzen, um unser Land zu infiltrieren und zu zerstören.» Um dem Auseinanderbrechen des Staates vorzubeugen, müssten sich die Zentralmacht und die Han gegenüber den Völkern am Rand des Reichs durchsetzen, schlussfolgern die Hus. Sie sprechen nicht von Assimilierung und von Dominanz der Han, sie sprechen von einer «gemeinsamen Identität als chinesische Nation». Doch was sie konkret ausbuchstabieren, zeigt, wie diese gemeinsame Identität aussehen solle: Han-Feiertage wie das chinesische Neujahrsfest sollten von allen Volksgruppen gemeinsam begangen werden, fordern sie zum Beispiel.

Die «ethnische Politik der zweiten Generation» machte schnell Karriere unter chinesischen Intellektuellen. Immer offener wurden ihre Ideen von einer «Verschmelzung» der Volksgruppen in China diskutiert. Es gebe gar keine Sinisierung, keine Assimilation der Minderheiten durch die Han, argumentierte der Wirtschaftsprofessor Ma Rong, ein weiterer prominenter Vertreter dieser Denkrichtung. Was Vertreter der Minderheiten als Assimilierung empfänden, sei in Wirklichkeit eine Modernisierung ihrer Gesellschaften. Weder er noch die beiden Hus führen aus, wie der Staat diese Politik durchsetzen solle. Sie sprechen nicht von Umerziehungslagern oder Zwangsarbeit, aber ihre Ziele finden sich in all den Maßnahmen wieder, die später in Xinjiang eingeführt wurden. «Die Entwicklung der chinesischen Nation

beruht darauf, dass die weiter entwickelte Bevölkerung Zentral-
chinas sich mit den anderen Völkern mischt und dass die Volksgruppen miteinander verschmelzen», erklärte der stellvertretende
Gouverneur von Xinjiang, Erkin Tuniyaz, 2018 auf dem Höhepunkt der Masseninternierung.

Die Schlinge zieht sich zu:
Die Intellektuellen Ilham Tohti und Abduweli Ayup

Während die «zweite Generation der Völkerpolitik» ihren Durch-
marsch durch das parteinahe intellektuelle Establishment antrat,
wurde der Raum für jene immer enger, die die Probleme in der
Region beim Namen nannten. Im Jahr 2014 sorgte die Verhaftung
des Wirtschaftswissenschaftlers Ilham Tohti für internationale
Schlagzeilen. Tohti, Jahrgang 1969, unterrichtete an der «Zentraluniversität der Völker» in Peking. Die war so etwas wie die wissenschaftliche Akademie der chinesischen Völkerpolitik. Sie
wurde in den fünfziger Jahren für die Minderheiten gegründet.
Akademische Karrieren von Uiguren, Tibetern und Mongolen
führten oft über diese Universität. Viele einflussreiche uigurische
Intellektuelle haben hier studiert, denn in der chinesischen
Hauptstadt war die Freiheit für uigurische Studenten und Wissenschaftler oft größer als in Xinjiang selbst. Der Ökonom Tohti
hatte schon früh die wirtschaftlichen Ursachen für den Konflikt
zwischen den Ethnien ins Visier genommen. Der Linguist und
Dichter Abduweli Ayup, Jahrgang 1973, der Tohti als Student Anfang der 1990er-Jahre kennenlernte, erinnert sich an dessen Prag-
matismus. «Zuerst enttäuschte er mich. Ich war mit dem Traum
an die Uni gekommen, Schriftsteller und Poet zu werden, aber er
stand vor uns und sagte: ‹Diese Welt ist keine Welt für Poeten. Es
ist eine Welt für Ökonomen und Politiker.›»
  Tohti untersuchte die Einstellungsquoten bei Behörden und

den Arbeitsmarkt. Er schaute sich an, wie die Einkommen zwischen uigurischen und Han-chinesischen Gebieten auseinanderdrifteten. Und nach den Ausschreitungen von 2009 veröffentlichte er die Namen von verschwundenen Uiguren. Die Direktheit, mit der Tohti die Diskriminierung in Xinjiang ansprach, brachte ihm unter Studenten viele Fans ein. «An der Uni war Tohti damals der Einzige, der sich traute, über die Diskriminierung zu sprechen», erinnert sich Nureddin Izbasar, der von 2005 bis 2010 an der Völker-Universität studierte. Die meisten uigurischen Studenten hätten allerdings Angst gehabt, seine Vorlesungen zu besuchen. «Die erste Reihe seiner Vorlesungen war immer mit Agenten besetzt. Wenn er in der Kantine aß, setzten sie sich an den Nebentisch. Er sprach offen darüber, stellte sie den Studenten als seine Überwacher vor.»

Dabei konnte Tohti auch gegenüber der eigenen Volksgruppe kritisch sein. Abduweli Ayup erinnert sich, wie der Professor mit uigurischen Studenten das Fallbeispiel eines Restaurantbesitzers diskutierte. Eines Tages beschloss dieser, aus religiösen Gründen keinen Alkohol mehr auszuschenken, worauf der Umsatz einbrach. Tohti habe es für falsch gehalten, das Geschäft religiösen Überzeugungen zu opfern, erinnert sich Ayup. «Die Aufgabe eines Geschäftsmanns sei es, Umsatz zu machen, war er überzeugt.» Mit dieser Einstellung lag er eigentlich ganz auf der Linie der Partei, die besonders in den achtziger und neunziger Jahren den Geschäftssinn der Bürger förderte. Radikaleren Uiguren galt Tohti deshalb immer als jemand, der dem System nahestand. «Mein Vater forderte immer nur das, was der chinesische Staat versprochen hatte», betont seine Tochter Jewher Ilham, die heute in den USA lebt.

Die Aufmerksamkeit des Sicherheitsapparats zog der Professor seit den 1990er-Jahren auf sich. Seine Tochter erinnert sich, dass sie es als normal empfand, Polizisten anzutreffen, wenn sie nach

Hause kam. Einige von ihnen waren so regelmäßig zu Besuch, dass sie sie als «Onkel» ansprach. «Die Polizisten hatten großen Respekt vor ihm. Ich erinnere mich, wie einer einmal sagte, er wünschte, sie hätten sich unter anderen Umständen kennengelernt.» Wie so viele kritische Stimmen in China wurde er auch immer wieder von der Polizei unter Arrest gestellt. Rund um die Ereignisse in Ürümchi 2009 wurde die ganze Familie in ein Hotel außerhalb Pekings gebracht, das sie nicht verlassen durfte. Der Arrest schlug Wellen in ganz China, wo Tohti weit über die eigene ethnische Gruppe hinaus Respekt genoss. Innerhalb von vierundzwanzig Stunden unterzeichneten mehr als hundertfünfzig Intellektuelle eine Petition zu seiner Freilassung – die meisten von ihnen aus China selbst, trotz des repressiven Klimas. Nach einer weltweiten Protestwelle kam er schließlich wieder frei.

Obwohl Tohti mit seinen schonungslosen öffentlichen Wortmeldungen immer wieder aneckte, blieb er lange jemand, der auch im System geschätzt, manchmal sogar gehört wurde. 2011 bat ihn die Partei um eine Analyse zu den Problemen in der Region – und bekam eine schonungslose Auflistung ihres politischen Versagens. Tohti, selbst Parteimitglied, kritisierte die systematische Diskriminierung im Staatssektor. Er prangerte an, dass Wirtschaftsförderung fast nur den mehrheitlich von Han besiedelten Regionen im Norden zukomme, und sprach von einer «sich verschlimmernden ethnischen Apartheid» in der Region. «Der Han-Chauvinismus ist heute intensiver und offensichtlicher als jemals zuvor. Han-Chauvinismus tritt heute getarnt als ‹Erhalt der ethnischen Einheit› oder als ‹Stabilitätsbewahrung› auf. Und natürlich traut sich niemand, dagegen zu protestieren, denn er würde sofort bezichtigt, separatistische Tendenzen zu hegen.» Das Papier war für den internen Gebrauch gedacht. Öffentlich wurde es erst, als es jemand nach seiner Verhaftung leakte.

Ungefähr zu dieser Zeit muss sich die Schlinge um Tohtis Hals langsam zugezogen haben. Als Abduweli Ayup seinen Lehrer 2012 in Peking noch einmal traf, sagte dieser zu ihm: «Es ist besser, nicht mehr mit mir zu sprechen.» 2013 bekam Tohti eine einjährige Gastprofessur in den USA angeboten. Doch als er gemeinsam mit seiner Tochter ausreisen wollte, wurde er am Flughafen aufgehalten. Er musste in Peking bleiben, seine damals neunzehnjährige Tochter flog allein. Sie kämpft nun von den USA aus für seine Freilassung. Tohti wurde wegen «Separatismus» zu lebenslanger Haft verurteilt. Auch die Universität der Völker selbst geriet immer stärker unter Beobachtung. Nach Tohtis Verhaftung wurden in allen Räumen Kameras installiert, erzählt eine Studentin. «Niemand würde sich heute mehr trauen, politische Fragen im Klassenzimmer zu diskutieren.»

Abduweli Ayup bekam die Verhaftung seines Mentors nicht mehr mit. Im Sommer 2013 wurde er selbst verhaftet. Ayup hatte nach seiner Zeit in Peking an Universitäten in Nordwest-China und in Xinjiang unterrichtet und als Gastwissenschaftler die USA besucht. Als uigurischer Intellektueller stand er schon früh auf der Liste derer, die der Staat beobachtete. «Vor Polizeiverhören hatte ich keine Angst, ich kannte das», sagt er. Seit den 1990er-Jahren war er immer wieder von der Polizei vorgeladen worden, einmal wurde er auch über Nacht festgehalten und stundenlang verhört. Aber 2013 standen die Dinge anders. «Sie schrien mich an, klebten meinen Mund mit Klebeband ab und zogen mir einen schwarzen Sack über den Kopf.»

Abduweli Ayup war in einer Kleinstadt bei Kashgar aufgewachsen. Seinen Vater, einen Lehrer, hatte die Partei in der Kulturrevolution dorthin verbannt. 1992 bekam Ayup einen Studienplatz an der Zentraluniversität der Völker in Peking, wo er Tohti kennenlernte. Ayup studierte uigurische Sprache und Literatur. Später setzte er seine Studien in Ürümchi fort und lehrte in Lan-

zhou im Nordwesten Innerchinas und in Ürümchi. Ein Jahr verbrachte er in den USA, wo er zu bedrohten Sprachen forschte.
Dort kam er zu dem Schluss, dass auch die uigurische Sprache als
bedrohte Sprache gelten müsse. Er kehrte nach Xinjiang zurück
und begann sich als Sprachaktivist zu engagieren.

Bis Anfang dieses Jahrtausends wurden an Schulen für Uiguren sämtliche Fächer auf Uigurisch unterrichtet, an kasachischen
Schulen auf Kasachisch, an kirgisischen auf Kirgisisch und so
weiter. Chinesisch wurde ab der dritten Klasse als Fremdsprache
gelehrt. Doch Mitte der Nullerjahre begann die Regierung, den
Unterricht nach und nach auf Mandarin umzustellen. Offiziell
sind die Schulen nun «bilingual». In der Praxis sind sie fast reine
Mandarin-Schulen. Uigurische und kasachische Lehrer unter-
richteten von da an ihre uigurischen und kasachischen Schüler
auf Chinesisch oder wurden durch Han ersetzt. Wer nicht gut genug Chinesisch konnte, durfte nicht mehr unterrichten. «Meine
alten Lehrer arbeiteten plötzlich als Wachmann oder sie wurden
in andere Behörden versetzt», erinnert sich ein Kasache, der zu
einem der letzten Jahrgänge gehört, die in ihrer Muttersprache
unterrichtet wurden.

Eine neue Generation Uiguren wuchs mit immer schlechteren
Kenntnissen ihrer Muttersprache auf. Als Abduweli Ayup 2011
aus den USA zurückkehrte, gründete er in Kashgar einen Kindergarten, in dem nur Uigurisch gesprochen werden sollte. «Eine uigurische Schule zu eröffnen, wäre unmöglich gewesen. Aber für
Kindergärten gab es keine gesetzliche Regelung», sagt er. Die Eltern, die ihre Kinder in seinen Kindergarten schickten, waren
Geschäftsleute, Akademiker und auch Beamte. Es waren vor allem gut in die chinesische Gesellschaft integrierte Familien, die
sich nun Sorgen machten, dass ihre Kinder ihre Muttersprache
verlernen könnten. Abduweli Ayups Idee machte schnell Furore.
Eine halbe Million Menschen las und diskutierte über Sprache

und Erziehung in seinem Internetforum, wo er seine pädagogischen Erfahrungen teilte. Nach zwei Jahren schlossen die Behörden den Kindergarten. Als Ayup gemeinsam mit kasachischen, mongolischen und kirgisischen Intellektuellen einen Kongress zum Zustand der Minderheitensprachen organisieren wollte, schritt die Polizei ein. Ayup und die anderen Organisatoren wurden nächtelang verhört. Ein halbes Jahr später wurde er während des Versuchs, seinen Kindergarten wieder zu eröffnen, verhaftet. Inzwischen war die uigurische Sprache an sich subversiv geworden.

Abduweli Ayup kam nach mehr als einem Jahr frei und konnte über die Türkei nach Norwegen fliehen. Ilham Tohti sitzt bis heute im Gefängnis. Er wurde in Abwesenheit mit mehreren Menschenrechtspreisen ausgezeichnet, darunter dem Sacharow-Preis des Europäischen Parlaments. Über seinen Zustand ist nichts bekannt; seine Tochter hat seit Jahren kein Lebenszeichen mehr von ihm erhalten. Damals sahen viele die Verhaftung Tohtis und Ayups vor allem als Teil einer Repressionswelle gegen Kritiker und Dissidenten. Xi Jinping hatte nach seinem Amtsantritt mehrere bekannte Intellektuelle verhaften lassen. Manche kamen nach wenigen Tagen wieder frei, einige verschwanden für viele Jahre. Tohti und auch Ayup passten in dieses Muster: Wer sich auf kritischem Gebiet mit dem Staat anlegte, riskierte Gefängnis. Doch die Härte des Urteils gegen Tohti schockierte viele. Langjährige Haftstrafen für Dissidenten sind in China nicht unüblich, lebenslänglich wird für politische Vergehen aber fast nie verhängt. Nur wenigen Beobachtern war damals aber klar, dass die beiden Verhaftungen mehr waren als harte Urteile gegen Dissidenten, dass sie vielmehr der Vorbote einer viel weiter gehenden Vernichtungskampagne gegen die uigurische Gesellschaft waren.

Xi Jinping lässt die Uiguren tanzen

Tohti wurde im Januar 2014 verhaftet und im September verurteilt. Zeitgleich begann der neue Generalsekretär Xi Jinping, die ethnische Politik umzubauen. Im März 2014 besuchte er Xinjiang. Der Parteichef ließ sich im unruhegeplagten Süden der Region mit uigurischen Dorfbewohnern beim Tee ablichten. Auf einer Polizeistation führte man ihm wunschgemäß das Fitnessprogramm der Beamten aus Liegestützen, Seilspringen und Kniebeugen vor, und er wohnte einer Anti-Terror-Übung bei. So schrieben es jedenfalls die Parteimedien. Er traf sich mit Parteikadern und reiste dann weiter nach Ürümchi, wo er eine Moschee besichtigte und sich erneut mit Parteikadern traf. Xi besuchte auch die Siedlerorganisation Produktions- und Aufbaukorps Xinjiang. Schließlich hielt er eine Abschlussrede vor hohen Parteifunktionären. Das Redemanuskript wurde später unter strenger Geheimhaltungsstufe an Parteikader zum Studium verteilt. Sein Inhalt ist bekannt, weil jemand es später an die *New York Times* und an exil-uigurische Organisationen leakte.

In der Rede nimmt Xi kein Blatt vor den Mund. Der Parteichef kündigt eine «Periode der schmerzhaften Behandlung» an. «Wir müssen bei Umerziehung und Transformation dieser Kriminellen gute Arbeit leisten. Wir dürfen nicht in großem Stil verhaften und anschließend wieder freilassen. Auch nach ihrer Freilassung muss die Umerziehung der Kriminellen weitergehen.» Der Staat müsse «die Identifikation aller Volksgruppen mit der großen chinesischen Nation, mit der chinesischen Kultur stärken». Abschätzig fordert er, «ihnen klarzumachen, dass man nicht Lammfleisch mit der Hand essen und gleichzeitig die Partei, den Staat und die Han beschimpfen kann». Ein Bild, das ihm offenbar so sehr gefallen hat, dass er es danach weiter verwendete (siehe S. 16). Noch am Abend seiner Rede explodierte im Südbahnhof von Ürümchi eine Bombe. Drei Menschen starben und Dutzende wurden verletzt.

Xis Reise war der Auftakt zu einer Reihe von parteiinternen Konferenzen und Arbeitstreffen, die eine härtere Gangart gegenüber den Minderheiten vorbereiteten. Ende Mai folgte eine Xinjiang-Arbeitskonferenz, in der die oberste Parteispitze in Peking eine neue Politik für die Region beschloss. Was sich anhört wie ein Symposium unter Fachleuten, ist in Wirklichkeit weit mehr als das. Auf solchen Arbeitstreffen der Partei fallen die eigentlichen politischen Entscheidungen. Die Ministerien und Kommissionen der Regierung führen die Beschlüsse dann nur noch aus. Wie schon auf seiner Reise sprach Xi hier von schmerzhaften Behandlungen, die der Gesellschaft in Xinjiang bevorstünden. «Herzkrankheiten heilt man mit Herzmedikamenten. Und was Xinjiang betrifft, ist das ‹Herzmedikament› die richtige Einstellung zum Vaterland, zur ethnischen Frage, zur chinesischen Nationalkultur. Mit dieser Medizin müssen wir das Böse austreiben und Körper und Herz stärken.»

Offiziell lehnt Xi die Forderung nach einer «ethnischen Politik der zweiten Generation» ab. Ohne die beiden Hus namentlich zu nennen, nimmt er ihnen offenbar die Begeisterung für die USA übel. «Einige sagen, die USA hätten keine ethnischen Territorien und wiesen die Ethnie nicht aus», doziert er. «Oberflächlich mag das stimmen. Aber die USA und der Westen haben die Rassenfrage mitnichten gut gelöst. Man darf in der Behandlung der ethnischen Frage nicht vereinfachen und sich nicht auf falsche Annahmen stützen.» Xi befindet sich seit seinem Amtsantritt im Kampf gegen westliche Einflüsse und im unermüdlichen Streit für die Wiederbelebung des Leninismus. Dennoch eignet er sich in der Folge die meisten Gedanken der beiden Pekinger Intellektuellen an. Wie die beiden Hus möchte Xi die «gemeinsame Identität als chinesische Nation» stärken und er schließt sich ihrer

Forderung nach einer Stärkung von «Kontakt, Austausch und Vermischung» der Völker an. Später wird in offiziellen Reden daraus die «Verschmelzung» der Völker zur chinesischen Nation. Allzu sehr scheint er den beiden Hus ihren Vorstoß auf westliches Terrain jedenfalls nicht nachgetragen zu haben. Als die weltweite Kritik an China 2018 immer lauter wurde, schickte China Hu Lianhe als Redner vor das Komitee gegen Rassendiskriminierung der Vereinten Nationen, um die Masseninternierungen in Xinjiang zu rechtfertigen.

Xis Vorgaben wurden zur neuen Staatsideologie. Im November 2014 veranstaltete die Partei eine weitere «Arbeitskonferenz» zur ethnischen Politik. Vordergründig lehnte die Konferenz die Forderung nach einer neuen Minderheitenpolitik erneut ab. «Theorie und Politik der Partei sind korrekt», meldete das Parteiorgan *Volkszeitung*. Doch das Ideengut der Assimilationsbefürworter setzte sich nun auch in anderen Minderheitenregionen durch. Nach Xinjiang wurde auch in tibetischen Schulen Mandarin zur Haupt-Unterrichtssprache. 2020 folgte die Innere Mongolei. Ende August, wenige Tage vor dem neuen Schuljahr, gab die Regierung bekannt, dass Kernfächer nicht mehr auf Mongolisch unterrichtet werden dürften. Die Mongolen protestierten, an den mongolischen Schulen streikten die Schüler, viele Eltern weigerten sich, ihre Kinder zur Schule zu schicken. Doch der Staat griff hart durch. Staatsbediensteten wurde mit Entlassung gedroht, sollten ihre Kinder nicht zum Unterricht erscheinen, die Polizei stattete Eltern Hausbesuche ab. Schließlich wurde die Revolte niedergeschlagen. In Peking musste der Vorsitzende der Staatlichen Kommission für ethnische Fragen gehen, jenes Gremiums, das für die Umsetzung der Völkerpolitik zuständig ist. An die Stelle des Mongolen Bagatur rückte Chen Xiaojiang – zum ersten Mal seit 1954 ist damit wieder ein Han-Chinese für die Minderheitenfragen zuständig.

Es ist nicht ungewöhnlich für Xi, Kontinuität zu versprechen und dabei radikale Wenden zu vollziehen. In der Schlangengrube der Kommunistischen Partei kann er so seine Ziele durchsetzen, ohne Kritikern eine Flanke zu öffnen. In einer Partei, die sich beständig selbst bejubelt, ist es einfacher, seine Politik als Fortsetzung und Verbesserung einer selbstverständlich erfolgreichen Linie zu verkaufen, als einzugestehen, dass diese gescheitert sei. Das Ergebnis ist, dass in der Ethnopolitik zwei widersprüchliche Ziele nebeneinander existieren. Die Völker sollen miteinander «verschmelzen», während gleichzeitig die staatliche Segregation aufrechterhalten wird.

Wie eigenartig dieses Nebeneinander aussehen kann, erlebten Journalisten, die im Mai 2021 von der Regierung zu einer Reise nach Kashgar eingeladen worden waren. Am Eid-el-Fitr, dem Fastenbrechen am Ende des Ramadan, das traditionell mit Festessen, Musik und Tanz begangen wird, wurden sie zur Id-Kah-Moschee geführt, der wichtigsten historischen Moschee Xinjiangs. Auf dem Platz tanzten die Menschen ausgelassen traditionelle uigurische Tänze. Seht her, bedeutete die Regierung den Journalisten, von einer Unterdrückung der Kultur kann keine Rede sein. Allerdings waren einige Journalisten bereits am Vortag auf dem gleichen Platz gewesen und hatten dort die gleichen Menschen tanzen sehen – was während des Ramadan eigentlich verboten ist. Sie waren in die Generalprobe geraten. Um sicher zu sein, dass die Darbietung für die ausländische Presse am nächsten Tag auch reibungslos verlaufen würde, hatte die Regierung die Menschen sicherheitshalber die Tänze, die sie ihr ganzes Leben lang zu Feiertagen getanzt hatten, noch mal üben lassen.

Wann immer der chinesische Staat zeigen will, dass er die anderen Völker gut behandelt, zeigt er Bilder von singenden und tanzenden Menschen in farbenprächtigen Kostümen. Auftritte

von Folkloregruppen gehören zu jeder organisierten Touristen-
reise nach Xinjiang, und chinesische oder internationale Delegationen werden reglmäßig mit Tanzdarbietungen beglückt. Auch
die chinesische Propaganda im Ausland zeigt gerne und häufig
solche Auftritte. «Nur glückliche und sorglose Menschen können
so schön tanzen», twitterte der chinesische Botschafter in Belgien
unter ein Video von tanzenden Uiguren im Pamir-Gebirge an der
Grenze zu Pakistan. Dass es sich dabei nicht um eine spontane
Darbietung handelte, konnte der aufmerksame Zuschauer nicht
nur an den Kostümen der Tanzenden erkennen. Das Gebäude im
Hintergrund trug auf Chinesisch und Englisch gut sichtbar den
Schriftzug «Service-Zentrum der Tourismuszone Pamir».

Gesang, Tanz und Trachten der Nicht-Han sind in der chinesischen Völkerpolitik tief verwurzelt. Zum jährlich tagenden Nationalen Volkskongress erscheinen die Delegierten von Minder-
heitenvölkern regelmäßig in farbigen Kostümen, wo sie zwischen
den schwarzen und dunkelgrauen (westlichen) Anzügen der
Han-Delegierten herausstechen. Viele Han assoziieren tatsächlich in erster Linie Tanz und Gesang mit den anderen Völkern.
Eine Bekannte von mir, die gerne Karaoke singt, erzählt, dass sie
regelmäßig gefragt wird, ob sie so gut singen könne, weil sie einer
ethnischen Minderheit angehört. Ihr Pass weist sie als Angehörige einer Volksgruppe aus dem Südwesten aus, dabei ist sie voll-
kommen chinesisch aufgewachsen.

Als Nyrola Elimä nach Innerchina kam, um ihr verpflichten-
des Mandarin-Jahr zu absolvieren, mussten alle ihre Kommilitonen, die unterschiedlichen Volksgruppen angehörten, eine
Darbietung aus ihrer Heimat aufführen. Nyrola, die als Kind
Tanzunterricht gehabt hatte, zog die Aufmerksamkeit ihrer Lehrerin auf sich. «Danach schleppte sie mich überall hin, um mich
vortanzen zu lassen», erinnert sie sich. Nyrola hatte nichts dagegen. Sie genoss den Applaus, und die Tanzdarbietungen waren

für sie eine willkommene Abwechslung zum langweiligen Unterricht. Durch die Auftritte konnte sie zudem Extrapunkte sammeln, die ihr helfen würden, an eine bessere Uni zu kommen. «Aber ich spürte auch, dass ich für die Propaganda missbraucht wurde», erinnert sie sich. Stevan Harrell, ein Ethnologe, der sich viele Jahrzehnte lang mit der chinesischen Minderheitenpolitik befasst hat, hält die Obsession der Kommunisten mit Tanz und Gesang der Völker sogar für ein Kernelement der marxistischen Völkerpolitik. In der kommunistischen Theorie gälten viele Traditionen der Ethnien als Fortschrittshindernisse, schreibt er. Sie würden deshalb bekämpft. «Was übrig bleibt, sind diejenigen Traditionen, die Stolz auf die eigene Ethnie ausdrücken, aber dem Fortschritt nicht im Weg stehen. Deshalb legt der kommunistische Staat so viel Wert auf Feste, Trachten und den unvermeidlichen Kreistanz, der allen Minderheiten gemein zu sein scheint.»

Harrells Analyse entstand 1995, lange bevor die brutale Assimilationskampagne in Xinjiang anlief. Unter Xi Jinping ist die Zurschaustellung tanzender Uiguren noch wichtiger geworden. Sie ist das letzte Feigenblatt, das die Zerstörung der ethnischen Identität verdeckt. «Wenn Inspektoren kamen, haben sie uns geschminkt und tanzen lassen», erinnert sich Gulzira Auelhan an ihre Zeit im Lager. Auch Menschen, die nicht im Lager saßen, berichteten, dass sie von den Behörden häufig gezwungen wurden, auf öffentlichen Plätzen zu tanzen und so ein unbeschwertes und glückliches Leben vorzuspielen.

Die Beamten, die sie tanzen ließen, konnten sich auf den Willen von ganz oben berufen. «Xinjiang ist bekannt als Land von Gesang und Tanz», hatte Xi auf der Xinjiang-Arbeitskonferenz 2014 erklärt. «Wir müssen die guten Traditionen der Minderheitenvölker fördern und ihr Selbstbewusstsein stärken. So werden sie eine innige Liebe und positive Gefühle für Xinjiang entwickeln.»

7. Zerstörung

Zehn Minuten dauerte der Weg von Ömer Eziz' Wohnung zu dem fünfstöckigen grauen Büroblock, in dem das Einwohnerkomitee residierte. In China ist jeder Haushalt einem solchen Komitee zugeordnet. Die Kommunistische Partei nennt sie «Graswurzelorganisationen». Das ist etwas irreführend, denn sie sind nicht von unten aus der Gesellschaft entstanden, sondern sie werden von oben gesteuert – sie sind die unterste Ebene des Parteiapparats. Sie organisieren Ausflüge für Senioren, beflaggen die Straßen zu Feiertagen und überwachen die Einhaltung der Parteirichtlinien. Seit Beginn der Corona-Epidemie kontrollieren sie, dass Infizierte die Quarantäne einhalten, oder sie sorgen dafür, dass die Bewohner an staatlich verordneten Massentests teilnehmen. In Xinjiang behalten diese Organisationen auch diejenigen im Blick, die der Partei als verdächtig gelten. Ömer gehörte zu dieser Kategorie. Nach den Unruhen von 2009 wurde die Kontrolle über die Bevölkerung verschärft. Die Komitees mussten religiöse Haushalte registrieren. Auch Ömer und seine Familie wurden als religiös eingestuft.

Das Etikett brachte ihm zahlreiche Schwierigkeiten ein. Bei jeder Ausweiskontrolle bekam die Polizei einen Hinweis, dass es sich bei ihm um eine «Schwerpunktperson» handele. Einwohnerkomitee und Polizei kamen regelmäßig zu Kontrollbesuchen vorbei, manchmal mitten in der Nacht. Sie suchten nach religiösen Büchern, erkundigten sich nach Besuchern und kontrollierten, ob alle Familienmitglieder anwesend sind. «Wer als religiös klassifiziert war, konnte jederzeit von der Polizei verhaftet werden, wenn er etwa beim Beten erwischt wurde», erinnert er sich.

Um den Stadtbezirk zu verlassen, brauchte er eine Genehmigung, Reisen in andere Städte waren praktisch unmöglich. Wer
ein solches Stigma in den Personaldaten hatte, war dem Staat
ausgeliefert. «Ich kann das Gefühl nicht beschreiben», sagt er.
«Ich war wütend, traurig und ängstlich.»

Umerziehungslager

Im Dezember 2014 wurde Ömer erneut in das Komiteegebäude
bestellt. Dort empfingen ihn der Vorsitzende, ein Han, und sein
Vize, ein Uigure. Sie teilten ihm mit, sie hätten ein Angebot für
ihn. Es gebe ein neues Programm für Menschen wie ihn. Wenn er
an einem fünfzehntägigen Deradikalisierungs-Kurs teilnehme,
werde der Hinweis «religiös» aus seinen Personaldaten entfernt.
Ömer sagt, dass er das Gefühl hatte, keine Wahl zu haben. «Der
Vorsitzende sagte zwar, ich könne selbst entscheiden, ob ich gehe
oder nicht. Aber wenn ich diesmal nicht ginge, sei ich beim
nächsten Mal dran.»

Ömer wurde in ein «Deradikalisierungszentrum» gebracht
und fand sich vor einem Gefängnistor wieder. Zusammen mit
den anderen Teilnehmern wurde er in zwei neuen Blocks untergebracht. Sie standen nicht direkt auf dem Gefängnisgelände,
sondern auf dem Kasernenareal für das Wachpersonal, das jedem
chinesischen Gefängnis angeschlossen ist. Offenbar waren sie als
Wohnheim für die Wachen gebaut worden und wurden dann
umgewidmet. Die Teilnehmer wurden in Zellen für sechs, acht
oder zwölf Personen untergebracht.

Nur zwei Tage nach der Ankunft teilte man Ömer mit, dass das
Training nicht fünfzehn Tage dauern werde, wie ursprünglich an-
gekündigt, sondern drei Monate. Das Areal war umzäunt. Frei-
gang gab es nicht. Am Tor durften die Insassen neue Kleidung
von Verwandten entgegennehmen, erzählt er. Sprechen durften

sie mit ihnen nicht. Ömer hatte den Eindruck, dass das «Zentrum», das in Wirklichkeit einem Gefangenenlager glich, erst im Aufbau begriffen war. Am Anfang standen noch viele Zellen leer. Erst nach und nach füllten sie sich. Auch die Inhalte dieser «Deradikalisierung» schienen erst im Werden zu sein. Die Vorträge kamen ihm improvisiert vor, der Stoff unzusammenhängend. «Sie redeten ständig über Extremismus. Aber niemand konnte uns erzählen, was Extremismus eigentlich ist. Jeder hatte eine andere Definition», erinnert sich Ömer.

Der Tag begann mit Frühsport und dem Singen der Nationalhymne. Dann hielten Imame Vorträge darüber, wie man den Islam staatstreu ausübt. Es gab Lektionen über das Rechtssystem und über die chinesische Religionspolitik. Einmal die Woche mussten die Insassen mündlich und schriftlich über ihren Lernfortschritt berichten. «Wir mussten aufzählen, was wir gelernt haben, welchen Nutzen wir aus dem Gelernten ziehen, und wir mussten Fehler bekennen, die wir in der Vergangenheit gemacht haben», erinnert sich Ömer. Wirklich gelernt habe er im Lager nichts. Er glaubt, das sei auch gar nicht das Ziel gewesen. «Was sie wollten, war, dass wir uns schuldig fühlen.»

In mehreren Städten wurden 2015 die ersten dieser «Deradikalisierungs- und Umerziehungszentren» gegründet. Das Lager Hotan, wo Ömer einsaß, war eins davon. «Menschen, die von extremistischen religiösen Gedanken beeinflusst sind, durchlaufen eine Umerziehung durch politische Bildung und Erziehung in ethnischer Einheit», schwärmt ein Kader auf einer Parteiwebseite. Das Programm beinhalte «psychologische Anleitung und ein auf menschliche Bedürfnisse zugeschnittenes sportliches und kulturelles Programm». Im September, neun Monate, nachdem Ömer einrückte, hätten bereits dreitausend Menschen in der Stadt ein solches Programm durchlaufen.

Im Rückblick wirkt Ömers «Deradikalisierungskurs» wie ein

Probelauf zu der Verhaftungswelle, die die Region zwei Jahre später überrollen sollte. Die Verhältnisse scheinen noch milder gewesen zu sein, als spätere Insassen berichten. Von der exzessiven Gewalt und systematischen Entmenschlichung, die wir von anderen Lagerinsassen kennen, berichtet Ömer noch nicht. Er habe Folter weder erlebt, noch sei er Zeuge davon geworden. Allerdings verschlechterten sich die Bedingungen im Lager bereits nach wenigen Wochen. Je mehr Insassen ins Lager gekommen seien, desto weniger hätten sie zu essen gekriegt. Die langen Stunden im Klassenzimmer und beim Exerzieren auf dem Hof hätten zu permanenter Erschöpfung geführt. Nach sechs Wochen wurde er wegen einer Nierenerkrankung in ein Krankenhaus verlegt, wo er bis zum Ende der drei Monate blieb.

In Xinjiang gab es mehrere solcher «Deradikalisierungzentren». Zeitungsmeldungen aus der Zeit erwähnen ähnliche Einrichtungen in Ürümchi und Ghulja. Vielleicht waren es Modelle, an denen das Konzept ausprobiert wurde, jedenfalls war der Maßstab noch überschaubar. Das änderte sich 2016. Im August bekam die Region einen neuen Parteisekretär. Chen Quanguo (geb. 1955) hatte zuvor an der Parteispitze in Tibet gestanden, wo er sich einen Namen als Hardliner gemacht hatte. Chen stammt aus Henan in Zentralchina. Nachdem er in den siebziger Jahren in die Partei eingetreten war, stieg er zunächst in seiner Heimatprovinz bis zum stellvertretenden Parteisekretär auf. Seine Karriere nahm 2010 Fahrt auf, als er zum Parteisekretär der Provinz Hebei wurde. Hebei, das Peking umschließt wie Brandenburg Berlin, ist wegen der Nähe zur Hauptstadt oft ein Sprungbrett für Parteikader auf dem Weg nach oben. Chen blieb nur ein Jahr dort, dann wurde er zum Parteisekretär von Tibet. Wie die Menschen in Xinjiang haben sich viele Tibeter mit der Herrschaft Chinas über ihre Heimat nie anfreunden können. Regelmäßig kommt es zu Protesten und Aufständen. Chen ging mit eiserner

Hand gegen jeden Widerstand vor. Die tibetischen Gebiete erlebten damals eine Welle der Selbstverbrennungen: Mönche und Laien steckten sich in Brand, um gegen die Unterdrückung ihrer Kultur zu protestieren. Chen führte Ausweiskontrollen an Tankstellen ein und ließ die Bevölkerung noch engmaschiger als bisher überwachen. Er überzog die Region mit Polizeistationen. Wie später in Xinjiang wurden Checkpoints eingerichtet, an denen Ausweise kontrolliert und die Bewegungen der Bewohner protokolliert wurden. Polizei und Einwohnerkomitees verstärkten die Überwachung «kritischer Gruppen» wie ehemaliger Mönche, Tibeter, die aus dem indischen Exil zurückgekehrt waren, oder Menschen, die früher durch Teilnahme an Protesten aufgefallen waren. Chens Hardline-Taktik brachte das gewünschte Ergebnis. Die Selbstverbrennungen gingen merklich zurück, und nebenbei hatte er sich für den Posten als Kerkermeister von Xinjiang empfohlen.

Kaum in Xinjiang angekommen, begann er, die tibetischen Unterdrückungsmethoden dort ebenfalls umzusetzen und weiter zu verschärfen. Chen verdoppelte die Ausgaben für innere Sicherheit. Im Sicherheitsapparat wurden mehr als hunderttausend neue Stellen ausgeschrieben. Wie schon in Tibet ließ er ein dichtes Netz an Polizeistationen bauen, mit denen die Bevölkerung überwacht werden konnte. Xinjiang investierte in Überwachungstechnologie und Datenzentren. Diesmal ging der Staat weiter als in den Hart-Zuschlagen-Kampagnen der Vergangenheit. Schon vorher hatte man immer wieder präventiv Verdächtige eingesperrt. Vor allem an religiösen Menschen oder denen, die sie dafür hielt, arbeitete sich die Partei ab. Jetzt weitete Chen den Kreis der Verdächtigen massiv aus. Jeder Uigure konnte nun in Verdacht geraten, sich nicht ehrlich mit dem chinesischen Staat zu identifizieren. «Sperrt alle ein, die eingesperrt gehören», wies der Parteisekretär seine Beamten an. Nicht mehr nur die Re-

ligion, die uigurische Gesellschaft und Kultur als Ganzes rückte
jetzt ins Visier. Der Staat müsse «gezielt, umfassend, gründlich
und systematisch gegen Extremisten vorgehen», verlangte Chen.
«Brecht ihre Wurzeln, brecht ihre Ahnenreihen, brecht ihre Verbindungen und brecht ihren Ursprung.»

Für die Aufgabe, die uigurische Gesellschaft zu brechen, hatte
Chen einen erfahrenen Hardliner an seiner Seite. Zhu Hailun
(geb. 1958) übernahm im November 2016 den Vorsitz des Partei-
komitees für Politik und Justiz in der Region, dem der Sicherheitsapparat untersteht. Er stammt ursprünglich aus der Nähe
von Shanghai und war als Jugendlicher nach Xinjiang gekommen. Mitte der siebziger Jahre, in der Endphase der Kulturrevolution, gehörte er zur letzten Generation junger Menschen,
die von der Partei aufs Land geschickt wurden. Die «gebildeten
Jugendlichen» aus den Städten sollten nach der Parteidoktrin das
Leben der Bauern kennenlernen und so zu guten Kommunisten
erzogen werden. In Wirklichkeit ging es wohl vor allem darum,
die Jugend wieder unter Kontrolle zu bringen, die als Rote Garden immer selbstherrlicher in den Städten wüteten.

Der Jugendliche aus Shanghai landete in einem Dorf im Landkreis Kargilik, ganz abgelegen im Süden der Region. Dort trat
Zhu später in die Kommunistische Partei ein. Als den landver-
schickten Jugendlichen in den 1980er-Jahren erlaubt wurde, in
ihre Heimatorte zurückzukehren, blieb er in Xinjiang. Er stieg in
der Parteihierarchie der Region auf und machte sich bald einen
Namen als Hardliner. Abduweli Ayup erinnert sich an ihn als
einen Mann, der mit den Uiguren vertraut war und fließend Uigurisch sprach, aber dennoch voller Misstrauen gegen sie war.
«Er konnte mit den Leuten sprechen und umgehen wie ein Uigure,
aber im Innern verachtete er uns», glaubt Ayup, der nach seinem
Studium abgeordnet wurde, für Zhu als Dolmetscher zu arbeiten.
«Er hielt die Uiguren für rückständig und abergläubisch.»

Zhu war inzwischen zum Parteisekretär von Kashgar aufgestiegen. Dort ging er rabiat gegen alle vor, die sich ihm widersetzten. Er habe versucht, die Gesellschaft bis ins Kleinste zu kontrollieren, erinnert sich Ayup. Den Bauern habe er vorgeschrieben, was sie anzubauen hätten. Als es zu Protesten gegen seine Agrarpolitik kam, habe er die Demonstranten festnehmen lassen und des Separatismus bezichtigt. Auch mehrere Professoren am Literaturinstitut der Universität Kashgar ließ er unter dem Vorwand des Separatismus von ihren Lehrstühlen entfernen. «Er verlangte absoluten Gehorsam, sein Wort war Gesetz», beschreibt Ayup die Atmosphäre unter Zhu. Nach den Ausschreitungen von Ürümchi wurde er in die Regionalhauptstadt berufen, wo er die Säuberungen in den uigurischen Vierteln verantwortete.

Geleakte Geheimdokumente: Die wirklichen Zahlen

Kaum im Amt, begannen Zhu und Chen, das Lagersystem flächendeckend auszubauen. 2017 ging ein Dokument mit der Bezeichnung «Telegramm» an die Dienststellen der Partei in der ganzen Region, in dem ihnen aufgetragen wurde, neue Lager zu bauen. Zhu wies die Lagerleitungen an, Mandarin-Unterricht und politische Indoktrinierung zu organisieren. «Der Unterricht muss in der Nationalsprache abgehalten werden», verlangte er, also in Mandarin. «Nach und nach soll auch die Alltagskommunikation in Mandarin stattfinden.» Neben Sprachunterricht sollte der Lehrplan Lektionen zur «Deradikalisierung» beinhalten.

Das «Telegramm», das Zhus Unterschrift trägt, nennt die Lager «Berufsausbildungszentren». Doch die Anweisungen beschreiben in Wirklichkeit Gefangenenlager. «Flucht muss verhindert werden», heißt es etwa. «Es muss gewährleistet sein, dass Sicherheitsvorkehrungen, Überwachungskameras und Alarmknöpfe funktionsfähig sind. Die Türen von Schlafsälen und Gängen müssen doppelt verschlossen sein und unmittelbar nach dem Öffnen wieder geschlossen werden.» Innerhalb kürzester Zeit wurden Verwaltungsgebäude, Schulen und manchmal sogar Krankenhäuser zu Umerziehungslagern umgebaut. An den Stadträndern entstanden riesige Lagerkomplexe, die sich schnell füllten. Gleichzeitig machte Zhus Chef Chen Quanguo vor Polizeibeamten klar, wie weit die Wachmannschaften gehen durften, um Flucht zu verhindern. «Wenn der Insasse nur ein paar Schritte davonläuft, ist er zu erschießen», forderte er die Polizeibeamten auf. «Sie werden keinerlei Probleme bekommen, wenn Sie flüchtige Insassen erschießen. Wir haben das längst autorisiert.» Auch mehrere Dienstanweisungen für den Betrieb der Lager stellten klar, dass im Fluchtfall tödliche Schüsse abgegeben werden sollten.

Zhus «Telegramm», Chens Rede und die Dienstanweisungen sind als Geheimsache klassifiziert. Sie gelangten an die Öffentlichkeit, weil immer wieder Daten aus dem Inneren des Apparats geleakt oder von Hackern abgegriffen werden. Das «Telegramm» gehörte zu einer Reihe von Dokumenten, die 2019 als «China Cables» internationalen Medien zugespielt wurden. Die Rede Chens und die Dienstanweisungen befanden sich in einem Datensatz aus einem gehackten Polizeicomputer, die der Forscher Adrian Zenz 2022 in die Hände bekam und gemeinsam mit mehreren internationalen Medien auswertete: die Xinjiang Police Files.

Mehrere solcher Leaks und Hacks zeichnen ein relativ genaues Bild vom Ausmaß der Masseninhaftierungen. Schon 2019 schätzte Zenz aufgrund von Listen verschiedener Dorfkomitees, dass seit 2017 zwischen 7 und 15 Prozent der erwachsenen Nicht-Han zumindest zeitweise eingekerkert waren. Es sind Einwohnerlisten einiger Dörfer im Süden Xinjiangs. Manche Haushalte sind mit Anmerkungen versehen. «Armer Haushalt» steht zum Beispiel bei einigen; bei anderen steht eben auch: «Umerziehung» oder «verurteilt». Auf die Region hochgerechnet, wären dem-

nach 900 000 bis 1,8 Millionen Menschen in Lagern und Gefängnissen verschwunden.

Ausschreibungen für den Lagerbau und Satellitenbilder stützen diese Größenordnung. Später kamen weitere Leaks hinzu.
Insbesondere in den Xinjiang Police Files finden sich detaillierte
Aufstellungen zu Bevölkerung und Inhaftierten. In den Polizeidaten aus dem Landkreis Konasheher, einem abgelegenen Gebiet
bei Kashgar, in dem fast ausschließlich Uiguren leben, finden sich
Personendaten zu rund 300 000 Menschen, das entspricht in
etwa der Gesamtbevölkerung des Landkreises. Personen, die interniert, im Gefängnis oder in Umerziehung sind, tragen eigene
Vermerke oder finden sich auf Gefangenenlisten. So hat Zenz
insgesamt 23 000 Personen identifiziert, die in der einen oder anderen Form eingesperrt sind. Das sind mehr als 12 Prozent der
erwachsenen Bevölkerung.

Weitere Dokumente und Listen vermitteln einen Eindruck davon, wie der Staat seine Opfer aussuchte. 2019 wurde eine Liste
aus dem Landkreis Karakash (chin.: Moyu) an mehrere ausländische Medien geleakt. Diese sogenannte Karakash-Liste enthält
detaillierte Informationen zu Lager- und Gefängnisinsassen, die
im Landkreis gemeldet sind, und zu deren Familien. Sämtliche
Personen auf der Liste haben Verwandte im Ausland. Das ist an
sich schon ein ein Merkmal, das Menschen in Verdacht bringen
kann. Darüber hinaus haben die Beamten aber auch andere
Gründe für die Inhaftierung vermerkt und detaillierte Beobach-
tungen zu den Familienverhältnissen, zu Krankheiten und zur
Religiosität der Menschen aufgeführt. Bei vielen Insassen findet
sich auch eine Bewertung ihrer «ideologischen Transformation».

Einem Insassen, der «jeden Morgen zum Beten in die Moschee
und jede Woche zum Freitagsgebet» gegangen war, wird etwa
vorgeworfen, dass seine Frau ihr Gesicht verschleiert habe. Sie
selbst sitzt im Gefängnis, weil sie an illegalen religiösen Ver-

sammlungen teilgenommen habe. Ein anderer hatte gemeinsam
mit seiner Familie «illegale Predigten» gehört. «Die Angehörigen
verhalten sich normal. Das Einwohnerkomitee kommt aber nach
Analyse zu dem Schluss, dass die Person weiterhin eine Gefahr
darstellt. Es wird geraten, die Person in der Erziehungsmaß-
nahme zu belassen, damit sie ihr Mandarin verbessert und ihre
Kenntnis der Gesetze steigert.»

Mindestens ein Mann auf der Liste ist in Umerziehung, weil
die «Gemeinsame Integrierte Operationsplattform», also das
Datensystem der Polizei, gemeldet hat, dass er auf *WeChat*, der
beliebten chinesischen Messenger-App, mit einer Person in der
Türkei kommuniziert hatte. Bei anderen ist nur vermerkt, dass
sie «vertrauensunwürdige Personen» sind. Woher diese Klassifi-
zierung kommt, ist unklar. «Außer, dass er eine nach 1990 gebo-
rene vertrauensunwürdige Person ist, konnten keine weiteren
Probleme festgestellt werden», heißt es in mehreren Einträgen.
Möglicherweise hat es mit dem Familienhintergrund zu tun.
Viele dieser Personen, meist Männer, haben noch weitere Angehörige in Lagern und Gefängnissen. Aber ob das allein ausreicht,
um als «vertrauensunwürdig» zu gelten, geht aus der Liste nicht
hervor.

Gefährlich kann einem auch werden, bei den Behörden einen Pass beantragt zu haben. «Hat einen Reisepass beantragt, ist
aber nicht ausgereist», wird mehrfach als Grund für die Einwei-
sung ins Lager genannt. Hier wird es besonders absurd. Denn
auch wer mit seinem Pass ausgereist ist und dann aus dem Ausland zurückkehrt, kann im Lager landen. Das gilt insbesondere,
wenn die Person in einem «sensiblen» Land war – das sind meist
Länder mit muslimischer Mehrheit.

Eine Reihe weiterer Fälle in der Liste sind Familien, die gegen
die Geburtenplanung verstoßen haben. Diese Beschuldigung tritt
häufig zusammen mit anderen Kategorien auf. «War ohne Ge-

nehmigung auf der Hadsch und hat die Geburtzahl überschritten», steht etwa bei einem Insassen. Manchmal ist die Verletzung der Familienplanungspolitik aber auch der einzige Grund, der für die Lagerhaft angeführt wird. «Außer überzähligen Kindern sind keine Probleme gefunden worden», heißt es in mehreren Einträgen. In einigen Fällen kommen die Einwohnerkomitees und Polizeistationen zu dem Schluss, die Person stelle «keine Gefahr mehr dar und kann nach Hause entlassen und unter Überwachung gestellt werden».

Die Karakash-Liste gehört zu den detailliertesten Einblicken, die wir in das Funktionieren des Repressionsapparats haben. Doch andere Datensätze und Dokumente vervollständigen das Bild. Wie engmaschig die Polizei die Personen überwacht, zeigt ein Datenkonvolut, das dem amerikanischen Magazin *The Intercept* zugespielt wurde. Es handelt sich um Rohdaten aus dem Datenbanksystem von zwei Polizeibezirken in Ürümchi. Die Daten stammen aus den Jahren 2018 und 2019. Darin finden sich unter anderem die wöchentlichen Berichte der einzelnen Dienststellen sowie Listen von Verdächtigen. Jeder Wochenbericht beginnt mit einer Auflistung der aktuellen Zahl der Einwohner und der Haushalte. Genau wird festgehalten, wie viele Haushalte Mandarin und wie viele andere Sprachen sprechen, wie viele Menschen neu zugezogen und wie viele weggezogen sind. Dann folgen die Überwachungsberichte.

Die Polizisten führten in großem Umfang Personenkontrollen auf der Straße durch und suchten die Menschen in ihren Wohnungen auf. In der Shanrun-Siedlung mit 2000 Haushalten im Nordosten der Stadt haben die Polizisten laut Bericht in der 2. Juliwoche 2018 416 Personen auf der Straße kontrolliert und ebenso viele Handys durchsucht. Bei 337 Hausbesuchen wurden außerdem 776 Menschen kontrolliert. Die Siedlung im Nordosten der Stadt ist überwiegend von Han bewohnt, Uiguren und

Zwei Frauen passieren 2019 den Eingang zu einem Basar in Hotan. Unter Xi Jinpings Herrschaft nahmen sowohl Überwachung als auch Repression noch einmal massiv zu. Checkpoints und ständige Kontrollen gehören seitdem zum Alltag der Bewohner.

Kasachen machen nur einen kleinen Teil der Bevölkerung aus. Dennoch hatten zu dem Zeitpunkt 159 Haushalte Angehörige im Lager oder Gefängnis. Detailliert wird festgehalten, wer seine Angehörigen im Lager besucht oder mit ihnen telefoniert hat. «Gulzira Memet sprach am 18.7. mit ihrem Mann Tohti Abdukerim (alle Namen geändert). Er erkundigte sich nach der Gesundheit der Familienmitglieder und ließ seiner Mutter Grüße ausrichten. Sie ermahnte ihn, fleißig zu lernen.»

Wer in einem solchen Haushalt wohnt, braucht außerdem eine Genehmigung, wenn er verreisen möchte. Zwei solche Genehmigungen wurden in der gleichen Woche erteilt. Eine Mutter «erfüllte die Kriterien», um mit zweien ihrer Söhne in ihren Heimatort reisen zu dürfen, wo offenbar ein weiterer Sohn lebte. Und ein sechzehnjähriger Jugendlicher bekam von der Polizei zwei Wochen «Urlaub» von der Anwesenheit im Bezirk, um in seinem Geburtsort einen Personalausweis zu beantragen.

Die Polizei überwachte auch die örtlichen Moscheen und erfasste die Zahl der Besucher. Im März 2018 hielt der Polizeibezirk Qidaowan fest, dass fünfundsiebzig Personen eine der beiden Moscheen im Bezirk zum Freitagsgebet besucht hatten, «darunter viele Zugezogene. Die Hausbesuche in religiösen Haushalten müssen verstärkt werden. Die Verbindungspersonen in den Einwohnerkomitees müssen den Einsatz an den Moscheen und die Patrouillen im Bezirk verstärken.»

Unter besonderer Beobachtung standen selbstverständlich auch alle Einwohner, die bereits zuvor mit Justiz oder Polizei in Konflikt geraten waren. «Im Sozialwohnungsblock ‹Frühlingsharmonie› wohnt eine Reihe von Personen, die wegen Krankheit aus der Haft entlassen wurden oder nicht ihrer Strafe zugeführt werden konnten», heißt es im selben Bericht vom März 2018. «Sie sind häufig nicht zu Hause und schwer zu überwachen.» Dann folgen Namen und Personalausweisnummern von drei HIV-infizierten Personen und ihre Vorstrafen, die zum Teil schon viele Jahre zurückliegen.

Die Beamten befürchten nun, dass sich die Personen durch Krankenhausaufenthalte der Überwachung entziehen könnten. Sie halten die drei für «relativ extremistisch». Unter Beimischung eines ordentlichen Anteils Küchenpsychologie machen sie eine «versteckte Gefahr» aus: Durch ihre Krankheit hätten die drei nämlich «nichts mehr zu verlieren» und seien daher «leicht zu Taten anzustiften». Die Beamten empfehlen, die Hürden für eine erneute Inhaftierung der drei Kranken zu senken, «sodass tatsächlich alle eingesperrt werden können, die eingesperrt gehören». Damit berufen sie sich auf Parteisekretär Chen Quanguo, der diese Parole mehrfach ausgegeben hat. Für chinesische Beamte ist es wichtig zu signalisieren, dass ihre Forderungen der Umsetzung einer Politik von oben dienen. Sollte eine erneute Inhaftierung nicht möglich sein, fahren sie in ihrem Bericht fort, seien die drei Kranken «zumindest in geschlossenen Krankenhäusern des Gefängnissystems unterzubringen». Alle drei Personen befanden sich laut der Akte rechtmäßig auf freiem Fuß. Doch ihre Vorgeschichte machte sie verdächtig.

Die Daten der Polizeistationen in Ürümchi legen nahe, dass diejenigen, die bereits einmal mit der Polizei zu tun hatten, nun häufig wieder weggesperrt wurden. In dem Datensatz findet sich eine Liste mit 7 Millionen Personalausweisnummern polizeibekannter Personen aus ganz China, 600 000 davon stammen aus Xinjiang. Das lässt sich aus der Personalausweisnummer herauslesen, die in China jeweils mit einer Zahlenkombination beginnt, die den Geburtsort angibt. Es ist nicht ganz klar, wie vollständig diese Liste ist. Klar wird aber, dass die Polizei die Personen in bestimmte «Schwerpunktgruppen» einteilt, zum Beispiel «Person mit Drogenbezug», «flüchtiger Straftäter» oder auch «vorbestraft». Daneben gibt es politische Kategorien: «Schwerpunktpersonen mit Bezug zu den Ürümchi-Ausschreitungen», «geheimdienst- oder staatssicherheitsrelevante Personen» oder auch «stabilitätsrelevante Personen» – frei übersetzt könnte man sagen: potenzielle Unruhestifter. Wer in der Vergangenheit so kategorisiert worden war, landete nach 2017 mit großer Wahrscheinlichkeit im Lager.

Das hat die Xinjiang Victims Database nachgewiesen, die vom amerikanisch-russischen Forscher Gene Bunin ins Leben gerufen wurde. Bunin hat diese Daten mit seinen eigenen Einträgen abgeglichen. Er hat auf seiner Webseite die Namen und Geschichten von mehreren zehntausend Repressionsopfern dokumentiert. Beim Abgleich fand er, dass gut ein Drittel der Personen in seiner Datenbank in eine der genannten Kategorien fällt, also bereits vorher von den Sicherheitsbehörden erfasst wurde.

Offenbar wurden auch Strafgefangene nach dem Absitzen ihrer Haftzeit gleich zur Umerziehung ins Lager gebracht. Mehrere Lagerinsassen berichten, dass Mitinsassen direkt aus dem Gefängnis kamen. Das entspricht einer Anweisung, die Parteisekretär Chen Quanguo in einer Rede vor Kadern der Polizei gab, die sich ebenfalls in den Xinjiang Police Files findet. «Wir dürfen sie nicht freilassen. Wenn jemand freikommt, begeht er neue Taten», warnte er. Chen deutete an, dass die Lager für eine lange Zeit bestehen würden. «Manche Täter werden auch in drei oder fünf Jahren nicht transformiert werden können.»

Die Verhaftungswellen hatten auch außerhalb der Lager spürbare Auswirkungen, wie die Beamten im Stadtteil Xibahe bemerkten. Sie stellten fest, dass sie in ihrem Zuständigkeitsgebiet kaum noch religiöse Personen vorfanden. In ihrem Bericht führen sie das auf den Erfolg der Repressionsmaßnahmen zurück, die «das Denken der religiösen Bevölkerung verändert haben», sowie auf die Personalkontrollen am Moscheeeingang. Und noch einen weiteren Grund geben sie an: Die Masseninhaftierung habe die Bevölkerung ausgedünnt. «Durch die Inhaftierung und Unterbringung in Ausbildungslagern von Personen im Zuständigkeitsbezirk ist die tatsächliche Bevölkerungszahl gesunken.»

Der Bericht eines Polizisten, 2018 auf einem Polizeikanal im sozialen Netzwerk *WeChat* veröffentlicht, zeigt das schiere Ausmaß der Verhaftungswellen. Der Beamte wurde 2017 für mehrere Monate aus Zentralchina nach Xinjiang beordert. «Die Arbeitslast ist nicht vergleichbar mit der eines Polizisten in Innerchina», schreibt er. «Jeden Tag mussten wir fünfzehn bis siebzehn Stunden arbeiten. Die Zahl der Gefangenentransporte erreichte meist hundertfünfzig bis zweihundert Menschen am Tag. Es gab auch Tage, da waren es drei- oder vierhundert. Darunter waren mehrere Dutzend, die an dem Tag gerade verhaftet worden waren, manchmal auch bis zu hundert oder zweihundert. Über hundert waren Gefangenentransporte vom Gefängnis zu Gerichtsterminen. Unsere Vorgesetzten verlangten von uns, Tag und Nacht bedingungslos zur Verfügung zu stehen und Fälle abzuarbeiten.» Solche Abordnungen von Polizisten aus Zentralchina scheinen in diesen Jahren die Regel gewesen zu sein. Ein Polizist aus Innerchina, der anonym vor dem Uyghur Tribunal ausgesagt hat, gibt an, 2018 ebenfalls nach Xinjiang abgeordnet worden zu sein. Zeitgleich mit ihm seien hundertfünfzigtausend Polizisten aus anderen Provinzen zur Verstärkung nach Xinjiang geschickt worden.

Risikomuster: Was verdächtig macht

Den Bewohnern der Region blieben die Gründe für ihre Verhaftung unerklärlich. Sollte eine Reise nach Kasachstan mit einem offiziell von der Regierung ausgehändigten Pass und einem vom kasachischen Konsulat ausgestellten Visum auf einmal ein Verbrechen sein? War das Freitagsgebet in einer staatlich zugelassenen Moschee plötzlich illegal, das von einem Imam gehalten wurde, der bei der Religionsbehörde angestellt war? Oder war ein Telefonat mit der Tochter in der Türkei jetzt eine Straftat, wo man doch ohnehin peinlich genau darauf achtete, nichts Politisches zu besprechen? Erst nach und nach fügten sich die Muster zusammen und wurden durch die beschriebenen Leaks belegt. Der chinesische Staat hatte eine Reihe Faktoren identifiziert, die aus seiner Sicht Risiken darstellten. Im Lauf der Zeit weitete er diese immer weiter aus. Nicht tatsächlich begangene Taten waren der Grund für die Inhaftierung, sondern eine völlig willkürlich angenommene Wahrscheinlichkeit, nach der bestimmte Merkmale bestimmte Personen als Risiko auswiesen. Wer nach Ansicht des Staates in dieses Muster fiel, wurde durch die Lagerhaft zunächst aus dem Weg geräumt und handlungsunfähig gemacht und sollte dann umerzogen – anders ausgedrückt: gebrochen – werden.

Qelbinur Sidik, die als Lehrerin in einem dieser Lager arbeitete, beobachtete, dass die Internierungen in mehreren Wellen anrollten. Zuerst kamen religiöse Menschen, dann eine Reihe säkularer Akademiker: Professoren, Lehrer und bekannte Persönlichkeiten – «Menschen mit Ansehen», wie sie es ausdrückt. Später wurden dann in einer dritten Welle noch prominente Geschäftsleute ins Lager gespült. Wen es genau traf, wirkte zunächst zufällig. Im Lauf der Zeit wurde aber klar, dass unter den Verhafteten neben der religiösen Bevölkerung auch viele wichtige Vertreter der säkularen uigurischen Elite waren: Professoren, Künstler, Musiker, Lehrer.

Im Visier standen diejenigen, die die uigurische Identität, Kultur oder Sprache prägen und erforschen. Mutällip Sidiq Qahiri ist Sprachwissenschaftler. Er forschte zur uigurischen Sprache, sein Lebenswerk ist ein Lexikon über die Herkunft uigurischer Namen. Sein Sohn Tahir Mutällip Qahiri beschreibt ihn als loyales KP-Mitglied. Er erinnert sich, wie sein Vater oft stundenlang Reden von Generalsekretären studierte, eine Aufgabe, der sich KP-Mitglieder nicht entziehen können. Auch die Partei schien ihn für loyal zu halten. Sie vertraute ihm die Herausgabe der Universitätszeitschrift an. Dennoch wurde er 2018 verhaftet. 2020, als er bereits aus dem Lager entlassen war, wollte ich ihn in seiner Wohnung auf dem Universitätscampus besuchen. Als ich die Wachleute am Eingang nach ihm fragte, kamen unverzüglich Polizisten dazu, die mir sagten, ich bräuchte eine Genehmigung von ganz oben, um mit ihm zu sprechen. «Die Partei entscheidet, wer Professor wird und wer Krimineller», sagt sein Sohn Tahir verbittert, der in Deutschland lebt. «Damals hat die Partei ihn zum Professor gemacht. Und jetzt hat sie entschieden, ihn zu einem Kriminellen zu machen.» Das Lexikon der uigurischen

Namen ist in den Buchläden nicht mehr erhältlich, so wie viele andere Werke, die sich mit Sprache, Geschichte oder Literatur der Uiguren beschäftigen. Sogar Bücher, die von den Behörden selbst herausgegeben wurden, konnten ihren Verfassern zum Verhängnis werden. 2021 wurden Urteile gegen sieben Mitarbeiter des Bildungsministeriums von Xinjiang verhängt: Fünf bekamen lange Haftstrafen, gegen zwei wurde sogar die Todesstrafe ausgesprochen, die allerdings zur Bewährung ausgesetzt wurde. Ihnen allen wurde vorgeworfen, Schulbücher mit separatistischen Inhalten veröffentlicht zu haben. Die Bücher waren Mitte der 2000er-Jahre vom Staat herausgegeben worden und dreizehn Jahre lang in Gebrauch, bevor man sie 2016 – nach dem Beginn von Xis Assimiliationspolitik – aus dem Verkehr zog.

Opfer dieser Politik wurden die profiliertesten uigurischen Intellektuellen. Rahile Dawut, ebenfalls Parteimitglied und renommierte Professorin für Ethnologie, die über Volksfrömmigkeit und die traditionellen Schreine geforscht hat, ist ebenso verschwunden wie der avantgardistische Dichter Perhat Tursun, dessen kafkaeske Erzählungen das Schicksal seines Volkes vorwegzunehmen scheinen. Bekannte Dichter und Romanciers kamen reihenweise in Lager und Gefängnisse, ihre Bücher wurden aus den Regalen der Buchläden entfernt. Inhaftiert sind auch Musiker wie der Folkloresänger Abdurehim Heyit oder der Popstar Ablajan Awut Ayup, der mit fröhlichen Songs eine unbeschwerte, aber auch stolze uigurische Lebenswelt besang.

Auch aus der Geschäftswelt sind viele prominente Persönlichkeiten verschwunden. In Ürümchi wurden die beiden Besitzer des populären Restaurants *Miraj* verhaftet. Das Lokal war aufwendig im traditionellen uigurischen Stil dekoriert, für viele Einheimische stand es für die authentische uigurische Küche. Die Brüder waren überdies als Philanthropen bekannt. Sie hatten viele Jahre zuvor eine Stiftung betrieben, die jungen Uiguren den

Bildungsaufstieg ermöglichen sollte. Allerdings war die Stiftung den Behörden schon früh ein Dorn im Auge; bereits Ende der neunziger Jahre wurde sie geschlossen.

Auch Ekpar Asat war eine prägende Unternehmerpersönlichkeit. Als junger IT-Unternehmer hatte er eine Online-Plattform gegründet, die schnell populär in der Region wurde. Er stammt aus einer systemtreuen Familie, beide Eltern sind Parteimitglieder. «Sie haben uns dazu erzogen, Musterbürger zu sein», erzählt seine Schwester Rayhan, die heute in den USA lebt und seinen Fall international publik gemacht hat. «In unserer Familie arbeitete man innerhalb des Systems, nicht gegen das System.» Seine Plattform *Bagdax* folgte den strengen Regeln der chinesischen Internetkontrolle. Es war eine Art Diskussionsforum, das aber auch offizielle Nachrichten verbreitete. Wer dort posten wollte, musste seine Personalausweisnummer angeben. Die Plattform wurde streng überwacht. Trotzdem hatte sie hunderttausend registrierte Mitglieder und mehrere hunderttausend nicht-registrierte Leser.

Das Forum wurde zu einem wichtigen Raum im Netz, in dem sich Uiguren öffentlich austauschten. 2016 wurde Asat zum International Visitor Leadership Program des amerikanischen Außenministeriums eingeladen. Unter den Alumni dieses prestigeträchtigen Programms finden sich zahlreiche spätere Spitzenpolitiker, aus Deutschland etwa Helmut Schmidt, Richard von Weizsäcker, Joachim Gauck und Gerhard Schröder. Für Ekpar Asat begann nach der Teilnahme allerdings keine glänzende Karriere. Kurz nachdem er nach China zurückgekehrt war, verschwand er im Lagersystem.

Wie groß die Anteile der einzelnen sozialen Gruppen an der Lagerbevölkerung waren, wissen wir nicht genau. Es ist nicht bekannt, ob säkulare Intellektuelle ein höheres Risiko hatten, ins Lager zu kommen als religiöse Dorfbewohner im Süden. Klar ist aber, dass den Uiguren ein großer Teil ihrer kulturellen Elite abhanden gekommen ist.

Gut möglich ist, dass die einzelnen Bezirke, Branchen oder Organisationen eine Art Quote an Verhaftungen bekamen, die sie erfüllen mussten. Es gibt Zeugenaussagen, die das nahelegen. Die Art und Weise, wie bestimmte Gruppen der Reihe nach in die Lager kamen, erinnert an den systematischen Terror der Stalinjahre in der Sowjetunion. Damals wurden nach und nach bestimmte Gruppen der Gesellschaft ausgedünnt, Teile der jeweiligen Gruppe ins Lager geschickt oder erschossen. Es begann mit gegnerischen Fraktionen in der Partei, dann folgte die ländliche Bevölkerung, danach kamen gewisse Berufsgruppen und intellektuelle Kreise an die Reihe, auch bestimmte Ethnien wurden verschleppt und verbannt. Wer aus diesen Gruppen verhaftet wurde, konnten ihre Mitglieder nicht wissen. Aber dass sie jederzeit an der Reihe sein könnten, dass kleine Nachlässigkeiten sie verdächtig machen konnten, wussten die Sowjetbürger ebenso wie heute die Uiguren in Xinjiang.

Hightech-Überwachung und Big Data

Die Menschen in der Sowjetunion oder in Maos China versuchten damals hastig, sämtliche Bücher, Briefe, Kunstwerke loszuwerden, die in irgendeiner Form der herrschenden Ideologie widersprachen. Auch die Uiguren säuberten nach 2016 ihre Wohnungen von solchen Beweisstücken, von Koranen und Gebetsteppichen zum Beispiel. Darüber hinaus mussten die Bewohner Xinjiangs auch an ihre digitalen Spuren denken. Alles, was in irgendeiner Weise verdächtig wirken könnte, musste von Handys und Laptops gelöscht werden. Hatte vielleicht jemand im Chat eine Koransure zitiert? Welche *WeChat*-Kontakte könnten einen in Schwierigkeiten bringen? Ausländer, die sich mit der Region befasst haben oder aus anderen Gründen dort Menschen kannten, berichten, dass ihre uigurischen Kontakte sie von einem Tag auf den anderen löschten. Manche Uiguren stiegen von Smartphones auf ältere Tastenhandys um. Was sie nicht wussten: Auch das war ein verdächtiges Verhalten, denn wer sich der Überwachung entzieht, erregt Verdacht.

Denn die Polizei setzte bei der Auswahl ihrer Opfer stark auf Technologie. In den Vorjahren hatte der Staat bereits massiv die Überwachungstechnik ausgebaut. Kameras gehörten längst zum Straßenbild. Jetzt wurde in Gesichtserkennungssoftware und Datenverarbeitung investiert. Im Norden Ürümchis wurden riesige Rechenzentren gebaut. Ausschreibungsdokumente legen nahe, dass hier die Informationen der Überwachungskameras und andere Polizeidaten zusammenfließen und miteinander abgeglichen werden. «Gemeinsame Integrierte Operationsplattform» nennen die Behörden ihr Big-Data-System. Es ist über eine App mit den Smartphones der Polizisten verbunden. Die Organisation Human Rights Watch (HRW) kam 2019 in Besitz dieser App und analysierte sie. Sie fand eine allumfassende Überwachungssoftware, die Gesichter erkennt und Wifi-Netzwerke in der Umgebung ausspioniert. Identifiziert der Algorithmus ein verdächtiges Verhalten, bekommen die lokalen Polizisten eine Nachricht mit dem Auftrag, weiter gegen die Person zu ermitteln und ihre Ergebnisse dann wieder in die App einzupflegen: Herrscht im Haushalt eine «strenge religiöse Atmosphäre»? War die Person im Ausland? Wenn ja, zu welchem Zweck? Und natürlich: Gehört die Person zu einer «speziellen» Gruppe, oder legt sie ein verdächtiges Verhalten an den Tag?

Zu den verdächtigen Verhaltensweisen gehören erwartbare Dinge, etwa dass jemand Geld für Moscheen sammelt oder sich mit dem Wahhabismus beschäftigt hat. Auch wer bereits einmal aus politischen Gründen mit der Polizei zu tun hatte, ist verdächtig. Aber es gibt auch ziemlich unvorhersehbare Kriterien. Wer nach langer Abwesenheit in seine Heimatstadt zurückkehrt, wird ebenso erfasst wie jemand, der zu viel Strom verbraucht. Wer sein Hab und Gut verkauft, wer nicht mit seinen Nachbarn kommuniziert oder «selten den Vordereingang seiner Wohnanlage» nutzt, erfährt ebenfalls besondere Aufmerksamkeit der Behörden. Ebenso ist verdächtig, wer ein Auto nutzt, das auf eine andere Person zugelassen ist, oder sein eigenes Auto verleiht. Auffällig kann auch jemand sein, in dessen Haushalt zum Zeitpunkt der Polizeikontrolle mehr Personen angetroffen wurden, als im Haushalt gemeldet sind. Besucher werden zum Risiko. All diese «Tatbestände» sind in China nicht illegal. Doch für die Behörden sind sie Grund genug, jemanden zu überwachen und möglicherweise ins Lager zu stecken.

Eine Liste des Landkreises Konasheher, die in den Xinjiang Police Files enthalten ist, zeigt, in welchem Umfang der Algorithmus Menschen in Gefängnisse und Lager brachte. Rund viertausend Namen finden sich darauf. Sie alle hatte die «Gemeinsame Integrierte Operationsplattform» als verdächtig identifiziert – fast ein Fünftel aller Personen im Landkreis, die damals in Lagern oder Gefängnissen saßen. Hinter jedem Namen folgt ein Vermerk: «verhaftet», «bereits verurteilt» oder «in Umerziehung». Nur bei einigen wenigen steht «nicht verhaftet», gefolgt von einer Erklärung: «schwanger», «hohes Alter», «behindert» oder «im Krankenhaus». Und bei einigen sogar: «Grundschüler». Der Algorithmus hatte Zehnjährige als verdächtig identifiziert. Dass selbst die Behörden irgendwann das Gefühl hatten, dass es bei der Internierung zu einem gewissen Wildwuchs gekommen war, zeigt ein weiteres Dokument aus demselben Leak. Der Bezirk Ili wies die Beamten an, nur noch auf solche elektronisch generierten Mitteilungen zu reagieren, die die Systeme der Regionalregierung in Ürümchi herausgaben. Den unteren Verwaltungsebenen wurde verboten, eigene Systeme zu entwickeln. «Kreis- und Bezirksebene dürfen das Konzept der Push-Nachrichten nicht selbst anwenden.»

Die Bewohner von Xinjiang kannten und kennen die Kriterien nicht, nach denen die Computersysteme sie als verdächtig identifizieren. Für sie ist es unmöglich, vorherzusehen, dass ihr Stromverbrauch oder das Verleihen eines Autos sie zu Verdächtigen macht. Sie haben auch keine Chance, sich anzupassen und zu schützen. Die ständige Angst, man könne der Nächste sein, der völlig willkürlich abgeführt wird, gehörte zum Alltag der Bewohner. «Wir waren überzeugt, dass alle irgendwann ins Lager kommen», erinnert sich Zumret Dawut.

Die Lagerbedingungen verschlimmern sich

Im Lauf der Zeit wurden in vielen Lagern die Bedingungen immer unmenschlicher. Insassen, die zunächst aus gesundheitlichen oder anderen Gründen freikamen und dann erneut eingesperrt wurden, berichten, dass sich das Lagerregime bei ihrem erneuten Besuch verschärft hatte. «Ich habe das Lager beim zweiten Mal nicht wiedererkannt», sagt eine Insassin. «Plötzlich kam mir das erste Lager wie ein guter Ort vor.» Ähnliches schildert Gulzira Auelhan, die eine ganze Reihe von Lagern durchlaufen hat. Die erste Einrichtung befand sich in einem Behördengebäude. Von dort wurde sie in eine Geburtsklinik gebracht, die ebenfalls provisorisch zum Lager umfunktioniert worden war. Im Sommer 2018 verlegte man sie in eine Mittelschule. «Sie sagten uns, die Lager seien überfüllt», erinnert sie sich. «Wir würden über den Sommer in der Schule bleiben. Wenn die Schüler aus den Ferien zurückkämen, würde man uns in ein neues Lager bringen, das noch im Bau sei.» Ende August verlegte man sie schließlich in das neue Lager am Stadtrand der Kreisstadt Ghulja.

Unter den Gefangenen war es bekannt als «Chengdong-Lager»,
das bedeutet «östlich der Stadt». Auf Satellitenbildern sieht man,
dass der Bau im Frühjahr 2018 begonnen wurde und im September bereits fertig war. Das Areal besteht aus zwölf vierstöckigen
Zellenblocks, jedes ist etwa 100 Meter breit. Ein Lager für Tausende Insassen.

«Im ersten Lager hatten wir noch genug zu essen», erinnert
sich Gulzira. Später änderte sich das. Das Regime des Lageralltags wurde strenger, Strafen nahmen zu. «Im dritten Lager
durften wir uns nicht einmal mehr ungefragt am Kopf kratzen»,
sagt sie, «sonst drohten Schläge.» Auch die Zeit, die ihnen täglich
für den Toilettengang zugestanden wurde, durfte nicht überschritten werden. «Man hatte zwei Minuten am Tag. Brauchte
man länger, kam man in den Tigerstuhl und wurde geschlagen.»
Die permanente schmerzhafte Verstopfung gehört zu ihren lebhaftesten Erinnerungen ans Lager. Immer wieder erwähnt sie im
Interview, wie demütigend es für sie war, nicht auf die Toilette gehen zu können. Ähnliche Schilderungen gibt es auch von anderen Insassen. Auch nackte Gewalt war Teil des Lageralltags. «Sie
fragten uns schwierige chinesische Wörter ab», erzählt Gulzira,
die kaum Chinesisch spricht. «Wenn wir sie uns nicht merken
konnten, schlugen sie uns mit dem elektrischen Schlagstock auf
den Kopf.»

Der Gewalt zu entkommen war unmöglich. Die Insassen wurden systematisch beobachtet, Männer wie Frauen. In Zellen,
Klassenzimmern, Verhörräumen, Toiletten und Duschen waren
Überwachungskameras angebracht, die offenbar rund um die
Uhr gesichtet wurden. Fiel den Beamten etwas auf, kamen
prompt über Lautsprecher Ermahnungen und Anweisungen.
«Aus der Lautsprechern plärrte ständig irgendwas», sagt Baqytali. «Ich hatte häufig Kopfschmerzen von dem Geräusch.» Nicht
immer blieb es bei Ermahnungen. Zumret Dawut erinnert sich,

wie sie am ersten Tag im Lager einer anderen Frau ihr Essen gab. «Sie war zuckerkrank und jammerte, dass sie nicht satt würde. Und ich hatte vor Anspannung keinen Appetit. Aber in dem Moment, als ich ihr mein Essen gegeben hatte, kamen die Wachen reingestürmt und begannen mit ihren Stöcken auf mich einzuschlagen.» Sie hatten die Szene durch die Kamera beobachtet. Ein anderer Insasse beschreibt, wie die Wachen einen Mitinsassen durch die Kamera beim heimlichen Beten beobachteten. «Er kam in den Tigerstuhl. Danach haben wir drei Tage lang seine Schreie gehört. Gesehen haben wir ihn nicht mehr.»

Die Überwachungskameras dürften keine toten Winkel bilden, heißt es in Zhu Hailuns berüchtigtem «Telegramm», von dem schon die Rede war. Das Wachpersonal müsse die Insassen «in Echtzeit und im Detail überwachen und bei verdächtigem Verhalten sofort Meldung machen». Gespräche zwischen den Insassen wurden ebenfalls abgehört. In manchen Lagern achtete man peinlich genau darauf, dass die Insassen Mandarin miteinander sprachen – gemäß Zhus Anweisung, dass Mandarin nach und nach im Alltag zu verwenden sei. Obwohl ältere und wenig gebildete Uiguren und Kasachen häufig kein Chinesisch verstehen, berichten mehrere Insassen, dass überwacht wurde, dass die Gefangenen nicht in ihrer Muttersprache kommunizierten. In anderen Lagern durften die Gefangenen offenbar gar nicht miteinander sprechen. Zumret Dawut erinnert sich, wie sie am ersten Tag ihre Zellengenossinnen mit Fragen überhäufte. «Ich habe geweint und versucht, mit den anderen Kontakt aufzunehmen und Fragen zu stellen. Doch als Antwort kam nur: ‹Sei jetzt still und stell keine Fragen.›» Später fand sie heraus, dass es nur ein kleines Zeitfenster gab, in dem die Insassinnen miteinander sprechen konnten. «Nach dem Unterricht mussten wir den Stoff wiederholen. Und während alle laut ihre Lektionen rezitierten, konnten wir mit unserer Nachbarin flüstern.»

Auch nachts hörte die Überwachung nicht auf. Einige Insassen erzählen, dass sie nur in bestimmten Positionen schlafen durften. Bewegten sie sich im Schlaf, wurden sie per Lautsprecher ermahnt. In Zumret Dawuts Lager mussten alle Frauen auf der rechten Seite liegen. Ein anderer Insasse erzählt, dass sie auf dem Rücken oder der Seite schlafen durften, solange sie ihr Gesicht nicht bedeckten. Dabei brannte in der Zelle die ganze Nacht das Licht. Da es in vielen Lagern mehr Insassen als Betten gab, schlief häufig ein Teil der Zelleninsassen auf dem Boden. Zumret Dawut erinnert sich, dass immer nur die Hälfte der Insassinnen schlafen durfte, die anderen mussten stehend wachen. Nach drei Stunden wurde gewechselt. «Bis heute wache ich nachts alle drei Stunden auf. Manchmal stehe ich auch auf und schlafe im Stehen weiter.»

Gehirnwäsche

Die Tage im Lager bestanden vor allem aus Unterricht: aus Mandarin-Kursen und politischer Indoktrination. Häufig sahen die Klassenzimmer wie Gefängniszellen aus. Das Lehrerpult war mit Gittern vom Klassenraum getrennt. «Sie standen in einem Käfig und haben uns von dort aus unterrichtet», erzählt Zumret Dawut. Und Baqytali Nur, der Gemüsehändler, dem seine Besuche in Kasachstan zum Verhängnis geworden waren, erinnert sich, dass neben dem Lehrer stets zwei bewaffnete Polizisten aufpassten.

Der Unterricht bestand aus Mandarin-Kursen und ideologischer Erziehung. Die Lehrerin Qelbinur Sidik, die 2017 in eins der Lager bei Ürümchi abgeordnet worden war, erzählt, dass sie keinerlei Anweisungen bekommen habe, wie ihr Unterricht aussehen sollte. Sie sei einfach vor die Klasse gestellt worden und sollte beginnen. «Nach einiger Zeit brachten sie mir Lehrbücher. Es waren Chinesischbücher für zwei- bis sechsjährige Kindergar-

tenkinder.» Damit unterrichtete sie sowohl alte Männer, die kein
Wort Chinesisch konnten, als auch Professoren, die vor ihrer
Lagerhaft Artikel in chinesischen Fachzeitschriften publiziert
hatten.

Meist wurden in den Lagern alle Insassen gemeinsam unterrichtet. Da saßen Uiguren oder Kasachen, die ihren Schulabschluss auf Mandarin gemacht hatten, neben solchen, die weder
lesen noch schreiben konnten. Erbaqyt Otarbai, der sein Abitur
an einer chinesischen Schule gemacht hatte, fragte am Anfang
ungläubig nach, warum er Kurse besuchen musste, die offenbar
für Analphabeten gedacht waren. «Mir wurde gesagt, jeder müsse
teilnehmen. Es war reine Zeitverschwendung.»

Keiner der Insassen, mit denen ich gesprochen habe, sagte, er
habe hinterher besser Chinesisch gesprochen als vorher. Auch
Qelbinur Sidik glaubt, das Lernen sei der Lagerverwaltung gar
nicht wichtig gewesen. «Es war eine reine Show», sagt sie. «Nach
einer Zeit fragte ich, ob ich die Schüler auch prüfen soll. Sie antworteten, es sei mir überlassen.» Qelbinur ließ tatsächlich eine
Prüfung schreiben; schließlich war sie achtundzwanzig Jahre
lang Lehrerin im chinesischen Schulsystem gewesen, das ganz
auf Noten und Examen ausgerichtet ist. Aber nie erkundigte sich
jemand nach dem Ergebnis.

Auch politische Indoktrination stand auf dem Lehrplan. Kairat
Samarkhan, der Ende 2017 für mehrere Monate ins Lager gekom-
men war, erinnert sich, dass sie Beschlüsse des 19. Parteitags der
Kommunistischen Partei auswendig lernen mussten. In anderen
Lagern kamen Dozenten, die stundenlang über den schädlichen
Einfluss der Religion referierten. «Sie sagten uns, wir seien durch
den Islam infiziert», erzählt Zumret Dawut. «Sie bezeichneten die
Religion als Virus, das uns alle angesteckt habe.» Didaktisch wa-
ren die Lektionen eher simpel gestrickt. «Die Dozentin fragte uns,
ob wir je einen Gott gesehen hätten. Wir schwiegen. Anschlie-

ßend fragte die Dozentin, ob es Xi Jinping gebe und wir ihn gesehen hätten. Wir antworteten: ‹Ja, Xi Jinping haben wir gesehen.›»

In manchen Lagern fanden diese Politlektionen auf Uigurisch statt, oft aber wurden auch diese Kurse ausschließlich in Mandarin abgehalten. «Ich verstand nur einen Teil dessen, was sie sagten», sagt Baqytali Nur. «Aber was ich verstand, war, dass wir ein Problem mit unserem Gedankengut hätten.»

Möglicherweise ist die Sinnlosigkeit des Unterrichts einfach das Ergebnis des hierarchischen chinesischen Systems: Anweisungen werden blind erfüllt, egal, wie sinnvoll oder sinnlos sie sind. Weil von oben die Anweisung kam, dass «Deradikalisierungs-Unterricht» stattfinden sollte, wurde eben Unterricht abgehalten. Weil im «Telegramm» stand, der Unterricht solle auf Chinesisch stattfinden, ging die Lagerleitung kein Risiko ein, wenn sie Unterricht abhielt, den niemand verstand. Wenn sie dagegen auf Uigurisch unterrichten ließ, machte sie sich angreifbar. Die Anweisungen im «Telegramm» waren sehr detailliert: Es sollte Mandarin, Politik, persönliche Hygiene und Moral unterrichtet werden. Die Lagerverwaltungen hakten also möglicherweise einfach diese Punkte ab, weil sie wussten, dass hinterher nicht das Ergebnis, sondern die formale Erfüllung der Anweisungen zählte.

Noch wahrscheinlicher ist aber, dass es in den Lagern nicht ums tatsächliche Lernen ging, sondern um systematische Demütigungen. Baqytali Nur erinnert sich, dass die Insassen auf niedrigen Hockern sitzen mussten, und zwar bis zu fünfzehn Stunden am Tag. «Nach einiger Zeit schwollen mir die Beine an, und ich konnte nur noch mit einem Stock laufen», erinnert er sich. Auch Zumret Dawut erinnert sich an Schmerzen während des Unterrichts. Sie hätten in Fußfesseln auf dem blanken Betonboden sitzen und sich dabei ganz gerade halten müssen. Durch die Schmerzen und den Schlafentzug habe sie sich so schwach gefühlt, dass sie kaum in der Lage war, den Worten der Dozenten und Dozentinnen zu folgen. «Ich habe an nichts gedacht, nicht an meine Kinder, nicht an meinen geliebten Mann. Mein Kopf war absolut leer. Ich habe nur nach vorne geschaut und die Augen offen gehalten.»

Letztlich war das Ziel wohl, den Willen der Insassen zu brechen und absoluten Gehorsam zu erzwingen. Die Lagerinsassen mussten regelmäßig vor der Klasse ihre Sünden bekennen. «Ich musste immer wieder wiederholen, dass ich eine vertrauensunwürdige Person bin und dass es ein Fehler gewesen sei, nach Kasachstan zu fahren», erzählt Baqytali. «Und dann musste ich der Kommunistischen Partei danken, dass sie mir Gelegenheit gibt, mich zu bessern. Es ging nicht darum, irgendetwas zu lernen», glaubt er. «Es ging um Gehirnwäsche.»

Die Bekenntnisrituale, die Baqytali und andere beschreiben, stammen aus dem Repertoire der kommunistischen Unterdrückungsmethoden. Sie erinnern an die Demütigungen, die vermeintliche ideologische Abweichler in der Kulturrevolution ertragen mussten. Und sie ähneln den Kritik-und-Selbstkritik-Sitzungen unter Stalin, in denen Beschuldigte öffentlich angeklagt wurden und dann Schuldbekenntnisse und Reuebekundungen ablegen mussten.

Verhöre, Folter und medizinische Eingriffe

Immer wieder fanden während der Haftzeit Verhöre statt. Die Gefangenen wurden tagsüber oder nachts abgeholt und in spezielle Räume gebracht, in denen sie erneut an den Tigerstuhl gefesselt wurden. Dort stellten die Wachen ihnen wieder und wieder dieselben Fragen wie in den ersten Verhören nach ihrer Verhaftung. Zwischen den einzelnen Lagern gibt es Unterschiede. Kairat Samarkhan sagt, wer sich an die Regeln gehalten habe, sei

nicht malträtiert worden. Andere schildern, dass es regelmäßige
Verhöre im Tigerstuhl gegeben habe, häufig nachts. Zumret Dawut empfand die Verhöre im Lager als weniger brutal als das erste
Verhör nach der Verhaftung. Die Schellen am Tigerstuhl seien
weniger stark festgezogen worden als beim ersten Mal, und sie
wurde nicht geschlagen. Andere haben bei diesen Verhören Folter durch Schläge und Elektroschocks erlebt. Gulzira Auelhan
schildert, dass sie regelmäßig mit elektrischen Schlagstöcken auf
den Kopf geschlagen wurde. Und an Erbaqyt Otarbais Körper
sieht man bis heute die Spuren der Gewalt. Er ist von Narben
übersät, die er durch Schläge und Tritte und durch die Metallfes-
seln am Tigerstuhl erlitten hat. Auch am Kopf hat er noch Spuren
von Tritten gegen den Schädel. Alle Insassen, die von solchen
Verhören erzählen, erwähnen außerdem Fälle von Gefangenen,
die nach solchen Verhören nicht mehr zurückgekommen seien.
Wir haben keinerlei Informationen über die Sterblichkeit in den
Lagern, aber es ist davon auszugehen, dass ein Teil der Insassen
die Lager nicht überlebte.

Viele Insassen haben von Mangelernährung, Gewalt und
Schlafmangel körperliche Schäden zurückbehalten. Baqytali Nur
verbrachte drei Monate im Krankenhaus, nachdem er im Lager
Blut spuckend zusammengebrochen war. Seine Krankenhaus-
unterlagen, die er sorgfältig aufbewahrt hat, zeigen eine ganze
Reihe Erkrankungen, die eine lange medizinische Behandlung
erforderten, darunter Gastritis, Lungenkrankheiten und Blutge-
rinnsel.

Die nächtlichen Verhöre waren insbesondere in den Frauen-
abteilungen der Lager gefürchtet «Nachts wurden junge Mädchen abgeführt», erzählt Zumret Dawut. «Sie blieben die ganze
Nacht weg, und wenn sie morgens wiederkamen, bissen sie sich
in die Hände und kratzten sich am ganzen Körper.» Mehrere Insassinnen schildern ähnliche Vorfälle. Einige haben ausgesagt,

selbst Opfer brutaler Gruppenvergewaltigungen durch die Wärter geworden zu sein.

Wir wissen nicht, wie systematisch sexuelle Gewalt in den Lagern war. Wir wissen nicht, ob die Gewalt gezielt eingesetzt wurde oder ob einzelne Männer ihre Macht ausnutzten im Wissen, dass die Opfer keine Möglichkeit hatten, dagegen vorzugehen. Die chinesische Regierung weist die Schilderungen selbstverständlich so empört zurück wie auch alle anderen Berichte über Gewalt, Folter und Zwang. Doch die Tatsache, dass mehrere Frauen aus unterschiedlichen Lagern von solchen Erfahrungen berichten, spricht dafür, dass es, wenn nicht autorisiert, so doch zumindest verbreitet war.

Frauen und Männer berichten, regelmäßig Medikamente bekommen zu haben, von denen sie nicht wussten, was sie bewirken. «Die Wärterinnen stülpten sich einen Fingerhandschuh aus Gummi über und tasteten unseren Mund ab, um zu kontrollieren, dass wir unsere Pillen auch runtergeschluckt hatten», erinnert sich Zumret Dawut. Bei den Frauen war offenbar ein Mittel im Medikamentencocktail enthalten, das ihre Gebärfähigkeit stören sollte. Es bewirkte, dass der Menstruationsrhythmus durcheinandergeriet. «Manche hatten danach ihre Monatsblutung nicht mehr», erinnert sich Gulzira Auelhan. «Andere schon, sie bekamen dann eine Binde, die für mehrere Tage reichen musste.» Gulzira sagt, dass sie bis heute Menstruationsstörungen habe. Manchmal dauerten ihre Tage länger als einen halben Monat. Die Lehrerin Qelbinur Sidik, die nach einem halben Jahr von einer Anstalt für Männer in ein Frauenlager versetzt wurde, sah dort, wie Sanitäter ein Mädchen heraustrugen. «Ihre Blutungen hörten nicht auf», erinnert sie sich, «sie ist auf dem Weg ins Krankenhaus verblutet.» Einige Frauen schildern auch, dass ihnen in den Lagern zwangsweise Spiralen eingesetzt wurden.

Dezimierung der Nicht-Han

Die gezielten Angriffe auf die Fortpflanzungsfähigkeit der Frauen hatte System weit über das Lagerwesen hinaus. Auch außerhalb der Einrichtungen nahmen die Behörden Frauen ins Visier und setzten ihnen gegen ihren Willen Spiralen ein. «Allen Frauen, die die Bedingungen für das Einsetzen von Verhütungsmitteln erfüllen und bei denen keine medizinischen Vorbehalte vorliegen, müssen diese umgehend eingesetzt werden», heißt es in einem Erlass. Offiziell betraf die Politik alle, die bereits drei Kinder oder mehr hatten. Doch in der Praxis waren auch Frauen mit weniger Kindern dabei. Der Landkreis Nilka im Nordwesten der Region wies seine Geburtenplanungskommissionen 2019 an, ein besonderes Augenmerk auf Arbeitsmigrantinnen zu haben. Arbeitsmigranten sind allgemein für den Überwachungsstaat ein Problem, weil sie nicht mehr im Kontrollbereich ihrer Einwohnerkomitees leben. Sie sind schwerer zu überwachen, weil sie oft nicht gemeldet sind. Als der Staat seine Kampagne gegen die Minderheiten begann, war eine der ersten Maßnahmen, einen Großteil der uigurischen Wanderarbeiter nach Hause zu schicken. Die verbliebenen Frauen nahm der Landkreis Nilka nun ins Visier. Sie sollten – entgegen den staatlichen Bestimmungen – bereits nach der ersten Geburt eine Spirale eingesetzt bekommen; nach der zweiten sollten sie sogar sterilisiert werden.

Zwangssterilisierungen waren auch andernorts an der Tagesordnung. Nachdem Zumret Dawut aus dem Lager entlassen worden war, wurde sie zu ihrem Einwohnerkomitee gerufen. Weil sie drei Kinder habe, müsse sie unfruchtbar gemacht werden, teilte man ihr mit. Sie litt damals noch unter den Folgen der Lagerhaft und bat darum, die Operation abzusagen. Doch das Komitee kannte kein Erbarmen. Verweigere sie den Eingriff, müsse sie zurück ins Lager, sei ihr gedroht worden. Mit fünf anderen Frauen aus ihrer Nachbarschaft wurde sie ins Krankenhaus gefahren, wo man recht brutal mit ihnen umging. Sie sei betäubt, operiert und nach dem Aufwachen direkt weggeschickt worden. «Sie haben uns wie ein Stück Fleisch behandelt», sagt sie. Auch die Lehrerin Qelbinur Sidik musste sich der Prozedur unterziehen. Dabei hatte sie nur eine Tochter und war damals bereits fünfzig Jahre alt. Doch auch hier ließ das Einwohnerkomitee nicht mit sich verhandeln. Offizielle Statistiken zeigen, dass 2018 in Xinjiang mit zweihundertvierzig Eingriffen pro hunderttausend Einwohner fast zwanzigmal so viele Sterilisationen vorgenommen wurden wie 2012. In ganz China ist die Zahl dagegen zurückgegangen. Und Adrian Zenz hat anhand von Budgetzahlen einzelner Landkreise ausgerechnet, dass mancherorts genug Geld bereitstand, um ein Drittel der Frauen im gebärfähigen Alter zu sterilisieren.

Verantwortlich für solche Maßnahmen innerhalb der Überwachungsbürokratie waren die Geburtenplanungskommissionen. Anfang der 1980er-Jahre hatte die chinesische Regierung eine strenge Geburtenkontrolle eingeführt, die oft als Ein-Kind-Politik bezeichnet wird, weil sie Paaren in den Städten nur noch ein Kind erlaubte. Frauen in China brauchten nun eine Geburtserlaubnis, wenn sie im Krankenhaus entbinden wollten. Hohe Strafen drohten für das zweite Kind. Manchmal zwang der Staat die Frauen auch zur Abtreibung (was nach chinesischem Recht eigentlich illegal ist). Später wurde Familien auf dem Land ein zweites Kind erlaubt.

Die Geburtenplanungskommissionen waren mächtig und gefürchtet. Sie konnten zu unangekündigten Besuchen vor der Tür stehen, um nach Schwangeren zu fahnden. Und sie besuchten die Familien, um Verhütungsmittel zu verteilen.

Lange war die Familienplanungspolitik für Han-Chinesen strenger als für die ethnischen Minderheiten. Nicht-Han durften in Xinjiang zwei Kinder haben, wenn sie in der Stadt wohnten, und drei auf dem Land. In der Realität hatten viele Familien zusätzlich unregistrierte Kinder. Seit 2015 gelten für Uiguren und Kasachen die gleichen Quoten wie für Han-Chinesen. Und es gibt deutliche Hinweise darauf, dass die Politik für die ethnischen Minderheiten weiter angezogen wird, während sie für die Han immer laxer wird. In Innerchina hat die Regierung die Beschränkungen inzwischen gelockert. Weil die Bevölkerung rasant altert, wurden allen zunächst zwei Kinder erlaubt, inzwischen sind es drei. Der Staat fördert heute Geburten bei Han-Chinesen und greift nun immer stärker in die andere Richtung ein. An manchen Orten dürfen chinesische Krankenhäuser keine Vasektomien mehr durchführen, also keine Männer mehr sterilisieren.

Gegen Geburten von Muslimen geht der Staat dagegen nun umso härter vor. Die Behörden stellen die Geburtenplanungspolitik als Teil ihres Kampfes gegen «Extremismus» dar. «Illegale Geburten, die auf den Einfluss von religiösem Extremismus zurückgehen, sind streng zu behandeln», heißt es in einer Anweisung der Familienplanungskommission der Stadt Fukang. Die Leaks, die wir kennen, bestätigen das. Ein großer Teil der Personen auf der Karakash-Liste saß für Verletzungen der Familienplanungspolitik ein.

Alle diese Maßnahmen haben dazu geführt, dass das Bevölkerungswachstum unter den Nicht-Han, vor allem unter den Turkvölkern von Xinjiang, massiv zurückgegangen ist. Für die gesamte Region halbierte sich das Bevölkerungswachstum zwischen 2017 und 2019 und liegt jetzt unter dem chinesischen Durchschnitt. Die Statistiken schlüsseln die Ethnie von Neugeborenen und Verstorbenen nicht immer auf, doch Zahlen zeigen, dass an den Orten, wo die ethnischen Minderheiten die Mehrheit stellen, das Bevölkerungswachstum massiv eingebrochen ist. In Kashgar und Hotan, den größten Verwaltungsbezirken der Region mit überwiegend uigurischer Bevölkerung, wuchs die Bevölkerung

2018 viermal langsamer als noch vor Beginn der Dezimierungs-
kampagne. In manchen Landkreisen schrumpfte die Bevölkerung sogar.

Chinesische Wissenschaftler haben schon seit mehreren Jahren
in Artikeln argumentiert, das Bevölkerungswachstum der Minderheiten müsse gebremst werden. Dafür sollten mehr Han in
der Region angesiedelt werden. «Der Anteil der Han ist im Süden
Xinjiangs zu niedrig, er beträgt weniger als 15 Prozent. Das de-
mografische Ungleichgewicht ist das Kernproblem Xinjiangs»,
sagt Liu Yilei, stellvertretender Vorsitzender der Siedlerorganisation Aufbau- und Produktionskorps Xinjiang. Und Xu Jianying
von der Chinesischen Akademie für Sozialwissenschaften, der
wichtigsten gesellschaftswissenschaftlichen Forschungseinrich-
tung Chinas, schreibt: «Wir müssen langfristig strategisch pla-
nen, wir brauchen Geduld und Selbstbewusstsein, um den Süden
Xinjiangs zu transformieren und seine Bevölkerungsstruktur zu
ändern.»

Spionierende «Verwandte»

Viele Beobachter beschreiben die Repressionskampagne gegen
die Uiguren als technologische Dystopie, die dank Überwachungstechnik, Gesichtserkennung, Stimmerkennung und den
Datenbanken der Polizei praktisch lückenlos ist. Allerdings zeigt
sich in den Erzählungen der Betroffenen, dass die Überwachung
durch die Parteizellen, die Einwohnerkomitees (auch Gemein-
schaftskomitees genannt) und Geburtenplanungskommissionen
mindestens genauso effektiv war. Seit den fünfziger Jahren hat
der chinesische Staat ein dichtes Netz zur Kontrolle seiner Bürger
geschaffen. Damals hatte die Arbeitsstelle, die *danwei* (etwa «Einheit»), umfassende Kontrolle über ihre Mitarbeiter, bis tief ins
Privatleben hinein. Die Danwei vergab Wohnraum. Als be-

stimmte Lebensmittel rationiert waren, kam man über sie an Lebensmittelmarken. Und sogar wer heiraten wollte, brauchte zeitweise die Zustimmung der Danwei. Als mit den Wirtschaftsreformen in den 1980er-Jahren immer mehr Menschen in Privatunternehmen und im informellen Sektor arbeiteten, übernahmen die Einwohnerkomitees einen Teil dieser Aufgaben. In den letzten Jahren sind sie immer mächtiger geworden.

Es sind die Mitarbeiter dieser Komitees, die die Gewaltkampagne gegen die muslimischen Volksgruppen organisieren. Sie machen Hausbesuche, in denen sie nach verbotenen Büchern suchen. Sie bringen die Frauen zur Zwangssterilisierung ins Krankenhaus und sie organisieren Flaggenzeremonien, an denen regelmäßig alle Bewohner teilnehmen und in denen sie ihre Treue zum Vaterland schwören müssen. Diese Zeremonien beinhalten neben Strammstehen zum Fahnenhissen und dem Singen «roter Lieder» auch politische Lektionen. Zumret Dawut erzählt, dass ihr Komitee regelmäßig verlangte, dass die Bewohner Lobpreisungen auf die Partei auswendig lernten und aufsagten. Die Komitees arbeiten eng mit der Polizei zusammen. «Das Einwohnerkomitee der Huizhan-Siedung stattete Angehörigen von Personen, die sich in Untersuchungshaft, in Haft oder Umerziehung befinden, Besuche ab, spendete Trost und leistete Unterstützung», heißt es Woche für Woche in einem Polizeibericht aus dem *Intercept*-Datensatz. «In Diskussion und Vortrag wurde den Angehörigen gegenüber die politische Linie zu Ethnie und Religion propagiert. Personen unter besonderer Beobachtung wurden täglich besucht.»

Wenn Insassen endlich aus dem Lager herauskamen, waren sie nicht frei. Nun waren es diese Komitees, denen die Aufgabe zukam, sie weiterhin zu überwachen und umzuerziehen. Baqytali Nur erzählt, dass er alle zwei oder drei Tage unangekündigten Besuch von Beamten bekam. Die Gespräche ähnelten den Verhören im Lager. «Sie erzählten mir, dass ich mein Gedankengut weiter zu reformieren hätte, dass ich meine Verbrechen bekennen müsse und dass ich niemandem vom Lager erzählen dürfe.» Und Erbaqyt Otarbai wurde nach seiner Entlassung direkt an ein solches Komitee überstellt. «Es gab dort einen Raum, wo die Kader übernachten konnten, da wurde ich einquartiert», sagt er. Seine Aufgabe war nun, die Mitarbeiter des Komitees zu bekochen. Anders als im Lager wurde er von den Mitarbeitern anständig behandelt. «Sie mochten das Essen und ermutigten mich, ihnen zu sagen, wenn ich müde sei.» Dennoch stand er unter einer Art Hausarrest, konnte die Räume des Komitees nicht verlassen. «Wenn ich Mehl oder Gemüse kaufen wollte, begleitete mich immer ein Mitarbeiter des Komitees.» Nach fünf Monaten konnte er schließlich nach Kasachstan ausreisen.

Doch nicht nur die Komitees, sondern der gesamte Beamtenapparat ist in die Überwachung der Uiguren, Kasachen oder Kirgisen eingebunden. Beamte werden abgeordnet, um regelmäßig uigurische oder kasachische Familien zu besuchen. Sie leben und essen mit den Bewohnern und übernachten bei ihnen. Sie werden als «Verwandte» bezeichnet und müssen regelmäßig in den Haushalten vorbeischauen. «Die Kader sollen am eigenen Leib die Temperatur der Massen erfühlen und ihre Gedanken und Hoffnungen kennenlernen», heißt es in einem Handbuch für Funktionäre von 2015. Wie so oft stellt die Partei die Zwangsbesuche als großzügige Hilfsmaßnahme dar. Die Kader sollen den Bewohnern in Alltagsdingen helfen, heißt es. Doch die Handbücher machen ebenfalls klar, dass es hier auch darum geht, die Bewohner im Sinne der Partei zu «erziehen» und auszuspionieren: «Besondere Mühe ist darauf zu verwenden, Einflüsse zu erkennen, die die Stabilität und den Frieden gefährden.» Die Kader sollen «gründlich ermitteln und Fachleute ins Dorf bringen, um Informationen über die religiösen Aktivitäten zu erlangen».

Wie das in der Praxis aussieht, beschreibt der Arbeitsbericht einer Delegation des Industrie- und Handelsbüros der Regional-regierung, der im Netz veröffentlicht wurde: «Zwei Arbeitsgrup-pen kamen frühmorgens um 7:30 zur Juma-Moschee im Dorf Ontusaq, um eine umfassende Ermittlung durchzuführen. Sie kontrollierten die Personalien der Moscheebesucher und über-wachten die Predigt des Imams.»

Im Netz findet sich eine Reihe von Berichten solcher Delega-tionsreisen. Häufig fallen die Behörden in Mannschaftsstärke in den Dörfern ein. «Vom 9. bis 16. Mai (2019) verbrachte die dritte Gruppe von 120 Beamten des Büros für natürliche Ressourcen eine ‹Verwandtschaftswoche› der nationalen Einheit in der Ge-meinde Beshkent, Kashgar», heißt es in einem solchen Bericht. «Sie lebten in Bauernhäusern, verbreiteten Propaganda, verrich-teten praktische Arbeit und engagierten sich in der Armutsbe-kämpfung. Sie lösten die Probleme der Menschen und knüpften echte Bande. Sie brachten die Wärme und Fürsorge der Partei in die Häuser ihrer Verwandten.» Und in einem anderen: «Nach ihrer Ankunft im Dorf besuchten die Kader des Landgewin-nungsbüros jeden Verwandten, gewannen einen tiefen Einblick in die dringenden Probleme der Dorfbewohner und in ihr Den-ken. Sie propagierten den Geist und die Politik des 19. Parteitags; sie suchten nach Möglichkeiten, die praktischen Probleme der Bewohner zu lösen, und adressierten die Politik der Partei direkt an die Köpfe der Dorfbewohner.» In einem weiteren Dorf «schau-ten die Kader mit ihren Verwandten die Eröffnung der Sitzung des Nationalen Volkskongresses an, hörten den Arbeitsbericht von Ministerpräsident Li Keqiang und erklärten den Verwandten neue Tendenzen, neue Regularien und neue politische Maßnah-men zur Armutsbekämpfung».

Glaubt man der Parteiprosa, packten die Beamten auch tat-kräftig mit an. Eine Delegation des Büros für natürliche Ressourcen hatte «nach der Ankunft kein Bedürfnis, sich auszuruhen. Sie machten sich mit Eifer an das frühjährliche Umpflügen der Felder und erörterten das Landleben mit den Bauern. So schrieben sie mit Tatkraft und echtem Gefühl eine Hymne auf die Einheit der Volksgruppen.» Die Delegationen sehen sich häufig auf zivilisatorischer Mission. «Wenn wir vor dem Essen die Hände waschen, werden auch die Kinder unserer Gastgeber wissen, dass man vor dem Essen die Hände waschen muss. Wenn wir einer Bewohnerin helfen, ihren Hof sauber zu machen, überzeugen wir sie eher, ihr Haus in Zukunft sauber zu halten, als mit Worten», erklärt der Leiter einer dieser Abordnungen.

Insbesondere rund um die chinesischen Feiertage häufen sich die Delegationsreisen. Dann kommen die meist Han-chinesischen Kader, um mit den muslimischen Dorfbewohnern den Nationalfeiertag zu begehen oder auch das traditionelle Hanchinesische Frühjahrsfest, das chinesische Neujahr. Bei Han-Chinesen ist es Brauch, zum Frühlingsfest Kalligrafien auf rotem Papier mit Neujahrswünschen an die Türen zu hängen. «Die Kader suchten gewissenhaft Spruchbänder für ihre Verwandten aus und erklärten deren Kindern den Ursprung des Frühlingsfestes und der traditionellen chinesischen Feiertage, während sie über die Bedeutung der Sprüche sprachen», heißt es in einem Bericht. «So konnten die Menschen aller Volksgruppen gemeinsam den Zauber des traditionellen Feiertags erleben und die traditionelle chinesische Kultur fördern.» Auch häufig erwähnt werden Mandarin-Unterricht und staatstragende Aktivitäten wie Flaggenzeremonien.

Die Aktionswochen sind durch diese Berichte gut dokumentiert. Überzeugt von der Legitimität ihrer Aktivitäten, haben die Kader sie selbst ins Netz gestellt. Doch solche Delegationsreisen sind nur ein Teil der Aktivitäten. Die Kader mussten ihre «Verwandten» regelmäßig auch selbstständig besuchen. Häufig ver-

langte die Arbeitseinheit, dass sie Fotos schicken, um die Besuche
zu belegen. Es ist nämlich kein Geheimnis, dass der zusätzliche
Aufwand auch bei den Beamten nicht populär war. Ein Propa-
gandafunktionär, der mich während einer meiner Reisen unter
seine Fittiche nahm, klagte ganz offen über den Aufwand, den
diese Besuche verursachten, und zwar über seine ohnehin hohe
Arbeitsbelastung hinaus. Nur, dass er seine «Verwandten» aus-
spioniere und Berichte über sie schreibe, wollte er nicht zugeben.
Er sei da, um ihnen zu helfen, zum Beispiel in landwirtschaftli-
chen Dingen, sagte der Funktionär, der seine Karriere in Armee
und Verwaltung verbracht hatte und beruflich nichts mit der
Landwirtschaft zu tun hatte.

Offizielle Dokumente und Berichte zeigen meist städtische Kader, die Familien auf dem Land besuchen. Aber das Programm
scheint auch Familien in den Städten betroffen zu haben. Zumret
Dawut berichtet, dass sowohl sie als auch jedes ihrer Kinder
einen «Verwandten» zugeordnet bekommen hatte. Von den Besuchern hat sie eine ganze Reihe Fotos auf dem Handy. «Wir
mussten unseren gemeinsamen Alltag fotografieren und die Bilder ans Einwohnerkomitee schicken», erzählt sie. «Man musste
sie wie die Hausherren behandeln, für sie kochen, sie zur Arbeit
bringen und abends wie Ehrengäste empfangen.» Die Besucher
hatten ein Heft mit vielen Fragen über religiöse Aktivitäten und
Lebenseinstellungen. «Ich hatte am meisten Angst, dass meine
vier Jahre alte Tochter verraten könnte, dass wir früher gebetet
haben.»

Oft hätten die Besucher auch Alkohol mitgebracht und die
muslimischen Bewohner gezwungen, mit ihnen zu trinken, berichten mehrere Uiguren. Die Lehrerin Qelbinur erzählt, dass bei
ihr ein Mann einquartiert wurde, der häufig übergriffig geworden sei. «Er versuchte, mich an den Händen anzufassen oder zu
küssen. Er tat all das vor meinem Mann, der nichts dagegen ma-

chen konnte.» Die Besucher hatten die Macht, durch ihre Berichte Familienmitglieder ins Lager zu bringen. Dem Missbrauch dieser «Verwandtschaftsbeziehungen» waren keine Grenzen gesetzt. Freilich verhielten sich nicht alle Besucher so respektlos. Wer bei einem einquartiert wurde, war eben Glückssache. Baqytali Nur erzählt, sich mit seiner Überwacherin, einer Kasachin, gut verstanden zu haben. «Sie war nicht freiwillig bei uns. Sie musste das tun.»

Zwangsarbeit

Gulzira Auelhan wurde im Oktober 2018 aus dem Lager entlassen und zunächst ins Dorf ihres Vaters gebracht. Doch frei kam sie nicht. Nach kurzer Zeit sagte man ihr, sie müsse ab jetzt in einer Fabrik arbeiten. Sie wurde in einem Wohnheim einquartiert. Von dort brachten Busse die Arbeiterinnen täglich in eine Textilfabrik. Das Heim wurde von der Polizei überwacht, auf der Arbeit galten strenge Vorgaben. Die Arbeiterinnen nähten Handschuhe, und das erwartete Pensum habe weit über dem gelegen, was sie nähen konnte, erzählt Gulzira. «Sie verlangten zwanzig Paar am Tag, aber ich schaffte nur neun oder zehn.» Mehrmals besuchte das Staatsfernsehen die Fabrik und drehte Reportagen, in denen sie als erfolgreiches Projekt zur Armutsbekämpfung dargestellt wurde. Sie zeigen Arbeiterinnen, die dankbar waren für die Chance zu arbeiten. «In Wirklichkeit war es Sklavenarbeit», sagt Gulzira. «Sie drohten dir: Wenn du nicht ordentlich arbeitest, musst du wieder lernen gehen.» Jeder verstand, dass «lernen» Umerziehungslager bedeutete.

Manchmal wurden die Insassen auch in den Lagern selbst zur Zwangsarbeit eingesetzt. Erbaqyt Otarbai lernte im Lager nähen und wurde dann an einer Nähmaschine eingesetzt. «Wir produzierten Hosen. Es war Fließbandarbeit. Ich nähte die

Gürtelschlaufen, der Nächste nähte den Reißverschluss ein und so weiter. Jeder musste rechtzeitig fertig werden, um den Ablauf einhalten zu können.» Schaut man sich die Standorte der neu gebauten Lager an, erkennt man, dass sie häufig in Industriegebieten liegen.

Als ich 2020 das Lager besuchte, in dem Qelbinur Sidik die ersten Monate unterrichtete, waren Wachtürme und Stacheldraht verschwunden. Satellitenbilder zeigen, dass sie 2019 abgebaut wurden. Die Gebäude sind hübsch rot angestrichen, Schilder am Tor weisen die Anlage als Industriegebiet aus. Eine Firma stellt dort medizinische Ausrüstung her, eine weitere produziert Elektronik. Doch als wir uns dem Lager näherten, wurden wir sofort abgefangen – vor dem Gelände war eine Polizeiwache. Wir waren den ganzen Tag eher lustlos beschattet worden, doch als wir uns dieser Industriezone näherten, wurden unsere Verfolger schnell aktiv und hämmerten wie wild an die Tür der Polizeiwache, und die Beamten schritten sofort ein. Das Gleiche passierte, als wir zu einem anderen Industriekomplex kamen, der laut Satellitenbildern vermutlich ebenfalls ein Lager gewesen war. Auch hier war der Stacheldraht abgebaut worden. Doch eine mehrstöckige Polizeiwache vor dem Tor war nach wie vor besetzt. Als wir aus der Ferne Bilder machten, schritten unsere Verfolger sofort ein, während die Posten aus der Polizeiwache angestürmt kamen. Das Video, das ich in der Zwischenzeit machen konnte, ist keine 20 Sekunden lang. Auf dem Gelände war eine Textilfirma registriert. Später erreichten wir per Telefon deren Besitzer. Er bestätigte, dort eine Firma zu betreiben, aber die Produktion noch nicht aufgenommen zu haben. Als wir ihn ein weiteres Mal erreichten, stritt er ab, dass ihm die Firma gehöre. Es sei ein Staatsbetrieb, dessen Tätigkeit geheim sei.

Seit 2017 können Uiguren kaum noch selbstständig in anderen Teilen des Landes Arbeit suchen. Übereinstimmend berichten

Gesprächspartner aus Ürümchi, dass 2017 zunächst alle uiguri-schen Wanderarbeiter die Stadt verlassen mussten und in ihre Heimatorte zurückbeordert wurden. «Ürümchi war auf einmal so leer», erinnert sich Zumret Dawut. Auch aus anderen Teilen Chinas wurden Uiguren zurückgerufen. Gene Bunin, der Xinji-ang 2018 auf Druck der Polizei verlassen musste, versuchte da-mals, in Innerchina weiter zur uigurischen Sprache zu forschen. Außerdem wollte er einen Führer über uigurische Restaurants in verschiedenen chinesischen Städten schreiben. Doch schnell gab er den Plan auf: Ein Restaurant nach dem anderen musste schlie-ßen. Die Bewohner waren nach Hause zurückbeordert worden, von wo aus viele ins Lager wanderten. «Ich ging in ein Restaurant und fragte den Besitzer, den ich kannte: ‹Wo sind denn alle?›», erinnert er sich. «‹Sind alle im Gefängnis›, antwortete er.»

Gleichzeitig reaktivierte die Regierung die Arbeitsverschi-ckungsprogramme, die 2009 zur Ermordung der uigurischen Arbeiter in Shaoguan geführt hatten. Arbeitskräfte aus den Dör-fern im Süden wurden sowohl nach Innerchina als auch in den Norden Xinjiangs vermittelt. Wer aus Süd-Xinjiang stammte, durfte sich in Ürümchi nur aufhalten, wenn er an einem Arbeits-verschickungsprogramm teilnahm. «Im Restaurant Kurban traf die Patrouille vier Arbeiter aus Süd-Xinjiang an, die behaupteten, Transferarbeiter zu sein», heißt es in einer Polizeinotiz aus dem *Intercept*-Datensatz. «Sie konnten keine Nachweise dafür er-bringen. Deshalb dürfen sie sich im Bezirk nicht aufhalten.» Was mit den Arbeitern geschah, vermerkt der Bericht nicht. Doch die Anweisung ist klar, solche Fälle in Zukunft zu unterbinden: «Die Patrouillen sind angehalten, ihre Anstrengungen zu verstärken, solche Sicherheitsrisiken ausfindig zu machen.»

Offiziell war der Transfer «überschüssiger Arbeitskraft» in an-dere Teile des Landes nie eingeschränkt worden. Allerdings nahm sein Umfang nach 2009 stark ab; die Regierung scheint

diese Programme nicht mehr forciert zu haben. «Nach den Zwi-
schenfällen in Shaoguan und Ürümchi wurden die Arbeitstransfer-Programme strenger gehandhabt», schreibt Li Xiaoxia, Mit-
arbeiterin der Akademie für Sozialwissenschaften von Xinjiang.
«Weil die Teilnahme nur noch freiwillig stattfinden durfte, sank
die Zahl der Arbeiter, die die Regierung mobilisieren konnte.»
Ein bemerkenswertes Eingeständnis, dass Zwangsarbeit von Anfang an Teil des Programms gewesen war.

Ab 2016 baute die Regierung diese Verschickungsprogramme
wieder massiv aus. Die Teilnehmer wurden zunächst in Berufs-
bildungskurse gesteckt. Vermutlich waren das andere Einrichtungen als die Lager, die ja auch «Berufsbildungszentren» heißen.
Doch auch in den Ausbildungszentren für die Transferarbeiter
herrschten strenge Bedingungen. Die Schüler würden einer
«Ausbildung im militärischen Stil» unterzogen, heißt es in einer
Anweisung des Landkreises Toksu (chin.: Xinhe). «Die Ausbildung beinhaltet die Nationalsprache (Mandarin), Disziplin,
Recht und Regularien, Militärtraining, politisches Denken, mo-
ralische Erziehung und grundlegende berufliche Kenntnisse.»
Mehrere Dokumente zeigen, dass die örtlichen Behörden die Anweisung hatten, so viele Arbeiter wie möglich zu rekrutieren: «Jedes Einwohnerkomitee muss die Propaganda für das Programm
intensivieren und mögliche Teilnehmer ausfindig machen. Es
muss sichergestellt werden, dass jeder Teilnahmewillige auch tatsächlich in das Programm aufgenommen wird.»

Offiziell ist in den Dokumenten die Rede von freiwilliger Teil-
nahme. Aber Beobachter sind sich weitgehend einig, dass viele
Arbeiter zur Teilnahme gedrängt oder gezwungen werden. Ein
Team des chinesischen Staatsfernsehens hat 2017 eine Gruppe
Beamter begleitet, die in einem Dorf im Landkreis Guma (chin.:
Pishan) Frauen für eine Fabrik in Zentralchina rekrutierten. «Nach
zwei Tagen war immer noch niemand gekommen, um sich für

die Arbeit zu melden», stellt der TV-Kommentator lapidar fest. Danach beginnen die Anwerber, Hausbesuche bei Dorfbewohnerinnen zu machen, die sie als Kandidatinnen identifiziert haben. Die Bewohner stemmen sich gegen die Anwerbeversuche. Die Eltern der jungen Frauen erklären, sie seien auf die Töchter angewiesen, weil sie selbst krank seien. Die Kader reden auf die jungen Frauen ein, bis diese in Tränen ausbrechen. Am Ende gehen sieben Dorfbewohnerinnen mit. Wie sie schließlich überzeugt wurden, geht aus dem Film nicht hervor, doch klar ist, dass die Behörden angesichts der laufenden Masseninternierung eine Menge Druckmittel hatten.

Dass die Bereitschaft, an diesen Programmen teilzunehmen, gering war, stellte auch eine Forschergruppe der Nankai-Universität in Tianjin fest. «Weil sie an traditionelle Konzepte gebunden sind, sind viele Arbeiter nicht willens, ihre Heimat zu verlassen, und leiden unter ernsthaftem Heimweh», schreiben die Autoren in ihrem Bericht von 2019. Sie haben unter anderem im selben Landkreis recherchiert wie das Team des Staatsfernsehens. «Die strenge Anleitung der Regierung» habe zwar zu einer Verbesserung geführt, doch nach wie vor seien zu viele Bewohner «mit dem gegenwärtigen Zustand zufrieden und benötigen nicht viel zum Leben». Das sei ein Problem, das nicht kurzfristig zu lösen sei, sondern «beharrliche Maßnahmen» erfordere.

Die «überschüssigen Arbeitskräfte» werden sowohl in Privatunternehmen als auch in staatlichen Betrieben eingesetzt. In den Fabriken leben die Arbeitsverschickten meist in eigenen Wohnheimen. Sie werden von Polizisten begleitet und während ihres Aufenthalts überwacht. Die Vermittlung übernehmen häufig Subunternehmer. Von westlichen Journalisten kontaktiert, versicherten einige dieser Vermittler, dass die Arbeiter unter «militärischem Management» stehen und stets von Bewachern begleitet werden. Ideologieunterricht und Flaggenzeremonien sind Teil

des Programms. In den Wochenberichten der *Intercept*-Daten-
sätze sind die Polizisten und Einwohnerkomitees auch damit be-
auftragt, Arbeiter aus solchen Programmen im Blick zu behalten.
«Während der Arbeit werden sie von ihrer Arbeitsstelle überwacht, nach Feierabend ist das Einwohnerkomitees ihres Wohn-
orts für die Überwachung zuständig», heißt es in einem Bericht.
«Montags müssen sie an den Flaggenzeremonien teilnehmen, wo
sie klar und deutlich ihren Standpunkt äußern müssen, so dass
ihr Denken gründlich und schnell transformiert wird.» Die Polizisten in Ürümchi erhalten Informationen zum Hintergrund der
Arbeiter, so dass sie die Personen entsprechend im Auge haben.
Das klingt dann zum Beispiel so: «Abdulahed Memtimin (Name
geändert) ist eine überschüssige Arbeitskraft aus dem Süden. Er
wurde 2017 in unser Zuständigkeitsgebiet überstellt. Eine Hinter-
grundüberprüfung förderte zutage, dass der Vater der Person
2013 an illegalen Koranlesungen teilnahm und 2017 wegen Stö-
rung der öffentlichen Ordnung verhaftet wurde. Nach der Flag-
genzeremonie sprachen ein Polizist und der Sekretär des Einwohnerkomitees mit der Person, um seine ideologische Dynamik
zu verstehen. Wir sind zum Ergebnis gekommen, dass sein ideologischer Zustand stabil ist.»

Die ideologische Umerziehung der Bevölkerung ist ein erklär-
tes Ziel der Arbeitstransfer-Programme. Diese übten einen «posi-
tiven Einfluss» auf die Teilnehmer aus, stellen die Autoren des
Nankai-Reports fest. «Sie führen nicht nur zu einer spürbaren
Erhöhung der Einkommen, sondern auch zu einer starken ideologischen Verbesserung bei den Teilnehmern», schreiben die
Forscher aus Tianjin. «Sie sichern effektiv die Stabilität der verschiedenen ethnischen Gruppen, vereinen politische, wirtschaftliche und politische Ziele.» Nur eine Hürde haben die Autoren
des Nankai-Reports ausgemacht: Viele Unternehmen in Innerchina seien nach wie vor skeptisch gegenüber dem Arbeiterange-

bot. Die Vorurteile, die der Staat gegenüber den Uiguren jahrelang geschürt hatte, ließen sich offenbar nicht so schnell durch
ein staatliches Programm beseitigen. Insgesamt, schätzt Adrian
Zenz, sind bis zu 1,6 Millionen Menschen der Zwangsarbeit ausgesetzt: «Das ist ein Programm, das die Gesellschaft nachhaltig
verändern soll», folgert er.

Die Konsequenzen der Masseninternierung und der Transfer-
programme sind in den Dörfern der Region spürbar. In einigen
Orten im Süden Xinjiangs fällt einem schnell auf, dass viele Häuser leer stehen. Oft klebt ein Siegel auf der Tür, in dem die Lokalregierung festhält, dass sich seit mehr als einem Jahr niemand
mehr hier aufgehalten hat. In manchen Dörfern bleiben nur die
Alten und die Kinder zurück. Ein Lehrer aus Ostchina, der sich
2018 freiwillig meldete, um in der Gegend von Hotan Chinesisch
zu unterrichten, schreibt in einem (inzwischen gelöschten) Er-
fahrungsbericht im Netz, dass er sich zunächst gewundert habe,
dass die Kinder in seiner Klasse im kalten Winter so dünn angezogen waren. «Erst später verstand ich, dass die Eltern der Kinder
entweder bei der Baumwollernte in Aksu etwas dazuverdienen
oder in Ausbildungszentren sind (gemeint sind Lager, Anm.
M. B.) oder aus anderen Gründen nicht da.» Viele Kinder in der
Region wachsen in Internaten auf, wo sie den Kontakt zu ihren
Familien und ihrer Herkunft verlieren. In den Schulen wird meist
nur Mandarin gesprochen. Es gibt mehrere Berichte, wonach
Großeltern das Sorgerecht über die Enkel verweigert wurde,
nachdem deren Eltern inhaftiert wurden. Uiguren im Ausland
haben ihre Kinder auf *TikTok*-Videos solcher Internate erkannt –
sie sprechen darin Mandarin. Vorbereitet war man auf die vielen
Internierungs-Waisen wohl häufig nicht, wie der *Weibo*-Post
einer Grundschullehrerin nahelegt. «Wir brauchen hier dringend Kleidung», schrieb sie 2018 in einem Spendenaufruf. «Weil
in einigen Familien die Eltern Fehler begangen haben, haben die

Kinder niemanden, der sich um sie kümmert.» Die Lehrerin bittet um Kleiderspenden und Schuhe. «Die Kinder laufen in kaputten Schuhen herum, ihre Kleidung hat Löcher. Uns Lehrern tut das im Herzen weh», schildert sie. Pflichtbewusst fügt sie hinzu, dass Regierung und Schule sich sehr um die Kinder sorgen. «Aber es sind einfach zu viele.»

Die Gewalt an Körpern und Seelen der Gefangenen, die Verhinderung von Geburten und die Entwurzelung von ganzen Gesellschaftsschichten sowie der Entzug der Kinder zeichnen ein klares Bild vom Ziel dieser Maßnahmen: Der chinesische Staat hat begonnen, die Gesellschaften, die Kultur, die Identität der muslimischen Turkvölker in Xinjiang zu vernichten. Akademische Debatten, interne Dokumente und Äußerungen der Propaganda belegen, dass die Kommunistische Partei bereits seit Mitte der 2000er-Jahre und verstärkt seit 2014 die kulturelle Identität dieser Volksgruppen als existenzielle Sicherheitsbedrohung für den chinesischen Staat sieht und immer stärker eine Assimilierung an die Han-Chinesen forciert. Seit 2016, seit dem Amtsantritt von Parteisekretär Chen Quanguo, wird dieses Ziel aufs Brutalste verfolgt – mit systematischer Masseninternierung, mit totalitärer Überwachung, mit der Zerstörung von Familien und gesellschaftlichen Strukturen und mit Maßnahmen, die die uigurische Bevölkerung dezimieren sollen.

8. Druck von außen

Anfang November 2020 erschien morgens plötzlich die Polizei vor Gulbekrem Memtimins Tür. Die Beamten sagten ihr, sie solle sich fertig machen und mitkommen. Sie schienen sehr nervös und drängten zur Eile. Gulbekrem dachte, dass sie nun verhaftet würde. Doch nachdem sie überhastet aufgebrochen waren, schienen die Polizisten gar keine Eile mehr zu haben. Sie fuhren mit ihr scheinbar ziellos durch die Gegend, hielten an Sehenswürdigkeiten und Aussichtspunkten an und waren sehr freundlich zu ihr. Abends brachten sie sie wieder nach Hause. So erzählte sie es ihrer Tochter Nyrola Elimä, die in Schweden lebt.

Die Angst vor ausländischen Medien

Der Grund für den seltsamen touristischen Ausflug war offenbar ich. Ich habe Gulbekrem nie getroffen. Und auch Nyrola kannte ich damals nicht. Den Zusammenhang haben Nyrola und ich erst viel später in einem Interview rekonstruiert. An genau diesem Morgen im November 2020 bin ich in Ghulja gelandet, wo Gulbekrem lebt. Da war sie zu Hause und kochte gerade das Mittagessen.

Ein Polizist winkte mich aus der Gruppe der ankommenden Passagiere. Er kontrollierte meine Dokumente und fotografierte sie mit dem Handy ab. Dann musste ich mehrere Fragen beantworten und einen COVID-Test machen, was eine Zeit lang dauerte. Währenddessen, so haben wir es rekonstruiert, muss die Polizei Gulbekrem abgeholt haben. Die Mutter fand den Grund für den seltsamen Ausflug nur zufällig heraus, als sie einen Polizisten übers Telefon fragen hörte, ob «der Typ schon weg» sei. Als sie nachfragte, sagte man ihr nur, ein Ausländer sei in der Stadt. Deshalb habe man sie von zu Hause weggebracht. So erzählte sie es ihrer Tochter.

Solche erzwungenen Ausflüge kommen in China häufig vor. Fast jeder bekanntere Dissident kann davon berichten. *Bei lüyou,* «verreist werden», so nennen chinesische Regimekritiker diese unfreiwilligen touristischen Ausflüge. Meist werden sie vor bestimmten «sensiblen» Terminen von den Sicherheitsbehörden weggebracht. Das können Parteitage sein, offizielle Feiertage oder Jahrestage. Oft fahren die Behörden dann tatsächlich mit ihnen in Tourismusgebiete, wo sie außerhalb der Reichweite der ausländischen Presse sind.

Jewher Ilham, die Tochter Ilham Tohtis, verbrachte im Sommer 2009 mehrere Wochen mit ihrem Vater in einem Hotel außerhalb von Peking, weil die Polizei verhindern wollte, dass der bekannte Kritiker mit ausländischen Journalisten über die Ausschreitungen von Ürümchi sprach. Und vor dem 4. Juni, dem Jahrestag des Tian'anmen-Massakers, veröffentlichen Menschenrechtsorganisationen oft ganze Listen von Dissidenten, die von der Polizei zu Ausflügen weit weg von der Hauptstadt gekarrt werden.

Gulbekrem ist allerdings keine Dissidentin. Sie hat, soweit bekannt, nie öffentlich über Politik gesprochen. Die Familie stand jedoch im Visier der Behörden, weil Nyrola im Ausland lebt. Eine Cousine von Nyrola war im Lager und ist inzwischen zu einer Haftstrafe verurteilt worden. Die Kinder der Cousine wachsen bei Gulbekrem auf. Nyrola machte den Fall publik, und 2019 berichtete die *Washington Post* über das Schicksal der Familie. Deshalb fürchtete die Polizei, ich könne auf dem Weg zu ihr sein. Dass ich eine ganz andere Geschichte recherchierte, wussten sie noch nicht.

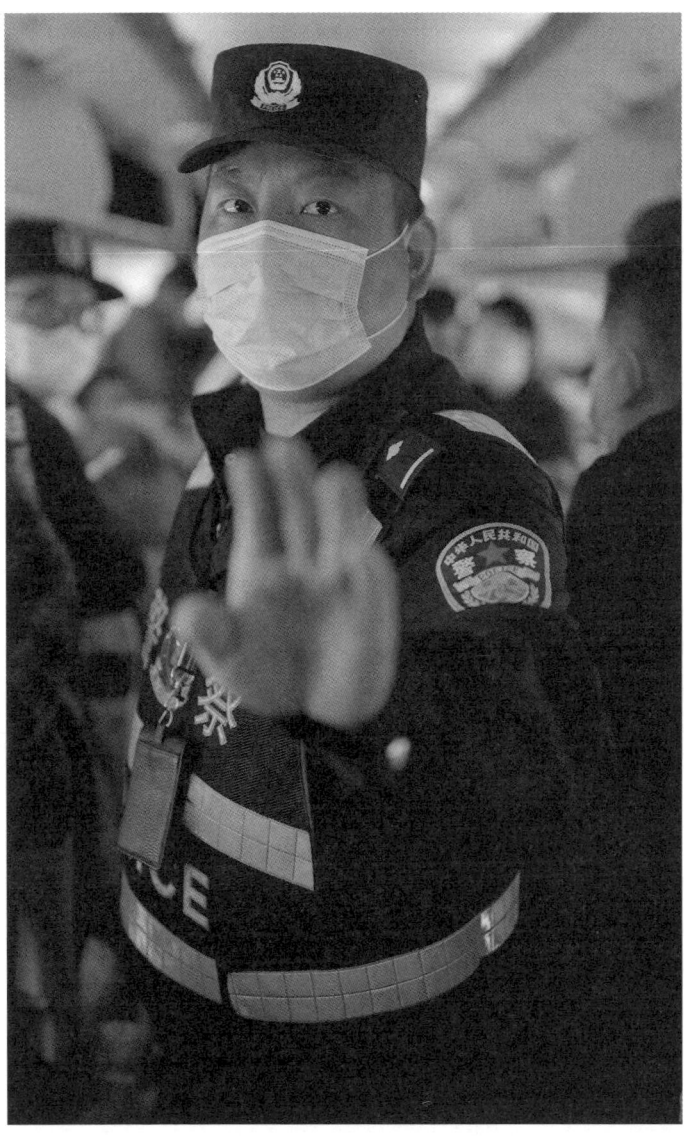

Ausländische Reporter werden in Xinjiang streng überwacht. Hier eskortieren Polizisten ein Reporterteam nach der Landung in Ürümchi aus dem Flugzeug. Fotografiert werden wollen sie dabei nicht.

Wie nervös die chinesischen Behörden sind, erfährt jeder
Journalist, der die Region besucht, am eigenen Leib. Als ich an
dem Abend in ein Hotel in Ghulja eincheckte, diskutierte die
Frau an der Rezeption zunächst lange mit jemandem am Telefon.
Schließlich versicherte sie ihrem Gesprächspartner, dass sie ein
leeres Stockwerk habe, wo sich mich einquartieren könne. In die
Zimmer neben mir zog die Polizei ein. Sie gaben sich keine Mühe,
unauffällig zu sein. Bei offener Tür saßen sie den ganzen Abend
rauchend da. In fast jedem Hotel, das ich in Xinjiang besuchte,
lungerten Polizisten in Zivil in der Lobby herum, die sich auf
meine Fährte machten, sobald ich das Hotel verließ. Nähert man
sich heiklen Orten wie Lagern, Moscheen oder Gefängnissen, reagieren die Beschatter äußerst nervös. Häufig werden Journalisten gezwungen, Bilder oder Videos zu löschen. Beamte hindern
einen daran, Dörfer zu betreten, und behaupten, jeder Fremde
müsse sich dort erst einmal in Quarantäne begeben. Andere erklären, es sei verboten, Handyaufnahmen auf der Straße zu machen. Eine Reporterin des britischen *Daily Telegraph* wurde von
einer Gruppe Männern umringt und geschlagen, als sie versuchte, sich einem Heiligenschrein zu nähern.

Interviews zu führen, ist unter diesen Umständen fast unmöglich. Selbst wenn ich zu Gulbekrem gefahren wäre, hätten wir
kaum ungestört miteinander reden können. Die Polizei wäre dabei gewesen. Die Behörden verhindern so recht effektiv, dass
Journalisten mit den Menschen in der Region sprechen.

Die Berichterstattung über die uigurische Katastrophe kann
die Regierung aber nicht verhindern. Die ersten Artikel über die
Masseninternierung erschienen 2017. Zunächst bestritt die chinesische Regierung, dass es die Lager überhaupt gebe. Doch als sich
im Jahr 2018 die Berichte häuften, als immer mehr Journalisten
vor hohen Gefängnismauern standen, die als «Bildungszentren»
ausgeschildert waren, und als mehrere Insassen, denen die Flucht

aus China gelungen war, über ihre Erfahrungen sprachen, fiel es der chinesischen Regierung zunehmend schwerer, die Existenz der Lager zu leugnen.

Im August 2018 gab die chinesische Regierung erstmals öffentlich zu, in der Region verstärkt «Berufsbildungszentren» eingerichtet zu haben. «Kriminelle, die sich nur geringe Vergehen zuschulden kommen lassen haben, werden in Berufsbildungszentren untergebracht», verkündete Hu Lianhe vor der Kommission gegen rassische Diskriminierung der Vereinten Nationen. Man hatte den Mitbegründer der «ethnischen Politik der zweiten Generation» vorgeschickt, um zu erklären, dass die Insassen dort technische Fertigkeiten und «Rechtskenntnisse» erlangten. Die Rechte der Insassen würden selbstverständlich gewahrt. Von willkürlichen Festnahmen oder Misshandlungen könne nicht die Rede sein.

Die Regierung in Peking hatte offensichtlich erkannt, wie sehr diese Berichte Chinas Ansehen schaden. Nun begannen die Behörden, Journalisten und Diplomaten durch Vorzeigelager zu führen, die die offizielle Darstellung bestätigen sollten. Die Verhältnisse in diesen Lagern unterschieden sich stark von dem, was ehemalige Gefangene erzählen. In den Vorzeigelagern trugen die Insassen normale Zivilkleidung, saßen in ordentlichen Klassenzimmern an ordentlichen Tischen. Sie sangen fröhlich englische Lieder für die ausländischen Besucher und erzählten ihnen, wie glücklich sie seien, dass ihnen geholfen werde, ihren Extremismus zu überwinden. Stacheldraht und Wachtürme waren verschwunden. Sie waren kurz vorher entfernt worden, wie Satellitenbilder dokumentierten.

Unsichtbare Repression seit 2019

Allerdings war die Inszenierung recht offensichtlich und konnte die internationale Kritik nicht zum Verstummen bringen. Schließlich entschied die Regierung, einen Schlussstrich zu ziehen. Shohrat Zakir, der Gouverneur von Xinjiang, erklärte Ende 2019, alle «Schüler» hätten inzwischen ihren Abschluss und die meisten Zentren seien geschlossen worden.

Seitdem sind viele Lager aus dem Stadtbild verschwunden. Insbesondere die hastig eingerichteten Lager in den Innenstädten wurden aufgelöst. Die zeitweise umfunktionierten Behördengebäude und Schulen werden heute oft wieder in ihrer alten Funktion genutzt. In der Mittelschule, in der Gulzira Auelhan über den Sommer 2018 einsaß, lernen wieder Kinder und Jugendliche. Im Frauenkrankenhaus gehen Patientinnen ein und aus, Krankenwagen fahren hinein. Auch die massive Polizeipräsenz ist zurückgegangen. Man sieht zwar noch viel Polizei in den Städten, auch Kontrollen kommen noch vor, aber nicht mehr in dem Ausmaß von 2018. Feste Checkpoints passiert man noch bei Überlandfahrten, in den Städten sind sie aber weitgehend verschwunden.

Die Repression in Xinjiang ist damit nicht zu Ende gegangen. Der Überwachungsapparat ist noch in Kraft und auch die Einschüchterung funktioniert. Die Angst ist greifbar. Als ich Ende 2020 zusammen mit einer amerikanischen Kollegin in Kashgar war, hatten wir zum ersten Mal keine sichtbaren Bewacher hinter uns. Doch als ich einen Ladenbesitzer auf eine geschlossene Moschee in seiner Straße ansprach, wurde er blass und kniff die Lippen zusammen. Er stand wortlos auf und entfernte sich einige Schritte von mir und seinem Laden. In einem Dorf machte ich ein Foto mit dem Handy. Sofort kam ein Mann mittleren Alters auf mich zu, der sich als «Parteisekretär» vorstellte. Er packte

mich am Arm und hielt mich so lange fest, bis er mit der Polizei
geklärt hatte, dass es erlaubt war, Fotos zu machen. In einem anderen Dorf kam ein Mann auf einem Moped angeknattert und
schrie uns an, dass wir wieder in die Stadt zurückgehen sollten. Und in einem Buchladen ließ mich die Verkäuferin keinen
Moment aus den Augen, als ich durch die Reihen der uigurischen
Literatur schritt, in denen mich von jedem zweiten Buchcover
Xi Jinping anlächelte.

Seit dem Ausbruch von COVID-19 und Chinas Lockdown-
Strategie haben die Behörden außerdem eine Reihe von massiven
Repressionsmaßnahmen an die Hand bekommen, die sie bei Bedarf einsetzen können. Mehrfach wurde Xinjiang seit 2020 abge-
riegelt, selbst bei Ausbrüchen in weit entfernten Teilen Chinas.
Wenn ich durch die Region reiste, musste ich bei jeder Ankunft
am Bahnhof oder im Hotel einen Test machen – dessen Ergebnis
ich aber nie zu sehen bekam. Als ich 2020 mit einer Kollegin in
einem Dorf in der Nähe von Korla unterwegs war, stellten sich
uns plötzlich einige Männer in den Weg, angeblich lokale Parteikader, und verlangten einen negativen PCR-Test. Das Ergebnis
unseres letzten verpflichtenden Tests hatten wir wie immer nicht
bekommen. Bis wir den vorweisen könnten, erklärten sie uns,
müssten wir uns in Hotelquarantäne begeben. In einer längeren
Diskussion gab einer der Lokalkader schließlich zu, warum sie
uns in Wirklichkeit festhielten: «Sie können nicht hier herum-
laufen und Leute interviewen», sagte er mit entwaffnender Ehr-
lichkeit. «Die Welt schaut auf Xinjiang. Es gibt so viele negative
Berichte.» Als wir umdrehten und in die Stadt zurückfuhren, war
dann auch keine Rede mehr von Hotelquarantäne.

Im Sommer 2022 wurden weite Teile Xinjiangs erneut unter
Lockdown gestellt. Aus Ghulja tauchten daraufhin Dutzende Videos auf, die Uiguren – Erwachsene und Kinder – zeigten, die
apathisch in die Kameras schauten, während die filmenden An-

gehörigen erklärten, dass sie unter starkem Hunger litten. Sie waren in ihren Wohnungen eingesperrt und konnten keine Lebensmittel kaufen. Einige Videos zeigten auch Tote.

Exzessive Lockdowns hatte es zuvor auch in anderen chinesischen Städten gegeben. Schon bei kleinen Corona-Ausbrüchen stellte die Regierung weite Stadtteile oder die ganze Stadt unter Zwangsquarantäne. Die Menschen durften häufig ihre Wohnungen nicht mehr verlassen. Doch mit der ansteckenderen Omikron-Variante wurde es schwieriger, die Krankheit so einzudämmen. Die Lockdowns wurden immer länger, und die Versorgung mit dem Notwendigsten wurde immer schwieriger. Menschen starben, weil lebensnotwendige Medikamente nicht oder zu spät ankamen. Doch Hungervideos in größerer Zahl wie in Ghulja sind in keiner anderen chinesischen Stadt aufgetaucht. Dank des ausgeprägten Sicherheitsapparats fielen die Lockdowns in Xinjiang besonders drakonisch und lang aus. Dabei waren die Fallzahlen vergleichsweise niedrig. Und obwohl Han ein Drittel der Bewohner Ghuljas ausmachen, zeigen die Hungervideos ausschließlich Uiguren.

Im November 2022 – der Lockdown dauerte bereits mehr als hundert Tage – folgte die nächste Katastrophe. Bei einem Hochhausbrand kamen (nach Behördenangaben) zehn Menschen im uigurischen Teil von Ürümchi um. Die Pandemiebekämpfer hatten die Opfer offenbar in ihren Wohnungen eingeschlossen, die zur tödlichen Falle wurden.

Diesmal brach sich der Volkszorn auch unter Han-Chinesen Bahn. Zunächst in Ürümchi und kurz darauf auch in zahlreichen Städten Innerchinas gingen Tausende auf die Straße und solidarisierten sich mit den Opfern des Brandes. Teilweise forderten die Demonstranten sogar den Rücktritt von Generalsekretär Xi Jinping – das ist in China ziemlich unerhört. Die Lockdowns hatten den Han in Xinjiang und anderen Teilen Chinas einen Vorgeschmack auf die Erbarmungslosigkeit des Repressions- und Überwachungsapparats gegeben, den die Partei in Xinjiang entwickelt hat. Der Ausbruch von Wut und die Welle der Solidarität mit den – soweit wir wissen vor allem uigurischen – Opfern ist bemerkenswert. Allerdings tauchte in keinem der Videos und Berichte der Proteste auch nur ein Hinweis darauf auf, dass Demonstranten den Zusammenhang zwischen der Unterdrückungskampagne gegen die Uiguren und den Lockdowns herstellten.

Insgesamt wissen wir über diese neue Phase der Repression viel weniger als über die Zeit vor 2019. Viele Dokumente, die die Regierung zuvor offen im Internet herumliegen ließ, sind hinter Firewalls verschwunden. Die meisten Zeugen, die wir kennen, sind 2018 und 2019 ausgereist. Seitdem ist kaum noch jemand herausgekommen. Bei meinem Besuch in Ghulja im November 2020 kam ich auch an das «Oststadt»-Lager, von dem Gulzira Auelhan berichtet hat. Es ähnelte nicht mehr den Hochsicherheitseinrichtungen, die wir Journalisten noch 2018 bei unseren Besuchen vorfanden. Das Gelände war von einem Zaun umgeben, der zwar hoch und auch mit Stacheldraht bewehrt war, aber die Mauer, auf Satellitenbildern von 2018 noch deutlich zu erkennen, war verschwunden. Hinter dem Zaun konnte man junge Männer sehen, die in ein Gebäude gingen. Sie trugen keine Uniformen, sondern Trainingsanzüge. Einige sahen mich am Zaun und riefen mir ein englisches «Hello» zu, wie man das in entlegenen Gegenden in China so macht, wenn plötzlich unvermittelt ein Ausländer auftaucht.

Ein paar Details deuteten dennoch darauf hin, dass es sich nicht um eine normale Schule handelte. Die Gebäude waren wie Kasernen in einer Reihe angeordnet, es gab keinen Schulhof. Die Fenster waren vergittert, und die Schüler bewegten sich in ordentlichen Reihen über das Gelände. Am Eingang zum Gebäude wurden sie abgetastet. Ein Artikel auf einer Webseite der Lokalregierung beschreibt die Einrichtung als Berufsschule speziell für Jugendliche vom Land. «Alle Schüler sind Hirten oder Bauern aus den Dörfern des Bezirks.» Unklar ist, ob die Schüler dort freiwillig waren. Die Einrichtung taucht auch nicht in den Verzeichnissen im Netz auf, wo Eltern sich über weiterführende Schulen informieren können. Als ich Bilder von der Anlage machte, kam sofort ein Polizist, der mir verbot zu fotografieren.

Möglicherweise steht diese Schule genau für die Zwischenform aus Repression und Lockerung, in die Xinjiang nach 2019 übergegangen ist. Jemand aus der Region, der Einblick in die Parteiarbeit auf den Dörfern hatte, erzählt, dass die Behörden irgendwann nach 2019 die Anweisung bekommen hätten, die Bewohner zu zweiwöchigen Berufsbildungskursen zu schicken. Was genau der Zweck dieser Kurse war, ist unklar. Auch die Beamten schienen nicht genau zu verstehen, was sie nun tun sollten. «Sie sagten einerseits, jeder Bewohner müsse an diesen Kursen teilnehmen. Gleichzeitig kam die Anweisung, die Kurse seien strikt freiwillig. Für die Beamten war das ein Dilemma.» Die widersprüchlichen Anweisungen erinnern an das, was wir bereits von den Arbeitstransfer-Programmen kennen. Auf dem Papier handelt es sich um ein freiwilliges Programm. Doch die Erwartungen an die Beamten sind klar: Sie haben dafür zu sorgen, dass die Menschen daran teilnehmen. Freiwillig sei jedenfalls niemand zu diesen Kursen gegangen, fügt die Person noch hinzu. Zu groß war nach den Internierungswellen der letzten Jahre die Angst, in Wirklichkeit in Lagerhaft zu kommen.

Dass die Repression in Xinjiang mit den «Abschlüssen» der Schüler nicht einfach geendet hat, zeigt auch ein Blick auf weitere Lager, die zwischen 2017 und 2019 errichtet worden waren. Auf Satellitenbildern sieht man, dass zwar 2019 in vielen Lagern die Sicherheitsvorkehrungen zurückgebaut wurden – aber nicht überall. Etwa 70 Kilometer von Ürümchi entfernt liegt das

Städtchen Dabancheng. Hier entstand 2017 das größte bekannte Umerziehungslager. Ein riesiger Komplex für Zehntausende Insassen. 2021 erlaubte die chinesische Regierung der Nachrichtenagentur AP einen offiziellen Besuch in dem Komplex. Die Journalisten sahen Gefängniszellen, Wachtürme und Stacheldraht. Die Beamten hatten keine Scheu, die Sicherheitsvorkehrungen zu zeigen. Daran sei nichts Verwerfliches, hier sei nie ein Lager gewesen. Es handle sich um ein Untersuchungsgefängnis, und so war es auch am Tor ausgeschildert. Dabei hatten andere Journalisten das Lager bereits 2018 aufgesucht. Auf den Bildern, die sie damals machten, steht eindeutig der berüchtigte Name «Berufsbildungszentrum». Man hat das Lager seitdem also umgewidmet.

Schon zu Beginn der Repressionskampagne begann die Regierung, parallel zur Errichtung des Lagersystems die Gefängnisse in der Region massiv auszubauen. Allein im Norden Ürümchis stehen an zwei Straßen gleich elf verschiedene Gefängnisse und Untersuchungsgefängnisse nebeneinander. Zwei davon wurden erst nach 2016 gebaut, andere wurden massiv erweitert. Als ich 2020 dort war, befand sich ein ganzes Untersuchungsgefängnis noch im Rohbau. Auch in anderen Städten wurden Dutzende solcher Gefängnisse gebaut, wie Satellitenbilder und Ausschreibungen zeigen.

Von Anfang an wurde ein Teil der Menschen, die 2017 und 2018 verschwanden, vor Gericht gestellt und verurteilt. Eine Recherche der *New York Times* kam 2019 zu dem Ergebnis, dass allein in den Jahren 2017 und 2018 mehr als zweihunderttausend Menschen zu Haftstrafen verurteilt wurden. Das wären zehnmal so viele wie noch vor dem Beginn der Masseninternierung. Und eine Liste von verurteilten Personen im Landkreis Konasheher bei Kashgar legt nahe, dass diese Zahl sogar noch höher liegen könnte. Diese sogenannte Konasheher-Liste überschneidet sich mit den Daten aus den bereits mehrfach erwähnten Xinjiang

Police Files und wurde ebenfalls 2022 einigen Medien zugespielt. Sie enthält Namen, Adressen und das Strafmaß von Menschen aus dem Kreis, die zu Gefängnisstrafen verurteilt wurden. Alle Personen auf der Liste sind wegen politischer Vergehen verurteilt worden: Verbreitung von Extremismus, Gefährdung der öffentlichen Ordnung oder «Provokation und Unruhestiftung». Letzteres ist ein sehr dehnbarer Straftatbestand, der häufig gegen Andersdenkende eingesetzt wird. Das niedrigste Strafmaß sind zwei Jahre, die überwiegende Mehrzahl hat aber mindestens fünf Jahre aufgebrummt bekommen, manche bis zu fünfzehn. Im Durchschnitt sind es neun Jahre. Mehrere Exil-Uiguren haben auf der Liste Bekannte und Verwandte entdeckt. Und die Xinjiang Victims Database, die bekannte Fälle von Verhaftungen dokumentiert, hat sie mit ihren Daten und mit anderen Datensätzen abgeglichen.

Diese Konasheher-Liste, die aus der Hochphase der Kampagne gegen die Minderheiten um 2018 stammt, zeigt eindrücklich, wie weit das reguläre Justizsystem bereits früh in die Massenrepression eingebunden war. Obwohl klassische Straftaten wie Mord oder Diebstahl gar nicht erfasst sind, sondern lediglich politische Straftaten, sitzt laut diesen Daten ein so hoher Anteil der Bevölkerung im Gefängnis wie an keinem anderen bekannten Ort auf der Welt. Von rund dreihunderttausend Einwohnern des Kreises finden sich zehntausend auf der Liste. Das sind mehr als drei Prozent aller Einwohner, fast dreißigmal so viele wie im chinesischen Durchschnitt (nach offiziellen Zahlen). Rechnet man das Verhältnis auf die Einwohnerzahl der gesamten Region hoch, so kommt man zu dem Ergebnis, dass damals mehr als eine halbe Million Menschen wegen politischer Vergehen in Gefängnissen gesessen haben müssen.

Wie bei den Insassen der Umerziehungslager waren auch hier die «Tatbestände» oft lächerlich konstruiert. Bei einem Mann, der zu sechzehn Jahren und elf Monaten verurteilt wurde, ist vermerkt, dass er fünfzehn Jahre zuvor einen Monat lang an «illegalen Koranstudien» teilgenommen habe und dass «auf der Hochzeit seines Sohnes keine Musik gespielt» wurde. Ein junger Mann bekam fünf Jahre, weil er «illegale religiöse Bilder» auf dem Handy hatte. Bei einer Frau steht: «Schwester eines Exekutierten, hat extremistische religiöse Gedanken, geht selten aus dem Haus, die Haustür ist meistens verschlossen.» Die Strafe: ebenfalls sechzehn Jahre und elf Monate. Warum solche «Tatbestände» in einigen Fällen ins Umerziehungslager führten und in anderen für Jahre ins Gefängnis, geht aus den Listen nicht hervor.

Die massenhaften Verurteilungen hatten zunächst parallel zu den Internierungen in Umerziehungslager begonnen. Später begann der Staat aber offenbar zunehmend, auch die Insassen der Lager durch das offizielle Justizsystem zu schleusen. Viele von ihnen berichten, dass im Herbst 2018 in den Lagern plötzlich massenhaft Urteile gesprochen wurden. Baqytali Nur wurde im Oktober unerwartet in einen der Verhörräume geführt. Statt der üblichen Wärter hätten dort drei Beamte gesessen und ihm mitgeteilt, er werde zu fünf Jahren Haft verurteilt – «wegen Vertrauensunwürdigkeit». So hat es Baqytali, der nicht so gut Chinesisch spricht, zumindest verstanden. Dann habe man ihm ein Papier mit fünf Stempeln vorgelegt, das er unterschreiben sollte. «Nach zwanzig Minuten war es vorbei.» Eine Abschrift des Urteils habe er nie bekommen. Erbaqyt Otarbai schildert die Situation ähnlich: «Ich wurde in die Mitte des Raumes gesetzt, vor mir standen vier Tische mit mehreren Personen. Der Richter las das Urteil vor und fragte, ob ich einverstanden war. Ich fragte, ob ich die Wahl habe, nicht einverstanden zu sein, und sie sagten: ‹Nein, das geht nicht.›» Erbaqyt bekam sieben Jahre.

Baqytalis und Erbaqyts Urteile wurden nie vollstreckt, beide wurden wenig später aus dem Lager entlassen. Auch andere Fälle sind bekannt, wo Urteile verkündet wurden, die dann nicht vollstreckt oder aber zur Bewährung ausgesetzt wurden. Mutällip Sidiq Qahiri, der Sprachwissenschaftler, den ich 2020 versucht habe zu besuchen, verschwand im Sommer 2018. Im März 2019 kam er nach Hause. Anfang 2020 wurde er wegen Anstachelung zu ethnischem Hass zu dreißig Monaten verurteilt, die Strafe wurde aber zur Bewährung ausgesetzt.

Mehrere Insassen berichten aber auch, einige Gefangene seien danach weggebracht worden. Viele Uiguren im Exil, die dem Schicksal ihrer Angehörigen nachgeforscht haben, fanden später heraus, dass diese vom Lager ins Gefängnis transferiert wurden. Mahire Yaqup, die Cousine Nyrola Elimäs, kam nach ihrem Lageraufenthalt für sechseinhalb Jahre ins Gefängnis. Ekpar Asat, der Internetunternehmer, der das uigurische Diskussionsforum gegründet hat, ist zu fünfzehn Jahren verurteilt worden. Einige dieser Fälle hat die chinesische Regierung selbst bekannt gemacht. Auf Pressekonferenzen zitiert sie die Urteile gegen Verhaftete, deren Angehörige im Ausland leben. Und sie spielt Videoaufnahmen von Gefangenen in Sträflingsuniform vor, die ihre angeblichen Verbrechen bekennen oder ihre Verwandten im Ausland ermahnen, keine «Gerüchte zu verbreiten». Seht her, so die Botschaft der chinesischen Regierung, es handelt sich um ganz normale Gerichtsfälle. Gefängnisse und Urteile gibt es schließlich in anderen Ländern auch.

Internationale Reaktionen: Anklagen, Zurückhaltung, Solidarität

Der Abbau der sichtbaren Repression, der Versuch, den Masseninternierungen mittels Justiz und Strafvollzug einen legalen Anschein zu verleihen, und die PR-Offensive sind Reaktionen auf die wachsende internationale Kritik an der Unterdrückungskampagne gegen die Turkvölker in Xinjiang. China hatte die Reaktionen aus dem Ausland zunächst unterschätzt. Inzwischen vertritt die Regierung offensiv ihre eigene Version, nach der sie lediglich einen legitimen Kampf gegen den Terror führe. Sie beruft Pressekonferenzen ein, sie versucht, durch persönliche Angriffe und durch plumpe Verleumdung die Glaubwürdigkeit der Zeugen zu untergraben. Die Beamten zeigen Videos, die einer ehemaligen Lagerinsassin nachsagen, sie habe zahlreiche Männerbekanntschaften gehabt. Eine andere soll Schulden gemacht und sich deshalb ins Ausland abgesetzt haben. Und im Fall einer Frau, die darüber sprach, dass sie als Folge der Gewalt im Lager keine Kinder bekommen könne, werden Ärzte vor die Kamera gezerrt, die behaupten, die Frau sei schon vorher unfruchtbar gewesen.

Vor dem Menschenrechtsausschuss der Vereinten Nationen kommt es regelmäßig zum Showdown zwischen den Gegnern und Unterstützern Chinas. Westliche Länder haben mehrmals Resolutionen gegen die massiven Menschenrechtsverletzungen eingebracht. Sie werden regelmäßig von einer Mehrheit der Staaten unterzeichnet, die sich zum Westen zählen: Europa, Nordamerika, Australien und Neuseeland. Daraufhin bringt ein chinafreundliches Land jeweils eine Gegenresolution ein, die China «bemerkenswerte Errungenschaften» in Xinjiang attestiert und das Land dafür lobt, die Menschenrechte «zu fördern und zu schützen». Auf der Seite Chinas unterschreiben Länder wie Kuba und Russland. Aber auch einige der größten Länder mit muslimischer Bevölkerung sind jeweils dabei: Pakistan, Iran, Ägypten, Saudi-Arabien, Syrien. Die Türkei und die zentralasiatischen Republiken, die enge Verbindungen nach Xinjiang haben, enthalten sich.

Wie aktiv China versucht, seine Sicht in internationalen Institutionen durchzusetzen, zeigt der Fall der Hochkommissarin für Menschenrechte der Vereinten Nationen. Jahrelang verhandelten Michelle Bachelet, die dieses Amt bis August 2022 innehatte, und der chinesische Staat über eine Reise nach Xinjiang. Als sie im

Mai 2022 schließlich möglich wurde, bekam Bachelet die übliche Schönwetter-Tour durch Vorzeigeeinrichtungen. Ihr wurden Bilder von Terroranschlägen gezeigt, mit denen China die Unterdrückungskampagne stets rechtfertigt. Auf einer abschließenden Pressekonferenz erweckte sie den Eindruck, der Propaganda voll auf den Leim gegangen zu sein. Ihre Kritik an China war wachsweich. Sie sei nicht auf Ermittlungsmission, sondern sehe ihre Reise als eine Chance für den Dialog, erklärte sie. Sie habe Probleme angesprochen und die chinesische Regierung ermahnt, dass Antiterrormaßnahmen im Einklang mit dem internationalen Recht stehen müssten, nicht, ohne sogleich zu relativieren: «Das ist eine Diskussion, die ich mit vielen Ländern führe.» Menschenrechtsaktivisten und Exil-Uiguren waren entsetzt.

Dabei lag bereits seit Monaten ein fertiger Bericht zu Xinjiang in der Schublade. Doch immer wieder verzögerte das Hochkommissariat seine Veröffentlichung – offenbar auf Druck Chinas, das nach den UN-Regeln zuvor Stellung nehmen darf. Schließlich veröffentlichte Bachelet den Bericht an ihrem letzten Tag im Amt, wenige Minuten vor Mitternacht. Der Text bestätigt im Wesentlichen das Ausmaß der Verbrechen. Er führt detailliert auf, gegen welche Artikel der internationalen Menschenrechtsgesetzgebung die einzelnen Tatbestände verstoßen, und kommt zu dem Schluss, es handle sich möglicherweise um Verbrechen gegen die Menschlichkeit. Im Anhang befand sich regelgemäß die Antwort Chinas mit den üblichen Zeugenbeschimpfungen. Dass der Bericht spätabends erschien, lag offenbar daran, dass die chinesische Antwort spät eingegangen war und die UN-Beamten noch hastig Namen und Bilder derjenigen schwärzen mussten, deren Persönlichkeitsrechte der chinesische Text verletzt.

Unter den Ländern, die sich mit Kritik an China zurückhalten, sind auffällig viele Staaten der muslimischen Welt. Gerade Länder, die sich gerne als weltweite Schutzmacht der Muslime gerieren, schweigen zu Chinas Masseninternierung der Muslime. Der ehemalige pakistanische Ministerpräsident Imran Khan verhängte zwar Sanktionen gegen Frankreich, weil das Land Mohammed-Karikaturen nicht verbieten wollte. Dass China gläubige Muslime in Internierungslager einsperrt, entlockte ihm aber kein Wort der Kritik. Darüber wisse er nicht viel, sagte er in einem Interview. Und Saudi-Arabien hat der Unterdrückung der muslimischen Minderheiten in China ausdrücklich seinen Segen erteilt. China habe das «Recht, die nationale Sicherheit gegen Terrorismus und Extremismus zu schützen», verkündete Kronprinz Mohammad bin Salman 2019.

Es ist nicht schwer, die Gründe dafür zu finden. Alle diese Länder sind wirtschaftlich eng mit China verflochten. Entweder ist China wie in Saudi-Arabien und Iran ein wichtiger Erdöl-Abnehmer oder China hat dort massiv investiert. In Ägypten bauen chinesische Konsortien mitten in der Wüste eine neue Verwaltungshauptstadt. Pakistan ist einer der wichtigsten Partner in Chinas «Neuer Seidenstraße». Das weltumspannende Investitions- und Infrastrukturprojekt hat der pakistanischen Regierung Milliardenkredite beschert. Chinesische Unternehmen bauen dort einen Hafen, Eisenbahnlinien und Kraftwerke.

Ähnlich ist die Situation in Kasachstan. In keinem anderen Land leben so viele Angehörige von Lagerinsassen. Unter den ethnischen Kasachen, die seit 2017 ins Lager kamen, waren nicht nur viele Angehörige von kasachischen Staatsbürgern, einige der Insassen hatten sogar einen kasachischen Pass. Die Empörung in der dortigen Öffentlichkeit ist groß. Dennoch handelte Kasachstan die Freilassung seiner Bürger geräuschlos aus, mit Kritik am Nachbarn hält sich die Regierung zurück. Denn durch Kasachstan führt die Zugverbindung nach Europa – eines der Vorzeige-Projekte der «Neuen Seidenstraße». Daneben ist China ein wichtiger Abnehmer für kasachische Rohstoffe. Die Menschenrechtsorganisation Atajurt, die einen großen Anteil daran hat, dass die Welt von den Lagern erfuhr, kann inzwischen in Kasachstan nicht mehr arbeiten. Ihr Gründer Serikjan Bilash musste fliehen.

Exil-Uiguren im Visier

Auch andere Länder sind gegen Exilgruppen vorgegangen. Ägypten, dessen islamische Al-Azhar-Universität früher viele religiöse Studenten aus Xinjiang anzog, wies 2017 fast alle Uiguren aus. Manche konnten in andere Länder weiterreisen, andere wurden abgeschoben. Immer wieder werden auch in anderen Ländern Exil-Uiguren auf Chinas Betreiben festgenommen und in Abschiebehaft genommen, zuletzt etwa in Saudi-Arabien und Marokko. Manchmal können internationale Proteste die Abschiebungen verhindern. Aber nicht immer.

Selbst die Türkei gilt vielen Uiguren nicht mehr als sicher. Seit den 1950er-Jahren hat kein anderes Land so viele Uiguren aufgenommen wie die Türkei. Die Öffentlichkeit hat dort große Sympathien für Flüchtlinge aus Xinjiang. Doch inzwischen sagen auch in Istanbul viele Emigranten, sie hätten Angst, nach China abgeschoben zu werden. Die meisten Exil-Uiguren haben keinen dauerhaften Aufenthaltstitel und laufen Gefahr, dass ihre Duldung nicht verlängert wird. Inzwischen hat die Türkei ein Auslieferungsabkommen mit China abgeschlossen. Als dieses Buch geschrieben wurde, war es noch nicht ratifiziert; Widerstand dagegen kommt nicht nur von Oppositionsparteien, sondern auch aus Teilen der Regierungspartei. Doch sollte es je in Kraft treten, könnte es für die Exilanten gefährlich werden.

Die Exilgemeinden werden von der chinesischen Regierung systematisch ausspioniert. Eysa Imin wurde 2015 verhaftet, als er aus der Türkei in seine Heimatstadt Korla zurückkehrte. Dort be-

trieb er einen kleinen Laden mit importierten Produkten, darunter Halal-Lebensmittel aus der Türkei und Malaysia. Eysa fuhr
häufig nach Kuala Lumpur und Istanbul, um dort Ware zu bestel-
len. Als er von einer dieser Reisen zurückkam, wurde er verhaftet
und mehrere Wochen im Gefängnis festgehalten. Dann ließ man
ihn mit einem Angebot frei: Er solle sich bei seinen Reisen ins
Ausland ein wenig unter den Exil-Uiguren umhören, dann könne
er seinem Geschäft weiter nachgehen. Eysa unterschrieb. Er
behauptet, nie wirkliche Informationen geliefert zu haben, aber
das lässt sich natürlich nicht überprüfen. Schließlich setzte er
sich nach Istanbul ab und machte seine Anwerbung öffentlich.
Danach, so schildert er es, kam ein Anruf seines Kontaktmanns
vom Geheimdienst. «Du hast dich entschieden zu sprechen. Aber
du weißt, dass deine Familienmitglieder hier in China sind.»
Fünf seiner Geschwister wurden daraufhin verhaftet, sein ältester
Bruder zu fünfundzwanzig Jahren Gefängnis verurteilt.

Öffentlich gegen China auszusagen, kann gefährlich sein.
Auch Yüsüp Emet hatte sich der Staatssicherheit gegenüber als
Spion verpflichtet, auch er machte später seine Anwerbung öffentlich. «Ich habe alles weitergegeben, was die Leute gemacht
haben. Was sie aßen und tranken, was sie zu Hause getan haben,
egal, ob Freunde oder Verwandte, alle habe ich gemeldet», bekannte er 2019 freimütig in einem Interview mit *Al Jazeera*. Im
November 2020 wurde er vor seiner Wohnung in Istanbul von
zwei Kugeln getroffen. Er überlebte schwer verletzt und ist seitdem pflegebedürftig.

Eysa lebt heute in Deutschland, wo er sich sicherer fühlt. Aber
auch hier, sagt er, bleibe ein Risiko: «China weiß genau, wie es
seine Gegner findet.» Die deutsche Regierung hat inzwischen alle
Abschiebungen von Uiguren ausgesetzt. Allerdings dauerte es
auch hier eine gefährlich lange Zeit, bis man auf die Nachrichten
aus der Region reagierte. Noch 2018, als internationale Medien

längst über die Masseninhaftierung berichtet hatten, wurde ein Uigure aus München abgeschoben. Dabei hätte Dilshatjan Adil eigentlich gar nicht ins Flugzeug gesetzt werden dürfen. Das Bundesamt für Migration und Flüchtlinge hatte eine Anhörung zu seinem Fall angesetzt, die eigentlich aufschiebende Wirkung hat. Die Behörden teilten später mit, das Amt habe die Ausländerbehörde per Fax über den Termin informiert, doch das sei nie angekommen. Von dem jungen Mann fehlt seitdem jede Spur.

Deutsche Politik, deutsche Konzerne

Die Abschiebung von Dilshatjan Adil war vermutlich wirklich eine Panne von Deutschlands Fax-Bürokratie, die vor allem auf den Abschiebe-Eifer der bayerischen Behörden zurückgeht. Doch dass damals trotz der Masseninternierung keine größere Sensibilität für seine Lage vorhanden war, war durchaus symptomatisch für den Umgang mit dem Thema. Noch 2020 versuchte Deutschland, das damals die EU-Ratspräsidentschaft innehatte, ein Investitionsabkommen mit China durchzusetzen, das die wirtschaftliche Zusammenarbeit zwischen Europa und China weiter absichern sollte. Dabei gab es innerhalb der Europäischen Union und auch aus der Zivilgesellschaft massive Bedenken gegen das Vorhaben, nicht zuletzt wegen der Vorwürfe der Zwangsarbeit von Uiguren. Denn das Abkommen enthielt keine belastbaren Zugeständnisse von China, Zwangsarbeit auszuschließen. Jahrelang gingen die Verhandlungen nur zäh voran, doch nun hatten beide Seiten es sehr eilig, das Abkommen noch während der deutschen Ratspräsidentschaft durchzudrücken.

Eine enge Beziehung zu Peking war eins der Hauptanliegen von Angela Merkels Außenpolitik. Die Kanzlerin reiste regelmäßig nach China. Es ist das einzige nicht-demokratische Land, mit dem es zuletzt noch gemeinsame Regierungskonsultationen gab, wo sich also neben den Regierungschefs auch eine Reihe Minister gemeinsam an einen Tisch setzten. Dabei hatte Merkel am Anfang ihrer Amtszeit noch deutliche Worte über Chinas Menschenrechtsbilanz gefunden. 2007 hatte sie sich sogar mit dem Dalai Lama getroffen und Peking damit sehr verärgert. Am Ende ihrer Amtszeit wäre das undenkbar gewesen. Kritik an China kam von ihr nur in sehr gemessenen Worten, obwohl die Lage inzwischen um einiges schlimmer geworden war.

Das bedeutet nicht, dass vonseiten europäischer und deutscher Politiker Kritik an China gar nicht stattfindet. Deutsche Politiker, auch Angela Merkel, haben auf ihren Besuchen immer wieder Regimegegner getroffen, oft wurden diese Treffen an den chinesischen Behörden vorbei organisiert. In den Botschaften westlicher Länder gibt es Referenten für Menschenrechte, die Kontakt halten zu Dissidenten und den Angehörigen politischer Gefangener. Dass Liu Xia, die Witwe des chinesischen Friedensnobelpreisträgers Liu Xiaobo, 2019 nach Berlin ausreisen konnte, ist auch der Hartnäckigkeit der Deutschen Botschaft und der Bundeskanzlerin zu verdanken. Doch es bleibt im Allgemeinen bei Einzelfällen. Zum Jahrhundertverbrechen in Xinjiang hat Merkel nie klare Worte gefunden. In Hintergrundgesprächen sagten deutsche Regierungsvertreter manchmal ganz offen, dass sie nicht vorhaben, aktiver zu werden. Man brauche sich doch nicht einzubilden, dass Deutschland irgendetwas an den Verhältnissen in Xinjiang ändern könne, heißt es dann.

Der Grund für die Zurückhaltung liegt auf der Hand. Die deutsche Industrie ist einer der größten Profiteure von Chinas Wirtschaftswunder. Deutsche Autokonzerne und ihre Zulieferer machen einen Großteil ihres Umsatzes in China. Auch der Maschinenbau hat enorm von Chinas wachsender Industrie profitiert.

Wie weit die Verstrickung der deutschen Wirtschaft ins chine-

sische System geht, zeigt ein unscheinbares Industriegebäude am
Stadtrand von Ürümchi. Mitten in der Steppe zwischen staubigen
Straßen steht hier ein Werk von Volkswagen. 2013 hat der Konzern die Fabrik mit einer Kapazität von fünfzigtausend Fahrzeu-
gen gebaut. Die Investition stand wegen der Menschenrechtslage
in Xinjiang von Anfang an in der Kritik. Und je mehr über die
Lager bekannt wurde, desto lauter wurden die Kritiker. Sie be-
mühten die Vergangenheit des Konzerns, der von den National-
sozialisten gegründet worden war. Nun produziere Volkswagen
wieder zwischen Konzentrationslagern, so der Vorwurf.

Doch der VW-Konzern stellte sich taub. Als der damalige Vor-
standsvorsitzende Herbert Diess 2019 von einem BBC-Reporter
nach den Umerziehungslagern in der Region gefragt wurde, antwortete er knapp: «Dessen bin ich mir nicht bewusst.» Das war
zu jener Zeit nicht mehr sehr glaubhaft, und der Konzern be-
mühte sich später, den Schaden einzudämmen. Die Nachrichten
aus Xinjiang «besorgten» den Konzern, erklärte der damalige
China-Chef Stephan Wöllenstein einer Gruppe von Journalisten
ein Jahr später, fügte aber auch hinzu: «Ich glaube nicht, dass ein
Davonstehlen aus der Region die politischen Probleme lösen
würde.» Wöllenstein sprach von Arbeitsplätzen für Uiguren, von
Gleichstellungsmaßnahmen und Halal-Kantinen, ganz so, als
ob vor den Werkstoren eine Gleichstellungsdiskussion geführt
werde und keine Vernichtungskampagne gegen die uigurische
Gesellschaft. «Wenn wir uns hier engagieren, haben wir auch die
Chance, unseren Verhaltenskodex mit unseren Mitarbeitern und
den lokalen Behörden weiterzuentwickeln», erklärte er.

Dabei schadet das Werk nicht nur dem internationalen Ansehen des VW-Konzerns, es ergibt nach Ansicht der meisten
Branchenkenner auch wirtschaftlich keinen Sinn. In Xinjiang
existiert keine Zulieferindustrie. Jedes Bauteil muss erst über
Tausende Kilometer aus anderen Teilen Chinas dorthin gebracht

werden, um in Ürümchi zusammengebaut zu werden. So etwas machen Autokonzerne eigentlich nur, wenn sie damit Einfuhrzölle sparen können. Das ist in Xinjiang aber nicht der Fall. Entsprechend ist das Werk auch nicht ausgelastet. Die geplanten fünfzigtausend Fahrzeuge pro Jahr hat Volkswagen nie erreicht. Nicht einmal zwanzigtausend Autos werden in Ürümchi zusammengeschraubt.

Fragt man Branchenkenner nach dem Sinn dieser Investition, so bekommt man meist zu hören, dass dahinter ein Deal mit der Regierung stehe. Volkswagen habe sich zu dem Werk verpflichtet, um im Gegenzug eine andere lukrativere Investition genehmigt zu bekommen. «Das Werk ist eine bittere Pille, die der Konzern schlucken musste», sagt ein gut vernetzter Wirtschaftsvertreter in Peking. Denn die chinesische Regierung hatte damals eine große Entwicklungsstrategie für den Nordwesten verkündet und brauchte dringend vorzeigbare Investitionen. Volkswagen bestreitet diese Darstellung allerdings. Den wirtschaftlichen Verlust kann der Konzern jedenfalls verkraften. Die Hälfte ihres Umsatzes macht die Marke Volkswagen in China. Da ist eine Gefälligkeitsinvestition in Xinjiang wohl mit eingepreist.

Diess und Wöllenstein mussten ihren Posten 2022 räumen, wohl vor allem, weil in der Elektromobilität, die in China immer wichtiger wird, Erfolge ausblieben. An der unsinnigen Investition in Xinjiang hielt der Konzern aber stur fest. Kaum im Amt, beeilte sich der neue Konzernchef Oliver Blume zu bekräftigen, dass er den Standort Ürümchi behalten wolle: «Ich bin der Überzeugung, dass sich die Präsenz von Volkswagen positiv auf die Menschen dort auswirkt.»

Neben dem Wolfsburger Konzern hat auch Deutschlands größter Chemie-Konzern BASF in der Region ein Werk. In Korla werden in einem Joint Venture mit einem chinesischen Konzern Vorprodukte für Kunstfasern hergestellt. Auch dort will man mit den Vorgängen rund um das Werk nichts zu tun haben. Am Standort selbst gebe es keine Hinweise auf Menschenrechtsverletzungen, erklärte der Werksleiter gegenüber Journalisten der ARD und des Handelsblatts. Und der Siemens-Konzern, der in Ürümchi ein kleines Büro unterhält, arbeitete zeitweise eng mit einem Unternehmen zusammen, das am Aufbau der «Gemeinsamen Integrierten Operationsplattform» beteiligt war – der Repressionssoftware der Polizei (siehe S. 162). Inzwischen, so gibt der Konzern an, habe man die Zusammenarbeit eingestellt.

Deutsche Unternehmen wehren sich normalerweise, wenn ihnen die Politik allzu detaillierte Vorgaben machen möchte. Doch in China lassen sie sich in unsinnige Investitionen drängen und vom Staat gängeln. Dort akzeptieren westliche Unternehmen, dass sie in Joint Ventures mit Staatskonzernen gezwungen werden, und nehmen sogar ein Stück weit hin, dass sie ihre Technologie offenlegen müssen. Sie lassen sich sogar von der Regierung demütigen. 2012 lud Volkswagen die Grünen-Abgeordnete Viola von Cramon-Taubadel, die den Konzern zuvor kritisiert hatte, ein, sich selbst ein Bild vom Werk in Ürümchi zu machen. Der chinesische Staat war offenbar nicht eingeweiht und reagierte harsch. Er ließ den Repräsentanten des Konzerns in Ürümchi für einige Tage in seinen Kerkern verschwinden. Volkswagen verlor offiziell nie ein Wort über den Vorfall.

Der Grund für die Servilität der Manager ist einfach: Die Unternehmen glauben, dass der Markt so groß ist, dass die Schwierigkeiten hinzunehmen sind. Auf dem chinesischen Markt zu sein, tut weh, heißt es unter deutschen Managern in China. Aber noch mehr tut es eben weh, nicht auf dem chinesischen Markt zu sein. Sehr erfolgreich haben die Unternehmen es verstanden, die deutsche Politik in diesem Sinne für ihre Ziele einzuspannen. Wenn deutsche Politiker nach China reisen, werden sie häufig von einem Tross Wirtschaftsfunktionäre begleitet; die chinesische Regierung zelebriert bei solchen Besuchen gerne den Abschluss von millionenschweren Verträgen. So demonstriert Peking subtil, wie sehr wirtschaftliche und politische Zusammenarbeit Hand in Hand gehen. Entsprechend behutsam gingen westliche Politiker lange mit Chinas gläsernem Herzen um.

Druck wirkt

Doch langsam ändert sich das. In mehreren westlichen Ländern hat die Repressionskampagne in Xinjiang nicht nur zu offenen Worten, sondern auch zu handfesten Konsequenzen geführt. Die USA haben den Import von Produkten aus Xinjiang verboten. Zudem haben sie einige hohe Beamte sanktioniert, darunter die beiden Architekten der Kampagne, Chen Quanguo und Zhu Hailun. Auch die Europäische Union hat 2021 mehrere hohe Parteikader auf ihre Sanktionsliste gesetzt, darunter Zhu Hailun. Die Sanktionierten dürfen nicht in die EU einreisen; mögliche Vermögen in der Europäischen Union werden eingefroren. Die Strafaktionen der EU fallen milder aus als die amerikanischen. Ausgerechnet der Parteisekretär Chen Quanguo fehlt unter den sanktionierten Personen. Auch, ob es den anderen wirklich wehtut, nicht mehr nach Europa reisen zu können, sei dahingestellt. Dennoch überraschte die EU, die in Chinafragen häufig zerstritten ist, viele Beobachter mit dieser Ankündigung. Es war das erste Mal seit der Niederschlagung des Massakers auf dem Tian'anmen-Platz 1989, dass die EU überhaupt Sanktionen gegen China verhängte.

Die chinesische Regierung reagierte entsprechend empört und ergriff Gegenmaßnahmen. Mehrere Mitglieder des EU-Parlaments, EU-Institutionen und das China-Forschungszentrum Merics wurden sanktioniert, auch wenn unklar ist, was genau das bedeutet. Dass China reagieren würde, überrascht nicht. Es liegt in seiner nationalistischen Logik, «sich nie wieder malträtieren zu lassen» und unfreundliche Akte immer mit Ähnlichem zu vergelten. Was aber auffiel: Die Gegensanktionen waren deutlich umfangreicher als die eher symbolischen Maßnahmen der EU.

Daher spricht einiges dafür, dass China wirklich verärgert war. Europa galt Peking immer als weich und käuflich. Wenn es einen Konflikt gab und Peking die Unternehmen eines EU-Landes seinen Ärger mit Boykottaktionen oder Behördenschikanen spüren ließ, standen stets Unternehmen aus anderen europäischen Ländern bereit, die Lücke auszufüllen. Diesmal erreichte Peking allerdings erst einmal das Gegenteil. Das Investitionsabkommen, an dem Deutschland so viel gelegen war, wurde mit länder- und parteiübergreifender Mehrheit vom Europäischen Parlament auf Eis gelegt.

Die harsche Reaktion Chinas, die Drohungen und Gegensanktionen sollten nicht darüber hinwegtäuschen, dass die internationalen Maßnahmen durchaus Wirkung haben. Die beiden höchstrangigen Verantwortlichen für die Verbrechen an den Minderheiten sind inzwischen von ihren Posten entfernt worden: Chen Quanguo, der die amerikanische Sanktionsliste anführt, wurde 2021 von seinem Posten als Parteisekretär abberufen. Im Oktober 2022 verlor er außerdem seinen Sitz in zwei der wichtigsten chinesischen Parteigremien, dem Zentralkomitee, wo er seit 2012 saß, und dem Politbüro, dem er seit 2017 angehört hatte. Und Zhu Hailun, der die Lager detailliert geplant hatte, musste seine herausragende Position schon 2019 gegen den eher repräsentativen Posten eines Abgeordneten des Nationalen Volkskongresses eintauschen. Natürlich kann es dafür auch andere Gründe geben. Peking würde nie eingestehen, dass es auf internationalen Druck reagiert. Doch dass die beiden Hardliner für Peking zum Problem geworden waren, ist zumindest plausibel.

Auch viele Einzelschicksale zeigen, dass es gerade die Sorge vor den internationalen Reaktionen war, die dazu führte, dass Insassen freikamen und ausreisen konnten. Zumret Dawut wurde aus der Haft entlassen, nachdem ihr pakistanischer Ehemann nach Peking reiste und dort drohte, sich an die internationale Presse zu wenden. Gulzira Auelhan konnte China verlassen, weil ihr Ehemann in Kasachstan ihren Fall öffentlich machte und so die kasachischen und chinesischen Behörden unter Druck setzte. All das zeigt, dass China sein öffentliches Bild nicht egal ist, dass Druck von außen zumindest den Preis für diese Menschenrechtsverletzungen nach oben treibt und Chinas Vorgehen in Xinjiang bremst. Diplomaten und Beobachter beschreiben schon länger, dass internationale Aufmerksamkeit für bestimmte Fälle oft zu spürbaren Verbesserungen für die Betroffenen führt. Meist sind diese nicht sofort sichtbar, denn China will den Anschein vermeiden, die Erleichterungen kämen durch Einwirkung von außen zustande. Dennoch zeigt sich oft: Langfristig entfalten Druck und die Aufmerksamkeit des Auslands Wirkung.

Ohne Druck von außen wird sich jedenfalls in Xinjiang wohl wenig ändern. Aus Sicht Pekings ist die Kampagne in Xinjiang eine Erfolgsgeschichte. Die Kommunistische Partei verweist darauf, dass seitdem keine Anschläge mehr stattgefunden haben. Mit dieser Botschaft erreicht sie auch einen großen Teil der chinesischen Öffentlichkeit, aus der bisher kaum Kritik an den Maßnahmen kommt. Natürlich sind nicht alle Chinesen mit diesen Maßnahmen einverstanden, manche sind ehrlich schockiert. Aber viele sind auch bereit, die Version der Regierung zu glauben, es handle sich bei den Vorwürfen um eine Kampagne des Auslands gegen China.

Dass die Abberufung der beiden prominenten Hardliner Chen und Zhu eine Veränderung bringen wird, ist deshalb noch lange nicht ausgemacht. Chens Nachfolger Ma Xingrui (geb. 1959) hat sich zwar anders als Chen Quanguo nie einen Ruf als Hardliner erarbeitet. Der studierte Raumfahrtingenieur erscheint eher als Technokrat. Zugleich gilt er aber auch als ergebener Gefolgsmann Xi Jinpings. Und der hält an seinem Ziel der gewaltsamen Assimilierung fest. Im Juli 2022, acht Jahre nach seinem ersten Besuch, reiste Xi Jinping erneut nach Xinjiang. «Unsere ethnische Theorie ist gut und sie funktioniert», zitiert ihn dort die staatliche Nachrichtenagentur *Xinhua*. «Wir müssen die gemeinsame chinesische Identität festigen. Wir müssen Kader und Massen zu einem korrekten Verständnis der Geschichte erziehen und anleiten, und wir müssen ihr chinesisches Herz und ihre chinesische Seele schmieden.»

Anhang

Zeittafel

60 v. Chr.	Als erste chinesische Dynastie erobern die Han (206 v. Chr. – 220 n. Chr.) Teile von Xinjiang. Bis 150 n. Chr. liefern sich die Han und das Nomadenvolk der Xiongnu einen ständigen Kampf um die Vorherrschaft.
560	Die Kök-Türken erobern die Region.
630	Die Tang-Dynastie erobert große Teile von Xinjiang. Danach ständige Kämpfe um die Vorherrschaft mit den Kök-Türken.
670–693	Tibetisches Interregnum.
755	Turkvölker vertreiben die Tang.
9.–13. Jh.	Die Alten Uiguren erobern und beherrschen vier Jahrhunderte lang den Osten Xinjiangs.
9.–12. Jh.	Die Karakhaniden beherrschen Kashgar und das Tarimbecken und konvertieren im 10. Jahrhundert zum Islam.
12.–13. Jh.	Verschiedene mongolische Stämme bringen große Teile Xinjiangs unter ihre Kontrolle.
14.–17. Jh.	Die turksprachige Dynastie der Chagatayiden erobert die Region und etabliert nach und nach Turksprache und Islam in der Bevölkerung. Von einer vollständigen Islamisierung spricht man ab dem 17. Jh.
17.–18. Jh.	Die Dsungaren beherrschen zunächst den Norden Xinjiangs und weiten ihren Einfluss auf die ganze Region aus.
1644	In Peking gelangt die mandschurische Qing-Dynastie an die Macht.

1755	Der Qing-Kaiser Qianlong schließt einen Pakt mit dem Dsungarenprinz Amursana. Dieser besiegt den Herrscher Dawachi und übernimmt die Macht über das Dsungarenreich.
1757	Qianlong zieht gegen Amursana zu Felde; seine Truppen verüben einen Völkermord an den Dsungaren. Die Qing gewinnen Kontrolle über Xinjiang.
1851	Ein Vertrag zwischen Russland und China erlaubt russischen Untertanen den zollfreien Handel in Xinjiang.
1864/65	Yaqub Beg übernimmt die Macht in Kashgar und erobert weite Teile Xinjiangs; er errichtet einen Scharia-Staat.
1871	Russland erobert das Ili-Tal (Dsungarien).
1876–1878	Die Qing erobern Xinjiang erneut.
1881	Vertrag von St. Petersburg: Russland zieht sich gegen kommerzielle Zugeständnisse aus dem Großteil des Ili-Tals zurück.
1884	Xinjiang wird zur chinesischen Provinz.
1911	Sturz der Qing-Dynastie.
1912	Ausrufung der Republik China.
1917	Oktoberrevolution: Die Sowjets übernehmen die Macht und gründen später die zentralasiatischen Sowjetrepubliken.
1912–1928	Yang Zengxin regiert Xinjiang nach den Kolonialmustern der Qing.
1926	In Sowjetisch-Zentralasien taucht in einer Volkszählung das erste Mal die Ethnie «Uigure» auf.
1928–1933	Jin Shuren errichtet ein brutales Han-chauvinistisches Regime in Xinjiang.
Nov. 1933 – Feb. 1934	Republik Ost-Turkestan im Süden Xinjiangs.

1933–1944 Sheng Shicai regiert die Provinz. Mithilfe der Sowjetunion errichtet er ein Terrorregime, beginnt aber auch mit der Förderung der einheimischen Ethnien.

1944–1949 Zweite Republik Ost-Turkestan im Nordwesten Xinjiangs.

1945 Zhang Zhizhong übernimmt die Macht in Xinjiang; viele einheimische Politiker erhalten Ämter in seiner Regierung.

1947 Masud Sabri wird als erster Nicht-Han Gouverneur; wie viel tatsächliche Macht er hat, bleibt unklar.

1949 Die Kommunisten besiegen die Kuomintang. Sie rufen die Volksrepublik China aus und übernehmen die Macht in Xinjiang.

1955 Die Region wird zum «Uigurischen Autonomen Gebiet Xinjiang».

1958–1961 Maos «Großer Sprung nach Vorn» löst eine Hungerkatastrophe in ganz China aus. Massenflucht aus dem Ili-Tal ins sowjetische Kasachstan.

1966–1976 Die Kulturrevolution wütet in China. In Xinjiang richtet sie sich besonders gegen die uigurische Kultur.

1978 Beginn der Reformpolitik Deng Xiaopings; vorsichtige Liberalisierung.

1989 Massaker auf dem Tian'anmen-Platz in Peking.

1990 Aufstand von Baren: Bewaffnete religiöse Aufständische greifen Verwaltungsgebäude und Polizei an. Beginn einer Repressionswelle in Xinjiang.

1997 Proteste und Ausschreitungen in Ghulja.

2001 Anschläge vom 11. September in New York und Washington; danach globaler «Krieg gegen den Terror».

2009 Ausschreitungen in Shaoguan (Ende Juni) und Ürümchi (5. Juli).

2012	Xi Jinping wird Generalsekretär der Kommunistischen Partei Chinas.
2014	Xi reist nach Xinjiang und kündigt hartes Durchgreifen an.
2016	Chen Quanguo wird Parteisekretär von Xinjiang und beginnt, die Region mit einem dystopischen Überwachungsapparat und einem Netz von Umerziehungslagern zu überziehen.
2021	Die USA und die Europäische Union sowie Kanada und Großbritannien verhängen Sanktionen gegen China wegen der Repressionen in Xinjiang.
2022	Bei einem erneuten Besuch in Xinjiang bekräftigt Xi Jinping seine gewaltsame Assimilationspolitik. Ein Bericht des UN-Hochkommissariats für Menschenrechte spricht von möglichen Verbrechen gegen die Menschlichkeit.

Uigurisches Autonomes Gebiet Xinjiang

● Verwaltungszentren

Balchaschsee

KASACHSTAN

Ili

Borta

Bischkek ○ Almaty Horgos ○
Ili

Ghul

Chapchal ○

KIRGISISTAN *Issyk-Kul* T

T i a n s h

Kirgisischer
Autonomer Bezirk
Kizilsu ● **Artush** ● **Aksu** Toksu ○

Konasheher ○ ● **Kashgar** *Aksu* *Tarim*
Yapchan ○ ○ Baren
○ Yengisheher

TADSCHI-
KISTAN

*Pamir
Gebirge*

AFGHANISTAN Yarkand ○○ Beshkent *T a r i m b e c k e n*

○ Kargilik
○ Guma *Taklamaka
Wüste*

Karakash ○ ● **Hotan**

PAKISTAN *K u n l u n*

INDIEN

*Autonome Region
Tibet*

0   100   200 km

Transkription und Aussprache

Chinesische Namen und Begriffe habe ich in der offiziellen chinesischen Umschrift *Hanyu Pinyin* transkribiert. Sie ist weltweiter Standard. Bei historischen Personen, die in anderer Schreibweise weitläufig bekannt sind, verwende ich die gebräuchlichste Form: Mao Tse-tung statt Mao Zedong, Chiang Kai-Shek statt Jiang Jieshi etc.

Für das Uigurische und Kasachische gibt es keine allgemein üblichen Umschriften; die wissenschaftliche Umschrift der Turkologen hat sich bisher nicht in Medien oder politischen Institutionen durchgesetzt. Stattdessen gehen die Schreibweisen wild durcheinander. Offizielle Dokumente sind kein hilfreicher Standard. In chinesischen Pässen stehen uigurische Namen in der Pinyin-Umschrift ihrer chinesischen Übersetzung. Das ist dann oft sehr weit von den ursprünglichen Namen entfernt. Eine Person namens Hasan Memet könnte dann zum Beispiel im Pass Aishan Maimaiti oder auch Haisan Maihemaiti heißen. Die Volksrepublik hat mehrere lateinische Schriftsysteme für das Uigurische entwickelt, aber keine wird konsequent angewendet. So schreibt die englischsprachige *China Daily* die Stadt Kashgar (Aussprache Kaschgar) mal als Kaxgar, mal als Kashgar oder in der Umschrift des chinesischen Namens Kashi. Auch in Kasachstan werden Namen häufig unsystematisch transkribiert. Ich habe mich bei Orts- und Eigennamen an Transkriptionen orientiert, die international am geläufigsten sind. Die Konsonanten werden wie im Englischen ausgesprochen: *j* für *dsch*, *ch* für *tsch*, *sh* für *sch*, *z* für ein stimmhaftes *s* und *kh* wie im deutschen «ach». Ein *q* ist ein härter ausgesprochenes *k*. Bei den von mir interviewten

Personen habe ich im Allgemeinen die Schreibweise verwendet, die diese selbst bevorzugen oder die in der internationalen Berichterstattung am häufigsten vorkommt. In Zweifelsfällen habe ich die Schreibweise der *Xinjiang Victims Database* übernommen. Linguistisch ist das unbefriedigend, weil gleiche Namen unterschiedlich und manchmal sogar gleiche Laute in einem Namen mit unterschiedlichen Buchstaben geschrieben werden. Wichtiger als die phonologisch korrekte Darstellung scheint mir aber, dass Informationen leicht auffindbar sind.

Quellen und Nachweise

Dieses Buch beruht auf Recherchen, die ich zwischen 2018 und 2021 in China und Xinjiang angestellt habe, und auf ausführlichen Interviews, die ich nach meiner Rückkehr in Istanbul und an anderen Orten geführt habe. Die Erinnerungen und Lebensgeschichten meiner Gesprächspartner bilden die Grundlagen dieses Buches. Einige Personen habe ich vor Ort getroffen, mit anderen habe ich per Videochat gesprochen, in einigen Fällen haben Kollegen für mich die Interviews mit meinem Fragenkatalog geführt und aufgezeichnet, weil ich aufgrund der COVID-Bestimmungen China nicht verlassen konnte.

Die Geschichten der Menschen lassen sich nicht in jedem Detail überprüfen. Für manches haben sie Belege: offizielle Dokumente, Fotos von bestimmten Orten. Zu einigen von ihnen finden sich auch Informationen in den Leaks, die die zweite wichtige Quelle für dieses Buch sind.

Hier folgen nun zu den einzelnen Kapiteln einige Anmerkungen, Hinweise auf weiterführende Literatur und Quellen.

1. Tigerstuhl

Einige meiner Interviewpartner haben auch vor dem Uyghur Tribunal ausgesagt. Ihre Zeugenaussagen finden sich unter www.uyghurtribunal.com. Dort haben noch einige andere Zeugen ausgesagt. Ich habe diese Aussagen, weitere Medienberichte sowie Untersuchungen von Menschenrechtsorganisationen hinzugezogen, um zu bestimmen, wie plausibel die Geschichten meiner Gesprächspartner sind.

Auf der Seite des Uyghur Tribunal findet sich auch die Begründung des Völkermord-Urteils des Tribunals. Eine skeptischere Einschätzung der Völkermord-Frage hat Human Rights Watch veröffentlicht: *Break Their Lineage, Break Their Roots: Chinese Government Crimes against Humanity Targeting Uyghurs and Other Turkic Muslims.* Sie ist auf der Webseite der Organisation zu finden. Eine weitere ausführliche Dokumentation der Verhältnisse in den Lagern hat Amnesty International zusammengestellt: *«Like We Were Enemies in a War»: China's Mass Internment, Torture and Persecution of Muslims in Xinjiang.* Sie beruht auf einer großen Bandbreite von Interviews und systematisiert die einzelnen Aussagen. Der Bericht der Hochkommissarin für Menschenrechte ist auf der Webseite des Hochkommissariats zu finden: https://www.ohchr.org/sites/default/files/documents/countries/2022-08-31/22-08-31-final-assesment.pdf.

2. Turkestan

Das wichtigste Standardwerk zur Geschichte Xinjiangs von der Frühzeit bis heute ist James A. Millward: *Eurasian Crossroads: A History of Xinjiang* (Columbia University Press 2021). Die Eroberung Xinjiangs durch die Qing und der Völkermord an den Dsungaren werden ausführlich in Peter C. Perdues *China Marches West: The Qing Conquest of Central Eurasia* (Harvard University Press 2005) beschrieben. Chinas Weißbücher sind auf den Seiten des chinesischen Außenministeriums und von Staatsmedien wie *Xinhua* zu finden. David Tobin schlägt in *Securing China's Northwest Border: Identity and Insecurity in Xinjiang* (Cambridge University Press 2020) den Bogen von der Ideologie der Kaiserzeit zur heutigen Assimilationspolitik. Auf Deutsch erschienen ist Björn Alpermann: *Xinjiang: China und die Uiguren* (Würzburg University Press 2021), das einen umfassenden Überblick über den Stand der Forschung und verfügbare Quellen bietet.

3. Uiguren und Han

Über die Neuerfindung der uigurischen Identität in der Sowjetunion und im Xinjiang der Republikzeit hat der im Text zitierte David Brophy ein umfassendes Buch geschrieben: *Uyghur Nation: Reform and Revolution on the Russia-China Frontier* (Harvard University Press 2016). Justin M. Jacobs hat die Geschichte der ethnischen Beziehungen zwischen Han und Uiguren in der Republik und den Anfangsjahren der Volksrepublik erforscht: *Xinjiang and the Modern Chinese State* (University of Washington Press 2016). Zur Geschichte (Inner-)Chinas im 19. und 20. Jahrhundert ist immer noch Jonathan Spence: *Chinas Weg in die Moderne* (dtv 2001) zu empfehlen.

4. «Vielfalt in Einheit»

Die Entstehung und das Wesen der sowjetischen Völkerpolitik beschreibt Terry Martin in *The Affirmative Action Empire: Nations and Nationalism in the Soviet Union, 1923–1939* (Cornell University Press 2001). Speziell mit der Nationenbildung im russischen und sowjetischen Zentralasien befasst sich Grigol Ubiria in: *Soviet Nation-Building in Central Asia. The Making of the Kazakh and Uzbek Nations* (Routledge 2016). Die im Kapitel zitierten Berichte der Untersuchungskommission in Ürümchi stammen aus o. g. Buch von Justin Jacobs. Zhou Enlais Rede zur Nationalitätenpolitik ist online zu finden unter http://www.people.com.cn/item/zel/newfiles/xia/A125.html. Eine englische Übersetzung findet sich in *Selected Works of Zhou Enlai* (Vol. 2, Foreign Languages Press Beijing 1989).

5. Eskalation

Uiguren, die über die Türkei geflohen sind, haben ihre Ausweise nach dem Grenzübertritt nach Südostasien weggeworfen. Bei der Ankunft in der Türkei haben viele ihren Namen geändert, um ihre Familien in der Heimat zu schützen. Ich nenne sie hier mit den Namen, unter denen sie in der Türkei bekannt sind. Ihre Lebensgeschichten lassen sich wie auch die der ehemaligen Lagerinsassen nicht im Detail verifizieren. Bei Ereignissen und Fakten, die nicht durch zeitgenössische Presseberichte o. Ä. verifizierbar sind, habe ich mich auf diejenigen Details beschränkt, die von mindestens zwei meiner Gesprächspartner bestätigt wurden.

Gestützt habe ich mich auch auf *The War on the Uyghurs: China's Campaign against Xinjiang's Muslims* (Manchester University Press 2020) von Sean R. Roberts, der die Geschichte der Gewalt und der informellen religiösen Strukturen ausführlich dokumentiert.

Die Ausschreitungen von Ürümchi 2009 sind bisher nicht umfassend aufgearbeitet worden. Vieles bleibt unklar. In den Grundzügen stimmen aber verschiedene unabhängige Berichte überein. Am ausführlichsten ist das nachzulesen bei Amnesty International. Die Organisation hat relativ schnell nach den Ereignissen einen Bericht veröffentlicht, in dem Augenzeugenberichte ausgewertet wurden: https://www.amnesty.org/en/documents/asa17/027/2010/en/.

6. Nationalismus und Assimilation

Zu Han-chinesischen Stereotypen über die anderen Völker ist der von Stevan Harrell herausgegebene Sammelband *Cultural Encounters in China's Ethnic Frontiers* (University of Washington Press 1995) nach wie vor empfehlenswert. Mit dem Zusammenhang zwischen Geschlechterstereotypen und Ethnien beschäftigen sich Ben Hillman und Lee-Anne Hilfry in ihrer Studie *Macho Minority: Masculinity and Ethnicity on the Edge of Tibet* (Modern China, Vol. 32, Nr. 2, 2006). Der folgenreiche Artikel der beiden Hus ist im *Journal of Xinjiang Normal University (Social Sciences)* (Vol. 32, Nr. 5 September 2011) erschienen: Hu Angang, Hu Lianhe: *Di Erdai Minzu Zhengce: Zujin Minzu Jiaorong Yiti He Fanrong Yiti.* Einen Auszug daraus, der sich mit der Schmelztiegel-Theorie befasst, findet sich in englischer Übersetzung unter: https://www.readingthechinadream.com/hu-and-hu-nationalities-question.html.

Die hier zitierten (und viele weitere) Online-Debatten in China kann man hervorragend auf der Seite www.whatsonweibo.com und auf https://thechinaproject.com/ nachlesen. Xis Rede entstammt den *Xinjiang Papers* (siehe nächster Abschnitt).

7. Zerstörung / 8. Druck von außen

Einige der Leaks, die in diesem Kapitel erwähnt werden, sind öffentlich zugänglich, andere nur teilweise oder gar nicht. Ich habe alle vorliegen, aus denen ich zitiere. Hier ein Überblick:

Die *China Cables* wurden einem internationalen Konsortium verschiedener Medien zugespielt und 2019 veröffentlicht. Sie enthalten offizielle Dokumente zu den Umerziehungslagern, darunter Zhu Hailuns «Telegramm». Sie sind öffentlich zugänglich unter https://www.icij.org/investigations/china-cables.

Die *Xinjiang Papers* mit Reden von Xi Jinping, Chen Quanguo und weiteren hohen Parteifunktionären wurden etwa zeitgleich der *New York Times* zugespielt und waren lange unter Verschluss. Inzwischen sind sie auf der Webseite des Uyghur Tribunal zu finden. https://uyghurtribunal.com/wp-content/uploads/2021/11/The-Xinjiang-Papers-An-Introduction-1.pdf.

Der Intercept-Datensatz (*Intercept Cache*) umfasst Rohdaten aus zwei Polizeistationen in Ürümchi. Er wurde dem Online-Magazin *The Intercept* zugespielt, das im Januar 2021 darüber berichtete. Die Daten sind nicht öffentlich zugänglich. Eine ausführliche Beschreibung und Analyse des Leaks findet sich unter: https://theintercept.com/2021/01/29/china-uyghur-muslim-surveillance-police/.

Die *Xinjiang Police Files* umfassen interne Schulungsmaterialien, Namenslisten, Anweisungen, mehrere tausend Fotos von Gefangenen und Bilder aus den Landkreisen Tekes und Konasheher. Mehrere internationale Medien berichteten im Mai 2022 über den Datensatz, der aus einem Hack stammt. Teile davon sind unter www.xinjiangpolicefiles.org öffentlich zugänglich.

Die Daten in der *Konasheher-Liste* stimmen weitgehend mit denen in den *Police Files* überein. Die Liste ist aber über einen anderen Weg und andere Medien bekannt geworden. Sie ist unter https://shahit.biz/eng/#evidence zu finden.

Über die *Karakash-Liste* (auch: Karakax-Liste) berichteten im Februar 2020 mehrere internationale Medien. Sie ist ebenfalls unter https://shahit.biz/eng/#evidence zu finden.

Weitere Quellen

Gene Bunins *Xinjiang Victims Database* ist die umfassendste öffentliche Opferkartei: https://www.shahit.biz. Sie enthält neben Opfern, deren Schicksale durch ihre Angehörigen im Ausland bekannt geworden sind, auch Zehntausende Namen aus den Leaks. Außerdem dokumentiert sie die Standorte verschiedener Lager- und Gefängniskomplexe.

Zenz' Zahlenschätzungen finden sich unter: https://www.jpol-risk.com/wash-brains-cleanse-hearts/ und unter: https://journals.univie.ac.at/index.php/jeacs/article/view/7336

Eine detaillierte Beschreibung der Überwachungs-App der chinesischen Polizei hat Human Rights Watch veröffentlicht: *China's Algorithms of Repression: Reverse Engineering a Xinjiang Police Mass Surveillance App* (2019).

Berichte «spionierender Verwandter» lassen sich im chinesischen Netz leicht finden. Die entsprechenden Behörden haben sie häufig selbst veröffentlicht. Einen großen Datensatz solcher Berichte hat der US-amerikanische Forscher Timothy Grose gesammelt und auf der Webseite des *Xinjiang Documentation Projects* veröffentlicht: https://xinjiang.sppga.ubc.ca/chinese-sources/online-sources/. Auf der Seite finden sich auch die Kader-Handbücher und eine Fülle weiterer Links zu Augenzeugenberichten, Dokumenten, wissenschaftlichen Artikeln.

Der *Nankai-Report* zu den Arbeitsverschickungsprogrammen ist inzwischen von der Seite der Universität gelöscht worden, er ist aber hier archiviert: http://web.archive.org/web/202005071 61938/https://ciwe.nankai.edu.cn/2019/1223/c18571a259225/page. htm. Siehe dazu auch Adrian Zenz: *Coercive Labor and Forced Displacement in Xinjiang's Cross-Regional Labor Transfer Program: A Process Oriented Evaluation* (Jamestown Foundation 2021).

Der hier erwähnte Artikel der Wissenschaftlerin Li Xiaoxia erschien zuerst in: *Xinjiang shaoshu minzu chanye gongren duiwu fazhan ji xianzhuang fenxi* (Journal of Beifang University of Nationalities, Philosophy and Social Science, 2015(04), S. 32–37) und ist auf der Webseite der Universität Peking abrufbar: http://www.shehui.pku.edu.cn/upload/editor/file/20180829/2018082910 5607_8254.pdf

Der Vorwurf der genozidalen Geburtenunterdrückung geht auf Zenz' Artikel *Sterilizations, IUDs, and Mandatory Birth Control: The CCP's Campaign to Suppress Uyghur Birthrates in Xinjiang* (Jamestown Foundation 2020) zurück. Chinesische Akademiker haben Zenz' Ergebnisse energisch zurückgewiesen. Eine kritische Diskussion von Vorwürfen und Gegenvorwürfen mit vielen Zahlen und Quellen findet sich unter: https://wokeglobaltimes. com/xinjiang/suppression-of-birthrates. Der Autor dieser Diskussion bleibt anonym, äußert sich aber häufig kompetent zu China. Mehr zur Ideologie hinter der Geburtenunterdrückung findet sich unter: https://papers.ssrn.com/sol3/papers.cfm?abstract_id=3862512 und in Alpermanns *Xinjiang: China und die Uiguren* (s. o.). Die Texte der zitierten chinesischen Wissenschaftler sind zu finden unter Liu Yilei: https://m.thepaper.cn/baijiahao_824763 und Xu Jianying: http://opinion.people.cn.cn/n/2014/0126/c1003-24228726.html.

Dank

Mein herzlicher Dank geht an Abdujelil, Adiljan Abdurihim, Adil Alim, Björn Alpermann, Tamara Anthony, Rayhan Asat, Gulzira Auelhan, Abduweli Ayup, Serikzhan Bilash, Gene Bunin, Naomi Conrad, Zumret Dawut, Svea Eckert, Nyrola Elimä, Musa Abdulahet Er, Enwer Erdem, Ömer Eziz, Christoph Giesen, Yael Grauer, Muetter Iliqud, Eysa Imin, Jewher Ilham, Yüsüp Ismail, Nureddin Izbasar, Julia Hahn, Dake Kang, Norbert Mappes-Niediek, Mihriban Memet, Ulrich Nolte, Baqytali Nur, Erbaqyt Otarbai, Tahir Mutällip Qahiri, Frederik Obermaier, Bakhtiyar Ømer, Tom Peter, Petra Rehder, Robert Richter, Kairat Samarkhan, Daniel Satra, Seifullah, Aman Seituly, Nasir Sidik, Qelbinur Sidik, Alexander Silkin, Alice Su, Halil Taşkın, Burhan Uluyol, Yakupjan Ukam, Abdulhamit Uyghur, Franziska Wellenzohn, Xifan Yang, Abdulkadir Yapchan, Adrian Zenz; außerdem an einige andere, deren Namen hier nicht genannt werden können.

Bildnachweis

Seite 13: https://www.xinjiangpolicefiles.org/wp-content/uploads/
takes_img/IMG_0410.jpg

Seite 35: © picture-alliance/dpa/epa Michael Reynolds

Seite 58: © Pictures from History/Bridgeman Images

Seite 72: © picture alliance/Reuters/Thomas Peter

Seite 93: © picture alliance/Kyodo News

Seite 118: © picture alliance/Associated Press

Seite 164: © Greg Baker/AFP via Getty Images

Seite 203: © picture alliance/Reuters/Thomas Peter

Karte Seite 236: © Peter Palm, Berlin

Register